Tom Wujec

# Schneller schalten als andere

# Schneller schalten als andere

TOM WUJEC

Vom spielerischen Denken zur geistigen Überlegenheit

Aus dem Amerikanischen übersetzt von Ditte König und Giovanni Bandini

ARISTON VERLAG · GENF/MÜNCHEN

CIP-Titelaufnahme der Deutschen Bibliothek

Wujec, Tom:
Schneller schalten als andere: vom spielerischen Denken
zur geistigen Überlegenheit / Tom Wujec. Aus d. Amerik. übers.
von Ditte König u. Giovanni Bandini. — 1. Aufl. —
Genf; München: Ariston Verlag, 1991
Einheitssacht.: Pumping Ions, games and exercises
to flex your mind ‹dt.›
ISBN 3-7205-1657-1

Die amerikanische Originalausgabe
erschien unter dem Titel
»Pumping Ions — games and exercises to flex your mind«
1988 bei Doubleday and Company Inc., New York


Gestaltung des Schutzumschlages:
Atelier Höpfner-Thoma, GraphicDesign BDG, München
Umschlagphoto: The Image Bank, München
Satz: Rudolf Schaber, Wels
Gesamtherstellung: Wiener Verlag, Himberg bei Wien
Erstauflage Juli 1991
Printed in Austria 1991

ISBN 3-7205-1657-1

# Inhaltsverzeichnis

*Dieses Buch ist meinen Eltern gewidmet —*
*ALEXANDRA WUJEC, die mir zeigte,*
*daß Disziplin Spaß machen kann,*
*und STANLEY WUJEC, der mir zeigte,*
*wie wichtig es ist,*
*etwas loslassen zu können.*

# *Vorwort*

Ich möchte meinem Verlag für seine Hilfe, seine Ermutigung und den Enthusiasmus danken, mit dem er dieses Buchprojekt unterstützt hat. Weiterhin danke ich all denen, die in der einen oder anderen Weise an der Entstehung dieses Buches beteiligt waren: PETER TAYLOR, meinem Agenten, der mich zur Realisierung dieses Projektes ermutigte; CHARLIE MENENDEZ für zahlreiche nächtelange, inspirierende Gespräche; BRANT COWIE für die Ideen zu den Abbildungen; MAGGIE REEVES, die dafür sorgte, daß ich mich nicht verzettelte und daß ich den Zeitplan einhielt; PIPPA CAMPSIE, die Anregungen, Ideen und großartige Mittagessen beisteuerte; PETER TURNEY, der meine Gehirntätigkeit immer wieder in Schwung brachte; BARNEY GILMORE, der insgesamt eine Inspiration ist; CHRIS SASAKI für seine Einsichten; KEN DEATON für seine Geistesblitze; WAYNE und PAM WEAVER von den *Main-Frame Computer Graphics* sowie PATRICK LEE von *Interaxis* für ihre technischen Zaubereien; LARRY und ELLEN OBERLANDER, die mir zeigten, daß es Fitneßcenter für jeden Bedarf gibt; und E. J., der mir zeigte, was Training wirklich bedeuten kann. Vor allem aber bin ich meiner Frau SUSAN für ihre Anregungen dankbar und dafür, daß sie mir während der langen Monate des Schreibens stets zur Seite gestanden hat. Ich kann ihr nicht genug für ihre Geduld, Liebe und Hilfe danken.

Toronto, Kanada *Tom Wujec*

*»Beherrschen Sie neben der edlen Kunst,*
*Dinge zu erledigen,*
*die edle Kunst, Dinge unerledigt zu lassen.*
*Die Weisheit des Lebens liegt*
*im Aussondern alles Unwesentlichen.«*

Lin Yü-T'ang, chinesischer Schriftsteller

# Bodos mentales Fitnesscenter

Toms Kopf fühlte sich an wie eine Schüssel voll Vanillepudding. Den ganzen Tag hatte er in Konferenzen zugebracht, und jetzt fühlte er sich zerfahren und abgespannt — ein Zustand, der ihm allmählich nur allzu vertraut wurde. In letzter Zeit konnte er sich immer schlechter konzentrieren, und seine Einfälle waren von unbefriedigender Mittelmäßigkeit. Tom erkannte, daß er immer nur über dieselben Dinge in immer derselben altgewohnten Weise nachdachte.

Auf seinem Heimweg fiel ihm ein Schild über einem neuen Geschäft ins Auge.

Interessant. Aus einem Impuls heraus öffnete Tom die Tür und trat ein.

Im ersten Stock begegnete ihm Bodo, ein lebhafter Bursche mit blitzenden Augen, der zugleich Geschäftsinhaber und Koordinator der Fitneßübungen war. Tom erklärte ihm: »Mir scheint meine frühere geistige Energie und Spannkraft irgendwie abhanden gekommen zu sein.«

Bodo dachte einen Augenblick lang nach und fing dann an, Tom eine Reihe von Fragen zu stellen: *»Haben Sie sich geistig in letzter Zeit wirklich angestrengt?«*

»Nun, nicht direkt«, antwortete Tom.

*»Wie oft tun Sie überhaupt nichts und entspannen sich?«*

»Ich sehe öfter fern. Es hilft mir abzuschalten.«

*»Haben Sie in jüngster Zeit irgend etwas gänzlich Neues dazugelernt?«*

»Ach wissen Sie, dazu fehlt mir einfach die Zeit.«

*»Womit beschäftigen Sie rein geistig?«*

»Na ja, ich lese ab und zu Zeitung.«

So ging das noch eine ganze Zeitlang weiter. Bodo wollte wissen, wieviel Aufmerksamkeit Tom alltäglichen Dingen schenkte, ob er von sich aus nach geistigen Problemen und Herausforderungen suchte, ob — und wenn, in welcher Weise — er langfristige Ziele verfolgte und ob er gelegentlich auch etwas rein um des Lernens willen lernte.

Schließlich fragte Tom: »Nun, wie steht es mit mir?«

»Kein Zweifel«, erklärte Bodo, »Sie sind in der Tat geistig nicht mehr in Form. Sehen Sie, in gewisser Weise kann man den Geist mit dem Körper vergleichen. Wenn man ihn nicht genügend trainiert, wird er steif und schwach. Wenn unser Gehirn immer nur untätig herumsitzt, ohne jemals in Schweiß zu geraten, werden unsere Denkmuskeln träge. Die fehlende Kondition kann zu festgefahrenen Ansichten, Gedankenkreislaufstörungen, vermehrtem mentalem Gehirnspeck, übermäßiger Spannung, Langeweile und in besonders schlimmen Fällen sogar zu geistiger Verstopfung führen.«

»Wie konnte es bei mir nur soweit kommen?« wollte Tom wissen.

Bodo erklärte: »Sobald wir unseren Verstand nicht mehr beanspruchen, bauen wir geistig ab. Das geschieht zum Beispiel dann, wenn wir selbstgefällig werden und uns mit bequemen, altgewohnten Lösungsstrategien zufriedengeben, anstatt wirklich über das anstehende Problem nachzudenken. Auch sollte man sich nicht nur auf einige wenige Interessen beschränken. So kann beispielsweise jemand ein hervorragender Architekt und Geschäftsmann sein, gleichzeitig aber unfähig, kreative Einfälle hervorzubringen, sich seine Zeit einzuteilen, eine Unterhaltung zu führen, Witze zu erzählen oder sich zu entspannen. In *einer* Hinsicht benutzt er sein Gehirn sehr gut, in anderer Hinsicht jedoch überhaupt nicht.

Sobald wir aufhören, Freude an der eigenen Kreativität, am Herumexperimentieren und am Erforschen neuer Möglichkeiten zu haben, werden wir geistig steif. Wir vergessen oft, daß die Welt um uns herum zu einem großen Teil nach unseren Vorstellungen geschaffen und gestaltet wird. Unsere alltäglichen Probleme, Sorgen und Verantwortlichkeiten beanspruchen uns so sehr, daß wir uns selten oder nie die Zeit nehmen, innezuhalten und darüber nachzudenken, *wie* wir eigentlich denken. Ein gesunder Geist kann sich problemlos in verschiedene Richtungen bewegen. Um wirklich in Form zu sein, sollte man *alle* seine Denkmuskeln nach einem gut durchdachten Programm trainieren.«

Tom war erstaunt. Was Bodo erklärte, erschien ihm völlig einleuchtend, und es klang so einfach. Er sagte: »Jetzt wird mir klar, daß einige meiner Denkmuskeln völlig vernachlässigt sind. Wenn ich sie überhaupt benutzt habe, dann immer in der gleichen gewohnten Weise. Ist es nun zu spät? Oder kann ich immer noch fit werden?«

»Dazu ist es nie zu spät«, antwortete Bodo. »Im Idealfall sollten zwar schon die alltäglichen Anforderungen, die an uns gestellt werden, dazu ausreichen, alle unsere Denkmuskeln zu beanspruchen und zu dehnen. Wenn jedoch Routine, Faulheit oder fehlende Techniken das volle Ausschöpfen unseres Potentials verhindern, dann empfiehlt es sich, dem mentalen Fitneßcenter einen Besuch abzustatten.«

Bodo drehte sich um und führte Tom durch einen kleinen Korridor in ein geräumiges, hellerleuchtetes Zimmer: Bodos mentales Fitneßcenter. An den Wänden hingen anatomische Zeichnungen verschiedener »Denkmuskeln« — Vernunftsmuskeln, Konzentrationsmuskeln, Visualisationsmuskeln — zusammen mit den jeweiligen Trainingsplänen. Zahlreiche Übungsstationen verteilten sich über den Raum, und bei jeder waren Leute mit anderen Aktivitäten beschäftigt: Sie sprachen, zeichneten, schrieben, lachten oder konzentrierten sich. Tom begriff, daß man von Station zu Station gehen mußte, um jeweils einen anderen Teil seines Geistes zu trainieren.

Bodo fuhr fort: »Um alte Gewohnheiten abzulegen und durch neue zu ersetzen, braucht man Zeit, Geduld und Entschlossenheit. Die investierte Energie zahlt sich jedoch in gesteigerter Kreativität und Produktivität aus. Außerdem werden Sie begreifen, wie Ihr Geist funktioniert (und wie nicht), und überhaupt viel Spaß bei der Sache haben.«

Tom kam sich wie ein Abenteurer vor, der zu einer langen, aufregenden Reise aufbricht. Als er sah, welches Vergnügen die Leute bei ihrem mentalen Jogging, Konditionstraining und Stretching offensichtlich empfanden, erkannte er, daß er etwas gefunden hatte, wonach er unbewußt schon lange auf der Suche gewesen war: einen Platz, an dem er sich geistig wirklich fordern und trainieren konnte. Er wandte sich lächelnd zu Bodo und fragte: »Wann können wir anfangen?«

Bodo gab ihm die Antwort, die er für solche Fälle immer parat hatte: »Natürlich sofort.«

# Besseres Denken
# und
# besser denken

# *Die Anatomie geistiger Fitneß*

*»Geisteskraft ist Bewegung, nicht Ruhe.«*

ALEXANDER POPE,
*englischer Dichter, 18. Jahrhundert*

**ÜBUNG:** Wie würden Sie den Grad Ihrer geistigen Fitneß einschätzen?

- ❑ **HOCH:** Meine geistige Leistungsfähigkeit ist außergewöhnlich. Sie können mich ruhig »Leonardo« nennen.
- ❑ **MITTEL:** Ich habe gelegentlich neue, kreative Gedanken, und zuweilen beanspruche ich meine Denkmuskeln.
- ❑ **NIEDRIG:** Mein Geist gleicht einer Schüssel voll Wackelpudding. Ich habe ein Mentaltraining bitter nötig.

Gleichgültig, zu welcher Kategorie Sie sich rechnen, vergessen Sie bitte nicht, daß Ihre geistige Fitneß — also Ihre Fähigkeit, sich zu konzentrieren, zu überlegen, zu visualisieren, sich Dinge vorzustellen, Entscheidungen zu treffen, Probleme zu bewältigen, klar und kreativ zu denken — in hohem Maße davon abhängt, wie gut und wie oft Sie Ihren Geist trainieren. Wenn Sie das Gefühl haben, geistig nicht mehr in Form zu sein, dann lassen Sie den Kopf nicht hängen: Einfach dadurch, daß Sie Ihre Denkmuskeln trainieren, werden Sie bedeutende Fortschritte machen. Fühlen Sie sich jedoch bereits fit, dann machen Sie sich bewußt, daß weitere Übungen Ihren Geist in Höchstform bringen werden. Auch Spitzensportler müssen schließlich trainieren.

Das geistige Fitneßprogramm beginnt mit der Frage:

*Wie kann ich meine geistigen Leistungen verbessern?*

Machen Sie sich zunächst einmal mit den verschiedenen »Muskeln« Ihres Gehirns vertraut. Probieren Sie zu diesem Zweck nun die folgende Übung aus.

# *Geistige Rundreise*

*Stellen Sie sich vor, Sie hielten eine Orange in der Hand.
Malen Sie sich aus, wie sie sich anfühlen,
wie sie aussehen
und wie sie riechen würde.*

*Versuchen Sie einige Augenblicke lang, ein möglichst klares
Bild zu erhalten.*

*Stellen Sie sich nun vor, wie Sie die Orange schälen,
sie zerteilen und in ein Stück hineinbeißen.
Untersuchen Sie jetzt ein Stück ganz genau.*

*Fragen Sie sich, wie die Orange aussehen würde, wenn Sie sie
tausend- oder millionenfach vergrößern könnten.
Wie sehen wohl die Zellen aus?
Wie sehen wohl die Moleküle aus?*

*Versuchen Sie, sich während der nächsten Minuten all dessen
bewußt zu werden, was Sie über Orangen wissen oder nicht wissen.*

*Denken Sie darüber nach, was eine Orange zu einer Orange macht,
warum sie schmeckt, wie sie schmeckt,
wie viele verschiedene Sorten Orangen es geben mag,
wie sich die Orangen im Laufe der Jahrhunderte wohl entwickelt haben,
was man mit ihnen alles anfangen kann
und wie man gute Orangenmarmelade herstellt.*

*Während Sie über die Orange nachdenken,
achten Sie genau auf die Beschaffenheit Ihrer Gedanken.
Legen Sie jetzt das Buch einen Augenblick beiseite und
beginnen Sie zu denken.*

Wie die meisten Menschen werden auch Sie wahrscheinlich festgestellt haben, daß um so mehr Ideen, Assoziationen und Querverbindungen in Ihrer Vorstellung auftauchten, je länger Sie über die Orange nachdachten. Vielleicht haben Sie sich über die physikalischen Eigenschaften der Orange Gedanken gemacht. Möglicherweise haben Sie auch die Geschichte und die ökonomische Bedeutung dieser Frucht in Ihre Überlegungen einbezogen. Es könnte Ihnen aufgefallen sein, daß »Orange« kein deutsches Wort ist und daß sich auch kein deutsches Wort darauf reimt. Indem Sie abwechselnd geistige Bilder erzeugten, in die Tiefen Ihres Gedächtnisses eindrangen und sich Gedanken machten, sprangen Sie zwischen einzelnen Denkarten hin und her: Sie bewegten oder beanspruchten, mit anderen Worten, verschiedene geistige Muskeln.

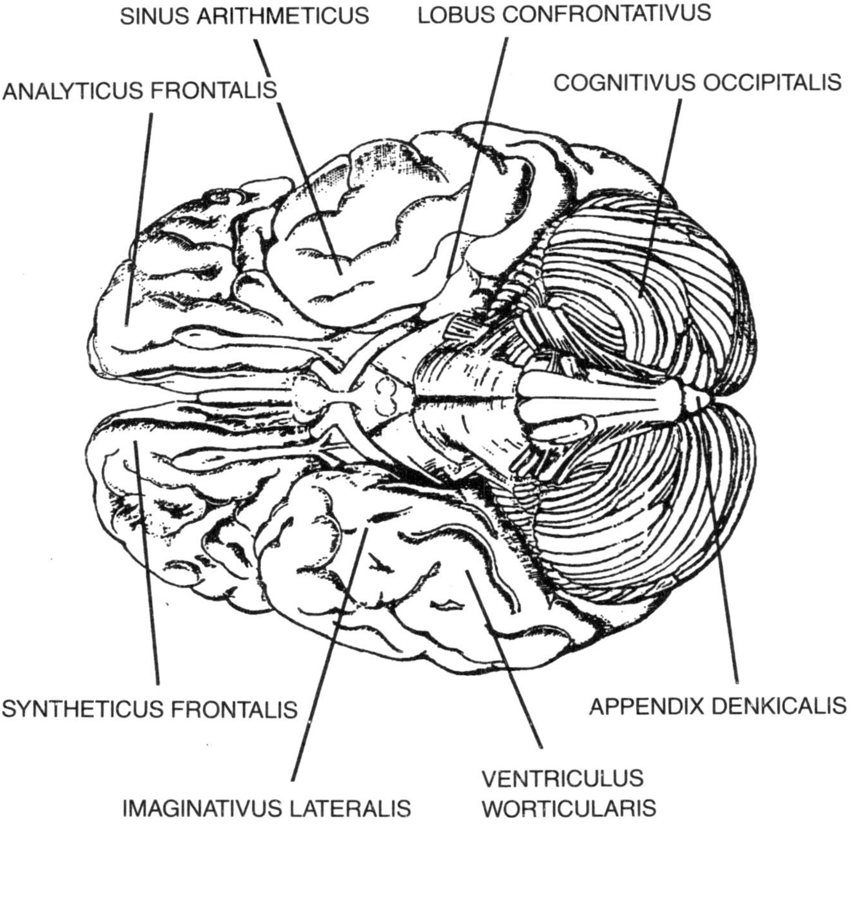

Es gibt spezifische Muskeln für jede Art zu denken: für das logische Denken, das metaphorische, das analytische, das kritische, das verbale und das visuelle Denken. Diese Denkmuskeln ermöglichen es uns, durch unsere innere Welt zu reisen.

In der Turnhalle des Lebens zwingen uns die wechselnden Erfordernisse des Alltags, jeweils unterschiedliche Denkmuskeln zu beanspruchen. Manchmal müssen wir uns mit kritischem Denken und kalter, harter Logik abmühen; zu anderen Zeiten können wir uns entspannen, loslassen und spielerisch neue Bereiche erforschen. Einmal arbeiten wir kontinuierlich, ausdauernd, fleißig und erfolgreich an einer bestimmten Aufgabe; ein anderes Mal lösen wir geradezu spielerisch mehrere Probleme gleichzeitig. Ebenso wie verschiedene Körpermuskeln zusammenarbeiten, um eine physische Bewegung zu bewirken, arbeiten auch verschiedene Geistesmuskeln zusammen, um klares, zielgerichtetes Denken zu ermöglichen. Vereinfacht ausgedrückt kann man sagen, daß vier Grundeigenschaften einen wirklich leistungsfähigen Geist kennzeichnen. Diese Eigenschaften sind:

Geistige Stärke

Geistige Flexibilität

Geistige Ausdauer

Geistige Koordination

Jedesmal wenn Sie Ihren Verstand mit einer Aufgabe betrauen, die Konzentration erfordert, machen Sie Gebrauch von Ihrer *geistigen Stärke.* Dies ist beispielsweise dann der Fall, wenn Sie vor einer schwierigen Entscheidung die verschiedenen Möglichkeiten im Kopf durchgehen, wenn Sie es mit einem komplizierten mathematischen Problem zu tun haben, wenn Sie eine Abrechnung machen oder überhaupt Ihre Aufmerksamkeit längere Zeit auf eine einzige Sache gerichtet halten. Geistige Stärke ist die Fähigkeit, sich zu konzentrieren — und zwar wann immer, so intensiv und so lange man möchte.

Für innovative und kreative Aufgaben benötigen wir elastische und geschmeidige Denkmuskeln. *Geistige Flexibilität* ist die Fähigkeit, von einem Denkmodus in den anderen zu schalten. Es ist ein spielerischer Prozeß, bei dem wir mit neuen Ideen experimentieren, neue Kombinationen finden und uns neuen Denkrichtungen öffnen. Wir legen Begriffe frei aus, verdrehen Ideen und bringen unseren Geist in ungewohnte Positionen, um neue Möglichkeiten zu erforschen. Geistige Flexibilität ist eine Mischung aus Artistik, holistischem Denken, Kreativität und Brainstorming, gewürzt mit einer Prise Zen.

Sollen unsere Vorstellungen und Ideen in die Tat umgesetzt werden, brauchen wir *geistige Ausdauer.* Geistiges Durchhaltevermögen ist die Fähigkeit, auch langwierige Aufgaben zu bewältigen, ohne sich ablenken oder entmutigen zu lassen. Es ist die Fähigkeit, durchzuhalten und den Weg bis zu Ende zu gehen.

*Geistige Koordination* schließlich benötigt man, um eine Aufgabe oder auch mehrere präzise und genau zur richtigen Zeit zu bewältigen. Geistige Koordination ist exaktes Timing, Balance und Gewandtheit. Es ist das Vermögen, seine Gedanken so aufeinander abzustimmen, daß man streßfrei mehrere Dinge gleichzeitig erledigen, einer ungewissen Zukunft gelassen entgegentreten, um des Lernens willen lernen und nach höheren Idealen streben kann.

Diese vier Grundeigenschaften — Stärke, Flexibilität, Ausdauer und Koordination — machen die wahre geistige Leistungsfähigkeit aus. Indem wir unseren Geist auf unterschiedliche Weise dehnen, beugen, anstrengen und bewegen, ihn also verschiedene Übungen ausführen lassen, werden wir eine optimale geistige Fitneß erreichen.

*»Wie der Diamant den Diamanten schneidet*
*und ein Schleifstein einen anderen glättet,*
*so ist jeder Teil des Intellekts des anderen Wetzstein,*
*und das Ergebnis des gegenseitigen Schärfens ist die*
*Genialität.«*

Cyrus Bartol, Geistlicher, 19. Jahrhundert

# *Wie verliert man seine geistige Fitneß?*

Warum haben manche von uns einen scharfen, leistungsfähigen Verstand, einen Geist, der von kreativen Ideen geradezu übersprudelt, und andere nicht? Hierfür gibt es zwei Hauptgründe: die Anforderungen des Alltags und den Sog geistiger Angewohnheiten.

Ein Maurer hat es nicht nötig, seine Arme zu trainieren. Sie werden schon durch das tägliche Mörtelmischen und Steineschleppen gekräftigt. Ebensowenig muß ein Buchhalter seine Rechenkünste auffrischen. Da er ständig mit Zahlen umgeht, werden seine mathematischen Muskeln ohnehin fit gehalten.

Wenn Ihre Denkmuskeln durch Ihre alltäglichen Umstände nicht beansprucht werden, dann fehlen Ihnen die zur geistigen Fitneß notwendigen Anregungen. Befinden Sie sich jedoch häufig in Situationen, wo Sie klar und effektiv denken müssen, werden Ihre Muskeln zusehends stärker und reaktionsfähiger. Am besten läßt sich diese einfache Regel mit dem alten Sprichwort wiedergeben:

**TIP:** Fragen Sie sich: Welche meiner Denkmuskeln werden nicht täglich beansprucht?

*Gewohnheiten* sind einfach die Neigung, etwas zu tun, ohne darüber nachdenken zu müssen. Ob es uns nun paßt oder nicht: Unser ganzes Leben, vom morgendlichen Zähneputzen bis hin zur Verwirklichung langfristiger Ziele, basiert weitgehend auf unserem persönlichen Repertoire an gewohnheitsmäßigen und deshalb automatisch ablaufenden Handlungen. Das muß auch so sein. Denn wer möchte schon jeden Morgen aufs neue das Zähneputzen erlernen!

Auch unser geistiges Leben — also all das, was wir wahrnehmen, der Grad unserer Aufmerksamkeit, wie gut wir lernen, in welcher Weise wir uns mit Problemen auseinandersetzen, worüber wir uns sorgen und freuen, was wir den Tag über denken und so weiter — wird weitgehend von Gewohnheiten bestimmt.

Um geistig wirklich leistungsfähig zu werden, brauchen wir uns nur ein bestimmtes, gut ausgewähltes Sortiment an Gewohnheiten zuzulegen, mit deren Hilfe wir dahin kommen, wohin wir wollen. Geistig durchtrainierte Menschen können ihren Verstand zu jeder beliebigen Zeit fordern. Sie sind an allem, was in der Welt vorgeht, interessiert, und sie versuchen immer, den Dingen auf den Grund zu gehen. Sie wissen auch, wie man Gewohnheiten durch bewußtes, willentliches Handeln ablegt oder ändert, und sie können sich nützliche neue Gewohnheiten zulegen — etwa weniger vor sich hin zu träumen, Entscheidungen gründlicher abzuwägen und größeren Mut zum Risiko zu entwickeln. Alle diese guten Gewohnheiten ermutigen den Verstand dazu, reaktionsfreudiger zu werden und letztlich die wichtigste Gewohnheit überhaupt zu entwickeln: die Gewohnheit, gute Gewohnheiten zu entwickeln.

*»Säe einen Gedanken, und du erntest eine Tat.*
*Säe eine Tat, und du erntest eine Gewohnheit.*
*Säe eine Gewohnheit, und du erntest einen Charakter.*
*Säe einen Charakter, und du erntest ein Schicksal.«*

Charles Reade,
englischer Schriftsteller, 19. Jahrhundert

**TIP:** Fragen Sie sich: Welche meiner geistigen Angewohnheiten drücken mich nieder?

# *Was ist eine gute geistige Übung?*

*Das Lösen von Kreuzworträtseln — Examensvorbereitungen — Ein Fernsehinterview führen — Auf der Bühne improvisieren — Einen schwierigen Text durcharbeiten — Ein Feinschmeckermahl kochen — Ein Kaugummi-Werbegedicht verfassen — Das Gesicht eines Freundes visualisieren — Sich vergegenwärtigen, wann und wie man das letztemal Eis gegessen hat — Die Nationalhymne rückwärts aufsagen — Sich an die Namen seiner Volksschullehrer erinnern — Die Zahlenreihe 2, 4, 8, 16 soweit wie möglich fortsetzen — Eine neue Sprache erlernen — Eine überzeugende Lüge erzählen — Einen Computer programmieren — Herausbekommen, wie ein Toaster funktioniert — Eine realistische Landschaft zeichnen — Schlechte Laune in gute verwandeln — Über die Unendlichkeit meditieren — Ein Dokumentarspiel schreiben — Eine wichtige Unterhaltung des letzten Monats nachvollziehen — Seinen Chef um eine Gehaltserhöhung bitten — Mit Fingerfarben malen — Seine Launen unter Kontrolle halten — Sein Schlafzimmer umgestalten — Autoritäten in Frage stellen — Eine bessere Mausefalle konstruieren — Einem Vierjährigen erklären, warum der Himmel blau ist — Einen Vertrag aushandeln — Beim Pokerspiel bluffen — Ein Videospiel spielen — Nach der Wahrheit suchen.*

Wie kommt man geistig in Form? Ebenso wie zum körperlichen gehört auch zum geistigen Training die Bewegung. Für unseren Körper bedeutet Bewegung Laufen, Schwimmen, Fußball spielen, Gewichtheben oder Gymnastik — also jede Aktivität, die bewirkt, daß sich unsere Muskeln dehnen und zusammenziehen. Für den Geist bedeutet Bewegung fortschreitendes Denken, eine Art innerer Reise von einer Prämisse bis zu einem logischen Schluß, von einem Problem bis zur Lösung, von der Frage bis zur Antwort, von der Antwort bis zur Frage, von einem Geisteszustand zu einem anderen. Wann immer wir unsere Aufmerksamkeit auf eine Aufgabe richten und unsere geistigen Ressourcen bewußt mobilisieren, bewegen wir unsere Denkmuskeln.

Im weiteren Sinne kann man eine Übung als eine Handlung definieren, die dazu dient, eine bestimmte Fähigkeit zu steigern, sich weiterzubilden oder die eigenen Begabungen zu fördern. Praktisch kann also jede Tätigkeit, die *aktive Aufmerksamkeit* erfordert — wie beispielsweise ein Puzzle legen, ein berufliches Problem lösen oder einfach nur stillsitzen und seine Gedanken sammeln — eine geistige Übung sein.

Vielleicht wichtiger als *was* man tut ist, *wie* man es tut — eine gute Technik ist von ausschlaggebender Bedeutung. Ein Turner verbessert seine Leistung, indem er die gleiche Bewegung mit kleinen Korrekturen so lange wiederholt, bis sie vollkommen ist. Durch diese ständige Wiederholung und Rückkoppelung werden die Muskeln des Turners »gehorsamer« und reaktionsfähiger. Ebenso steigern wir durch kontinuierliches geistiges Training die Leistung unserer Denkmuskeln. Wir wiederholen im Geiste eine Aufgabe so lange, bis unsere Denkmuskeln genau das tun, was wir von ihnen verlangen.

Eine gute geistige Übung ist eine Verabredung mit sich selbst — eine Gelegenheit, seine Aufmerksamkeit nach innen zu richten und den Geist zu fordern. Sie ist eine gute Möglichkeit, seine geistige Energie in konstruktive Gedanken zu leiten. Ob man nun hart arbeiten will, um den Gipfel geistiger Leistung zu erreichen, oder sich nur ein bißchen strecken möchte, um flexibler zu werden — die gute, altmodische geistige Anstrengung führt in jedem Fall zu gesteigerter Kreativität, einem Gefühl von Erfüllung und vermehrter geistiger Leistungsfähigkeit.

# *Schaffen Sie sich Ihr ganz persönliches Fitneßcenter!*

In den folgenden zwölf Kapiteln werden Sie eine Vielzahl von Möglichkeiten erforschen, Ihren Geist zu trainieren. Jedes Kapitel ist eine Station, die Ihnen eine Auswahl an geistigen Übungen bietet. Bei manchen Stationen werden Sie sich strecken, entspannen und in friedvolle Ruhe sinken. An anderen werden Sie Ihre inneren Muskeln wirklich drillen und Gymnastik treiben, bis Ihr Gehirn ins Schwitzen gerät. Während einige Übungen Ihre linke Gehirnhälfte — also den analytischen, logischen Teil des Geistes — beanspruchen, werden andere Ihre rechte Gehirnhälfte — den intuitiven, räumlichen Teil — fordern. Sie stellen insgesamt ein wirklich umfassendes Mentaltraining dar.

**Erste Station:** Lockerungsübungen
*Aufmerksamkeit sammeln*

**Zweite Station:** Geistige Bewegung
*Konzentration*

**Dritte Station:** Geistige Gymnastik
*Steigern der Ausdauer*

**Vierte Station:** Geistige Turnübungen I
*Denken mit Bildern*

**Fünfte Station:** Geistige Turnübungen II
*Denken mit Worten*

**Sechste Station:** Geistige Stärke
*Probleme lösen*

**Siebte Station:** Geistiges Spiel
*Herumalbern*

**Achte Station:** Salto rückwärts
*Gedächtnismuskeln*

**Neunte Station:** Geistige Flexibilität
*Analyse und Synthese*

**Zehnte Station:** Geistige Balanceakte
*Entscheidungen treffen*

**Elfte Station:** Improvisieren
*Der kreative Akt*

**Zwölfte Station:** Spitzenleistung
*Lernen lernen*

# *Tips für Ihre Übungen*

Wenn Sie die folgenden fünf Ratschläge beherzigen, werden Sie viele Übungen leichter bewältigen und raschere Fortschritte erzielen.

**Tip eins:**
Ziehen Sie Ihre geistige Straßenkleidung aus. Lassen Sie Ihre Probleme und Sorgen im Umkleideraum zurück. Nehmen Sie die Trainingshaltung ein, indem Sie den festen Entschluß fassen, Ihre geistige Leistung zu verbessern. Erfreuen Sie sich an den selbstgewählten Schwierigkeiten.

**Tip zwei:**
Trainieren Sie — analysieren Sie nicht! Da der Wert des geistigen Trainings darin besteht, die eigenen geistigen Ressourcen zu mobilisieren, *führen Sie einfach die Übungen aus.* Die positive Auswirkung einer Übung steht in einem genau proportionalen Verhältnis dazu, wie sehr man bereit ist, seine Denkmuskeln zu dehnen und zu beanspruchen. Denken Sie daran: Gute Kondition ist der Schlüssel zu guten Trainingsergebnissen.

**Tip drei:**
Lassen Sie sich Zeit. Hetzen Sie nicht durch Ihr Trainingsprogramm. Es dauert eine Weile, bis man in tiefere Bereiche des Denkens gelangt — also haben Sie Geduld. Nehmen Sie sich Zeit, um Ihre innere Welt zu erforschen.

**Tip vier:**
Wiederholen Sie die Übungen. Viele Übungen dieses Buches kann man beliebig oft durchführen. Je mehr und je länger Sie üben, desto leistungsfähiger wird Ihr Denkvermögen werden. Machen Sie sich Ihre Lieblingsübungen zur Gewohnheit. Wenn Sie an einem Punkt nicht weiterkommen, also auf eine Übung stoßen, die Sie zu diesem bestimmten Zeitpunkt einfach nicht ausführen können, dann machen Sie eine Pause. Kommen Sie später darauf zurück.

**Tip fünf:**
Trainieren Sie oft. Je öfter Sie Ihre gedanklichen Fähigkeiten üben, desto leichter fallen Ihnen die Übungen. Je leichter Ihnen die Übungen fallen, desto mehr Spaß haben Sie daran. Je mehr Spaß Sie daran haben, desto mehr trainieren Sie Ihre geistigen Fähigkeiten. Und je mehr Sie Ihren Geist trainieren, desto leistungsfähiger wird er.

*UND NUN ANS WERK!*

ERSTE STATION

# LOCKERUNGSÜBUNGEN

## *Aufmerksamkeit sammeln*

# *Beginnen Sie jetzt*

*Belassen Sie jeden Teil Ihres Körpers*
*in seiner gegenwärtigen Position.*
*Achten Sie genau auf Ihre Haltung,*
*Ihren Gesichtsausdruck,*
*die Stellung Ihrer Finger.*

*Suchen Sie nach jeder Verspannung in Ihren Wangenmuskeln,*
*in Ihren Augenbrauen,*
*in Ihrem Magen*
*und in Ihren Beinen.*

*Sind Ihre Schultern hochgezogen?*
*Sind Ihre Zehen gekrümmt?*
*Wie ist Ihre Körperhaltung?*
*Wenn Sie Ihre Muskeln jetzt völlig entspannten,*
*in welche Richtung würden Sie dann fallen?*

*Versuchen Sie eine klare Empfindung von Ihrem Körper und*
*Ihrem Geist zu erhalten.*
*Lösen Sie alle Spannungen, die Sie entdecken,*
*atmen Sie einige Male tief durch,*
*fahren Sie dann mit der Übung fort.*

# *Das Spiel der Aufmerksamkeit*

*»Ein ruhiger Geist heilt alles.«*

ROBERT BURTON,
englischer Philosoph, 17. Jahrhundert

Stellen Sie sich vor, Sie verfügten über insgesamt hundert Volt Aufmerksamkeit. Jedesmal, wenn Sie sich mit irgend etwas beschäftigen, setzen Sie eine bestimmte Menge dieser geistigen Energie ein. Sobald Sie sich jedoch ablenken lassen oder zerstreut sind, wird ein Teil davon verschwendet. Stellen Sie sich beispielsweise vor, daß Sie gerade an Ihrem Schreibtisch sitzen und an einem Referat arbeiten. Ihr Körper nimmt dabei allmählich eine unbequeme Haltung ein — einige Muskeln verkrampfen sich. Dadurch wird automatisch ein Teil Ihrer Aufmerksamkeit von Ihrem Referat abgezogen. Obwohl Sie sich möglicherweise dieser physischen Spannung gar nicht bewußt sind, wirkt sie sich doch auf Ihre geistige Energie aus. Sie verlieren, sagen wir, 25 Volt Aufmerksamkeit, ein Viertel Ihres Gesamtvorrates.

Stellen Sie sich nun vor, daß Sie, während Sie mit Ihrer Arbeit fortfahren, von einer gewissen Lustlosigkeit befallen werden. Sie empfinden Ihr Referat mit einemmal als eine lästige Pflicht, und Sie spüren einen leichten inneren Zwiespalt. Ein Teil von Ihnen möchte weiterarbeiten, ein anderer Teil hat aber keine Lust dazu. Und wieder sind 25 Volt weg.

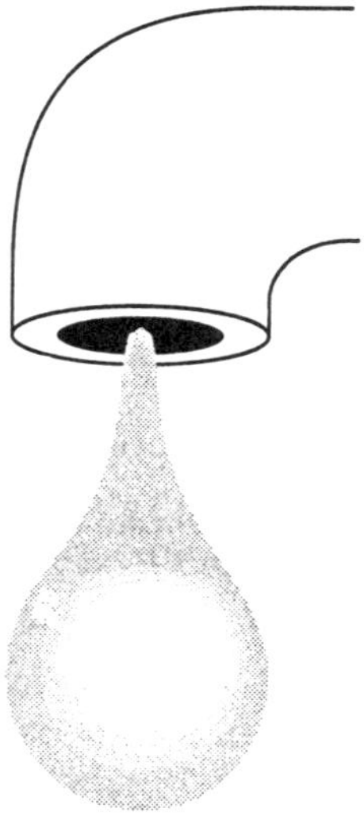

Stellen Sie sich nun vor, wie Sie von Ihrem Referat abzuschweifen beginnen. Ihre Gedanken wandern zu anderen Interessen oder Problemen: zu einem künftigen Urlaub, Ihrer Hypothek, einem kürzlich gesehenen Film oder dem schmutzigen Geschirr, das auf Sie wartet. Während das vor Ihnen liegende Referat in den Hintergrund gedrängt wird, verlieren Sie weitere 25 Volt. Drei Viertel der Gesamtmenge sind inzwischen vergeudet.

Und nun stellen Sie sich vor, daß Sie aus einem anderen Zimmer der Wohnung das schwache Geräusch eines tropfenden Wasserhahns vernehmen. Wenn es andauert, bleibt Ihnen zu guter Letzt womöglich überhaupt keine Aufmerksamkeit mehr übrig!

Auf unserer Reise durch das Leben benutzen wir meist nur einen geringen Prozentsatz unseres geistigen Potentials. Weil wir dazu neigen, stets und ständig anderweitig beschäftigt zu sein — Pläne zu schmieden, Berechnungen anzustellen, zu analysieren und uns zu sorgen —, gerät unser Denken in Unordnung. Es ist, als ob wir zuweilen mehrere voneinander unabhängige Aktivitätszentren in unserem Kopf hätten. Ein Teil unseres Denkens widmet sich der Zukunft. Ein anderer Teil erinnert sich an Vergangenes. Ein anderer Teil unterhält sich mit wieder einem anderen Teil. Unser Denken wird von einer Flut von Wörtern und Bildern überschwemmt. Wie Bälle springen unsere Gedanken blitzschnell in unvorhersehbare Richtungen. Wir verlieren einen mehr oder weniger hohen Prozentsatz unserer Aufmerksamkeit an Ablenkungen und allerlei Probleme. Die Folge davon ist, daß wir nicht mit unserer vollen Leistungskraft arbeiten. Bevor wir unser Denkvermögen beanspruchen, sollten wir uns deshalb geistig lockern.

Die Lockerungsübungen spielen bei jedem Training eine wichtige Rolle — sie bereiten den Körper auf die folgende Anstrengung vor. Bevor man einen Tausendmeterlauf beginnt, wärmt man sich auf, indem man Arme, Beine, Schultern und Rücken dehnt. Der dadurch angeregte Blutkreislauf lockert die Muskeln, macht sie geschmeidiger und schützt vor anschließendem Muskelkater. Genauso ist es auch mit unserem Geist: Wenn wir unsere Denkmuskeln vor dem Training lockern, werden wir anschließend bedeutend leistungsfähiger sein.

Daher ist es auch nicht weiter verwunderlich, daß Lockersein ein wesentlicher Bestandteil der Fitneß ist. Es ist ein Gefühl des Wohlbefindens. Gelokkerte Muskeln arbeiten nicht gegeneinander; sie arbeiten miteinander. Dadurch werden die Bewegungen geschmeidiger und natürlicher. Sobald man nicht mehr gegen sich selbst ankämpft, fühlt man sich wohl in seiner Haut, nicht gehetzt, gestreßt oder gehemmt.

Wie kann man aber seine Denkmuskeln lockern? Eine gute Methode ist beispielsweise, seine Aufmerksamkeit zu sammeln und sein Bewußtsein auf das Hier und Jetzt zu richten. Wir können dies erreichen, indem wir »herunterschalten«, uns entspannen und unseren Gedanken, Sorgen und Verspannungen erlauben, durch unseren Geist zu ziehen; oder aber, indem wir unsere Aufmerksamkeit auf einen einzigen Gegenstand oder eine einzige Aufgabe konzentrieren. Es ist dabei — gleichgültig für welche dieser Möglichkeiten wir uns auch entscheiden — von ausschlaggebender Bedeutung, daß wir die unwichtigen Gedanken loslassen, die unser Denken überladen. Versuchen Sie es, und Sie werden einige Ihrer hundert Volt wiedererlangen.

Lassen Sie uns jetzt also den Weg des Loslassens einschlagen. Geistige Entspannung sollte stets beim Körper beginnen. Indem Sie die Spannungen in Ihren Schultern lösen, tief und gleichmäßig atmen und die zarten Muskeln um Mund und Augen entkrampfen, setzen Sie den physischen Ausdruck der Spannung frei. Indem wir unseren Körper entspannen, entspannen wir automatisch auch unseren Geist.

*»Wenn wir lernen,*
*Körper, Atem und Geist zu entspannen,*
*wird unser Körper gesund,*
*der Geist klar*
*und das Bewußtsein ausgewogen.«*

TARTHANG TULKU, buddhistischer Lehrer

# *Die große Rundreise*

*Schließen Sie die Augen, nehmen Sie eine bequeme Haltung ein*
*und verbringen Sie einige Minuten damit, Ihren Körper zu entspannen.*

*Lassen Sie Ihren Körper locker und schlaff werden.*
*Erlauben Sie Ihrem Gewicht, sich zu verringern,*
*und Ihren Muskeln, sich zu entspannen.*

*Richten Sie Ihre Aufmerksamkeit eine Zeitlang nur darauf, wie*
*sich Ihr Körper anfühlt.*
*Konzentrieren Sie sich auf die körperlichen Empfindungen*
*in Ihren Armen, Ihren Schultern, Ihrem Rücken, Ihrem Kopf,*
*Ihrem Magen und Ihren Beinen,*
*ebenso wie in Ihrer Brust, Ihrem Unterleib und Ihren Hüften.*

*Verlagern Sie nun Ihre Aufmerksamkeit allmählich auf Ihren Atem.*
*Konzentrieren Sie sich auf die Empfindung der Luft,*
*die durch Ihre Nasenlöcher strömt.*

*Während Sie ein- und ausatmen, erlauben Sie Ihrer Atmung,*
*immer ruhiger und gleichmäßiger zu werden.*
*Versuchen Sie nicht, Ihren Atem zu zwingen,*
*lassen Sie ihn natürlich fließen.*

*Jedesmal, wenn Sie einen ablenkenden Gedanken in Ihrem Geist bemerken,*
*lassen Sie sich durch ihn daran erinnern,*
*Ihre Aufmerksamkeit wieder auf Ihren Körper zu richten.*
*Verlagern Sie sanft den Schwerpunkt Ihrer Konzentration*
*wieder auf Ihre Empfindungen.*

*Erlauben Sie sich, alles vollständig loszulassen*
*und tief in das warme Gefühl der Entspannung einzutauchen.*
*Lassen Sie Ihre Empfindungen in Ihre Empfindungen zurückströmen.*

*Werden Sie innen so still,*
*daß Sie fühlen,*
*wie Ihr Herz*
*in Ihrem ganzen Körper schlägt.*

*Während Ihre Aufmerksamkeit mit jedem Atemzug klarer wird,*
*benutzen Sie sie dazu, Ihren Körper nach und nach zu entspannen.*

*Beginnen Sie damit, daß Sie sich im Geiste Ihr Gesicht vorstellen.*
*Visualisieren Sie Ihre Augen, den Mund, die Wangen und die Kinnlade.*
*Machen Sie sich ein deutliches geistiges Bild von jeder Gesichtspartie*
*und entspannen Sie sich weiter, indem Sie sie betrachten.*

*Während Sie Ihre Aufmerksamkeit auf die einzelnen Partien*
*Ihres Gesichts gerichtet halten,*
*entdecken Sie möglicherweise leichte Verspannungen.*
*Erlauben Sie ihnen einfach, sich durch die Visualisation zu lösen.*

*Sobald Ihr Gesicht vollkommen entspannt ist,*
*gehen Sie zu Ihren Ohren, dem Nacken,*
*den Schultern, Armen und Fingern über.*
*Visualisieren Sie, wie jeder Körperteil immer lockerer wird*
*und sich weiter entspannt.*
*Je klarer Ihr Bild ist, desto tiefer entspannen Sie sich.*

*Fahren Sie nun damit fort, auch Ihren ganzen übrigen Körper*
*zu visualisieren:*
*Ihre Brust, den Rücken, den Magen, die Beine, Ihre Knie und Zehen.*
*Denken Sie daran, daß Sie sich nicht beeilen müssen,*
*gönnen Sie sich die genußvolle Erfahrung einer Rundreise*
*durch Ihren Körper.*

*Wenn Sie die Visualisation Ihrer Zehen abgeschlossen haben,*
*visualisieren Sie Ihren ganzen Körper*
*als ein entspanntes, empfindendes Standbild.*
*Tauchen Sie in das Gefühl*
*vollkommener Entspannung ein.*

*Lassen Sie einfach alles los.*

*Legen Sie das Buch beiseite,*
*nehmen Sie sich zehn bis fünfzehn Minuten Zeit*
*und lockern Sie Ihren Körper,*
*innen und außen.*

# *Körperliche Entspannung*

Wenn wir still dasitzen und unseren Körper zur Ruhe bringen, geben wir uns selbst die Gelegenheit, uns in den gegenwärtigen Augenblick hinein zu entspannen. Unsere Sinne werden geschärft, unsere Gedanken werden weniger dringlich und fordernd, und unser Bewußtsein wird frischer und wacher. Wir fühlen uns wohl und genießen einen Geisteszustand, der uns nicht dazu treibt, irgend etwas sofort zu erledigen, irgendwohin zu gehen oder etwas anderes haben zu wollen. Wir sind einfach da — geistig vollkommen gegenwärtig.

Der Schlüssel zur Entspannung des Körpers ist die Konzentration auf die körperliche Empfindung der Entspannung. Wenn wir den Gedankengängen in unserem Kopf folgen, können wir durch deren Eigendynamik leicht mitgerissen und abgelenkt werden. Wenn wir dagegen in unsere Empfindungen eintauchen und unsere Aufmerksamkeit auf die Gefühle unseres Körpers — an der Oberfläche und tief innen — richten, wird sich unser Denken allmählich beruhigen.

Die Konzentration auf den Rhythmus des Atems ist eine gute Methode, sich um die Empfindung des eigenen Körpers zu zentrieren. Zwischen unserem Atem und unserem Geisteszustand besteht eine wesentliche Verbindung. Sind wir aufgeregt, wird unsere Atmung in der Regel flach und ungleichmäßig; sind wir dagegen ruhig und gesammelt, geht unser Atem tief und gleichmäßig. Um also Ihre Aufmerksamkeit — beispielsweise vor einer Konferenz, einer problematischen Begegnung oder vor einer Prüfung — zu sammeln, sollten Sie Ihren Körper entspannen und die Atmung beruhigen. Versuchen Sie nun, einige Augenblicke lang nichts anderes zu empfinden als Ihre Atmung. Lassen Sie sie langsam und rhythmisch werden. Erzwingen Sie jedoch nichts. Lassen Sie Ihren Atem ganz natürlich fließen.

**TIP:** Stimmen Sie sich vollständig in den Rhythmus Ihrer Atmung ein.

Der Arzt Rolf Alexander empfiehlt eine interessante Entspannungstechnik, die man überall und zu jeder Zeit anwenden kann. Hierbei soll man sich ein Doppelkreuz vorstellen, das durch den eigenen Körper verläuft. Visualisieren Sie also eine vertikale Linie, die sich von Ihrem Steißbein durch das Rückgrat bis hinauf zum Scheitel erstreckt. Eine horizontale Linie verläuft über Ihre Brust, von einer Schulter zur anderen, und eine weitere Horizontale zieht sich von einem Hüftgelenk zum anderen.

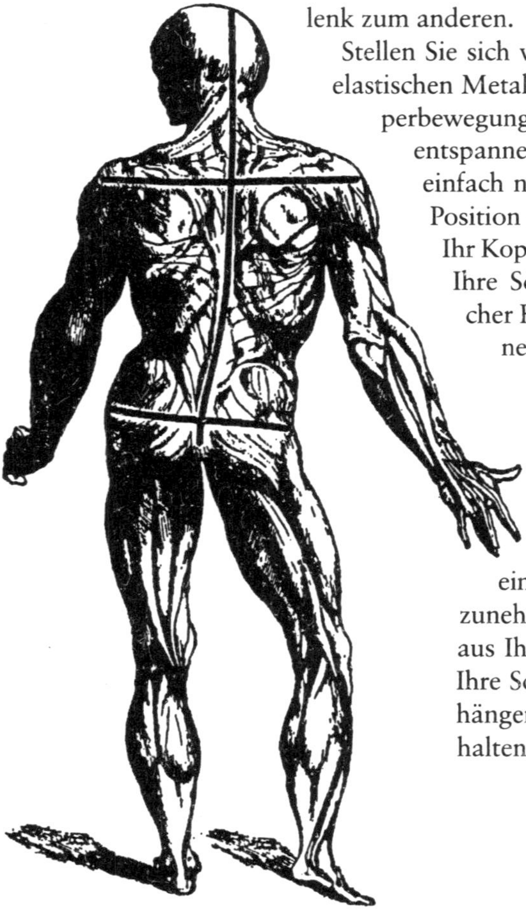

Stellen Sie sich vor, daß dieses Kreuz aus einem elastischen Metall besteht, das sich all Ihren Körperbewegungen genau anpaßt. Um sich zu entspannen, brauchen Sie diesem Kreuz einfach nur zu erlauben, seine natürliche Position einzunehmen: Ihr Rückgrat und Ihr Kopf gehen lotrecht ineinander über, Ihre Schultern befinden sich auf gleicher Höhe, und Ihre Hüften bilden eine waagerechte Linie.

Wenn Sie sich nun bildlich vorstellen, daß das ganze Kreuz an einem Punkt oberhalb Ihres Kopfes aufgehängt ist, bietet diese Technik eine praktische Methode, eine gute, entspannte Haltung einzunehmen. Ihr Kopf streckt sich leicht aus Ihrer Brust in die Höhe und zieht Ihre Schultern auseinander. Ihre Arme hängen frei nach unten. Ihre Hüften halten Sie gerade.

**TIP:** Machen Sie es sich zur Gewohnheit, Ihren Körper locker zu halten.

# *Sich innerlich lockern*

Auch wenn die Vorstellung des geistigen Loslassens einfach erscheint, ist sie doch nicht so leicht in die Praxis umzusetzen. Die meisten von uns merken schon nach wenigen Minuten, daß ihre Gedanken abgelenkt werden. Der Geist beginnt Pläne zu schmieden, Dinge vorwegzunehmen, Probleme zu durchdenken; wir werden von einem Strom von Wörtern und Bildern geradezu überwältigt. Möglicherweise beginnen wir festzustellen, wie gut wir uns entspannen. Vielleicht möchten wir irgendwelche bestimmten Empfindungen haben und fangen deshalb an, uns geistig oder emotional entsprechend zu manipulieren. All dies verhindert ein vollständiges Loslassen.

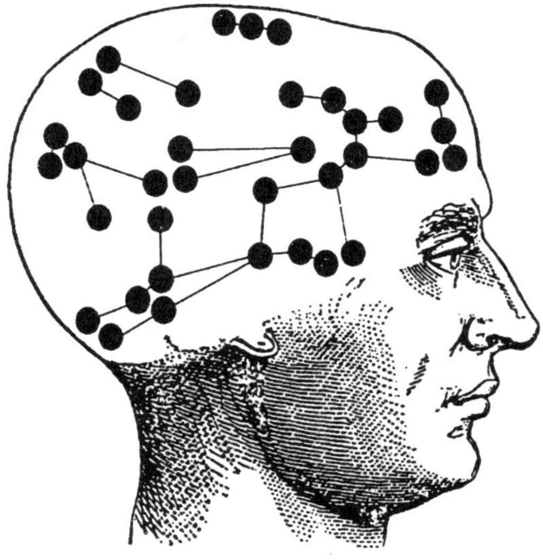

Sich geistig zu lockern bedeutet allerdings nicht, die Gedanken abzuschalten. Seine Gedanken vollständig abzublocken ist fast so schwierig, wie die Luft anzuhalten — und vielleicht ebensowenig nützlich. Lockern bedeutet vielmehr, sich *von dem Drang zu befreien,* jedem einzelnen Gedanken, der einem in den Sinn kommt, nachzugehen. Lassen Sie die Gedanken einzeln »passieren«, aber befreien Sie sich vom zwanghaften Bedürfnis, sich mit ihnen abzugeben.

Wie befreien wir uns von der magnetischen Anziehungskraft unserer alltäglichen Gedanken? Eine gute Methode ist das Zählen. Artikulieren Sie bei jedem Ausatmen im Geiste eine Zahl. Zählen Sie langsam von eins bis zehn, dann rückwärts von zehn bis eins. Erlauben Sie Ihren Gedanken, zwischen den Zahlen zu passieren, richten Sie dann aber Ihre Aufmerksamkeit wieder auf die Zahlen. Wie der Rhythmus der sich brechenden Brandung hat der Rhythmus Ihrer Worte die Macht zu beruhigen und zu entspannen, Sie auf den geistigen Gezeiten und Strömungen schwimmen zu lassen.

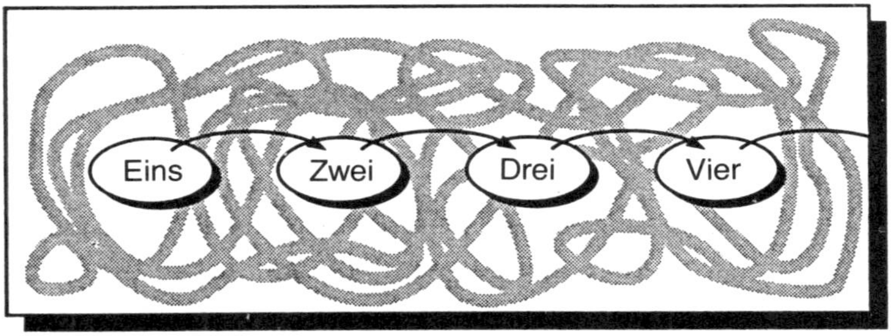


Sie können das Loslassen auch sehr gut dadurch üben, daß Sie Ihr Bewußtsein als einen weiten, offenen, blauen Himmel visualisieren. Die Gedanken sind Vögel, die zunächst in der Ferne auftauchen, dann über Sie hinwegfliegen und am Horizont wieder verschwinden. Sobald ein Gedanke erscheint, erlauben Sie ihm, sich selbst in seiner natürlichen Geschwindigkeit zu durchdenken. Versuchen Sie nicht, ihn zu hetzen; lassen Sie ihn einfach vorüberfliegen.

Wenn Sie Ihre Gedanken in dieser Weise gründlich betrachten, werden Sie erkennen, daß jeder von ihnen seinen eigenen »Charakter« hat. Einige sind schnell, andere langsam. Einige beziehen sich auf die Zukunft, andere auf die Vergangenheit. Indem wir lernen, unsere Gedanken zu akzeptieren, ohne sie manipulieren, analysieren oder sichten zu wollen, werden wir mit der Zeit auch ihre Klangfarbe und ihr Muster direkt erfahren.

**TIP:** Behalten Sie die Worte des buddhistischen Lehrers Tarthang Tulku in Erinnerung: »Was in Ihrem Geist geschieht, ist das, was Sie tun.«

# Geistiges Aufräumen

Wir können uns auch dadurch geistig lockern, daß wir uns bewußtmachen, was wir für unaufschiebbare Verpflichtungen halten. Schreiben Sie auf einem Blatt Papier *alles* auf, was Sie gegenwärtig gedanklich beschäftigt: langfristige und kurzfristige Ziele; quälende Wünsche oder Bedürfnisse; Sätze, die Sie gerne gesagt hätten; Dinge, die Sie tun müssen oder wollen; Einkaufszettel; was Sie essen oder kochen möchten. Wie trivial es Ihnen auch vorkommen mag — schreiben Sie alles auf, was Sie tun oder beschließen müssen. Notieren Sie diese Punkte stichwortartig, ein oder zwei Worte für jeden Gedanken genügen vollauf. Fahren Sie damit fort, bis Ihnen überhaupt nichts mehr einfällt.

Diese Technik hat die psychologische Wirkung, daß sie die geistige Unordnung in unserem Kopf beseitigt. Wenn Sie mit einem Blick alle Probleme überschauen können, mit denen Sie sich bewußt befassen müssen oder die Sie unbewußt beschäftigen, können Sie sich direkt mit ihnen auseinandersetzen. Liegen die Forderungen Ihrer Gedanken offen auf dem Tisch, dann können Sie beispielsweise das Gefühl neutralisieren, etwas vergessen oder unterlassen zu haben. Sie können Entscheidungen fällen, Prioritäten setzen und Ihre Aufmerksamkeit wieder ungeteilt auf das Hier und Jetzt richten. Gegebenenfalls können Sie sich auch vorübergehend damit beruhigen, daß Sie später noch einmal auf bestimmte Forderungen zurückkommen werden.

# *Der magische massierende Finger*

*Visualisieren Sie Ihr Gehirn in Ihrem Kopf.
Stellen Sie sich bildlich vor, wie es hinter Ihren Augen,
am oberen Ende des Rückgrates liegt.*

*Visualisieren Sie nun einen Finger, der die Macht hat,
durch gezielte Massage alle Spannungen zu lösen.*

*Beginnen Sie, die äußere Schicht Ihres Gehirns zu massieren.
Konzentrieren Sie sich auf die entspannenden Empfindungen,
die Ihr Finger verursacht.
Lassen Sie zu, daß sich die Spannung löst.
Erlauben Sie der durch die Massage freigesetzten neuen Energie,
zum Zentrum Ihres Gehirns zu fließen.*

*Erlauben Sie den spürbaren, warmen und kribbelnden
Gefühlen, sich auszubreiten.*

*Massieren Sie nacheinander auch die anderen Schichten Ihres Gehirns
von außen nach innen.*

*Wenn ablenkende Gedanken dazwischentreten,
betrachten Sie sie einfach als zerebrale Empfindungen.
Stellen Sie sich vor, daß Sie jeden Teil Ihres Gehirns berühren können,
und massieren Sie alle ablenkenden Gedanken heraus.*

*Erfahren Sie anschließend einfach
das Gefühl innerer Entspannung.*

*Sitzen Sie nur da
und genießen Sie das Hier und Jetzt
dieses Augenblicks.*

# *Tips für Ihre Lockerungsübungen*

Geistige Gelöstheit hat etwas Magisches an sich. Der Geist wird ruhiger, die Aufmerksamkeit wird geschärft, und wir sind eher bereit, auf all das zu reagieren, was uns begegnet.

**Tip eins:**
Halten Sie sich geistig frisch, indem Sie Ihren Körper entspannen. Nehmen Sie eine bequeme Haltung ein, entspannen Sie alle Muskeln, die Sie gerade nicht benötigen, sorgen Sie für eine ruhige, gleichmäßige Atmung, und versenken Sie sich in Ihre Empfindungen.

**Tip zwei:**
Bringen Sie Ordnung in Ihr Denken, indem Sie herausfinden, worüber Sie momentan wirklich nachdenken müssen. Schreiben Sie alle Forderungen, Bedürfnisse, Wünsche, Belastungen, Sorgen und dergleichen auf, die Ihnen durch den Kopf gehen. Lassen Sie Ihre unterschwelligen Sorgen frei, indem Sie das Gesamtbild betrachten.

**Tip drei:**
Bringen Sie Ihren Geist in die Gegenwart. Entwickeln Sie eine Technik, durch die Sie wieder zur Be-Sinnung kommen. Finden Sie die für Sie beste Methode heraus, Ihre hundert Volt Aufmerksamkeit zu sammeln und willentlich auf den von Ihnen gewünschten Gegenstand zu konzentrieren.

**Tip vier:**
Nehmen Sie sich regelmäßig die Zeit, sich zu entspannen und abzuschalten. Entwickeln Sie die Fähigkeit, zu einer bestimmten Tageszeit alles völlig loszulassen, indem Sie überhaupt nichts tun.

*»Der stets gewölbte Bogen muß bald brechen;*
*Entspannt wird bei Bedarf er dir gut dienen.*
*So laß den Geist von Zeit zu Zeit erschlaffen,*
*Daß er dann frisch gestärkt sein Werk erfülle.«*

PHÄDRUS, römischer Fabeldichter, 1. Jahrhundert

ZWEITE STATION

# Geistige Bewegung

## *Konzentration*

# *Die Zwei-Minuten-Übung*

*Setzen Sie sich vor eine Uhr,*
*die einen Sekundenzeiger hat.*

*Entspannen Sie sich einige Augenblicke lang,*
*sammeln Sie Ihre Aufmerksamkeit*
*und konzentrieren Sie sich, sobald Sie bereit sind,*
*auf die Bewegung des*
*Sekundenzeigers.*

*Achten Sie zwei Minuten lang*
*nur auf die Bewegung des Sekundenzeigers,*
*als ob nichts anderes auf der Welt existierte.*

*Wenn Sie den Faden verlieren,*
*weil Sie über etwas anderes nachgedacht haben*
*oder weil Sie einfach geistig weggetreten waren,*
*halten Sie inne,*
*sammeln Sie Ihre Aufmerksamkeit*
*und beginnen Sie von vorne.*

*Versuchen Sie, zwei ganze*
*Minuten lang konzentriert zu bleiben.*

*Hören Sie nun auf zu lesen,*
*nehmen Sie sich eine Uhr*
*und führen Sie die Übung aus.*

*Beginnen Sie jetzt.*

# *Die Aufmerksamkeit: Ihr allerwichtigster geistiger Muskel*

*»Die wichtigste Tätigkeit des freien Willens besteht darin, einen schwierigen Gegenstand zu ergreifen und ihn vor dem Geist festzuhalten.«*

William James, amerikanischer Philosoph und Psychologe, 19. Jahrhundert

Was könnte für die geistige Fitneß von größerer Bedeutung sein als die Fähigkeit zur Konzentration? Konzentration, also die Kunst, bestimmte Dinge hereinzulassen und andere auszusperren, liegt jeder anderen Fähigkeit zugrunde. Sie ermöglicht uns, logisch und klar zu denken, ein Auto über eine vielbefahrene Kreuzung zu steuern, unsere Finanzen sinnvoll einzuteilen, einen neuen Modetanz zu erlernen und eine Differentialgleichung zu lösen. Mit ihrer Hilfe können wir den Gesang eines Waldlaubsängers aus dem Geraschel und Gesäusel der Blätter heraushören und die feinen Geschmacksnuancen eines guten Bordeaux unterscheiden.

Wie sind Sie mit der Zwei-Minuten-Übung zurechtgekommen? Fiel es Ihnen anfangs leicht, sich auf den Zeiger zu konzentrieren, und dann immer schwerer? Haben Sie sich vielleicht dabei gesagt, wie gut oder schlecht Sie doch mit der Sache fertig werden? Wie lange konnten Sie sich konzentrieren, bevor etwas anderes Sie ablenkte?

Wie gut oder wie schlecht Ihrer Ansicht nach Ihr erster Versuch auch abgelaufen sein mag, Sie werden wohl festgestellt haben, daß Ihr Geist nach einer bestimmten Zeit zu etwas anderem übergehen wollte. Während passive Aufmerksamkeit — deren man sich zum Beispiel bedient, wenn man eine Bewegung registriert oder mit halbem Ohr zuhört — gewissermaßen mühelos wahrnimmt, erfordert aktive Aufmerksamkeit eine willentliche Anstrengung.

Tatsächlich ist es so, daß sich unsere Aufmerksamkeit ständig verlagert. Sie ist dynamisch, immer in Bewegung und konzentriert sich also im einen Augenblick auf eine und im nächsten auf eine andere Sache. Es ist das Wesen der Aufmerksamkeit, abzuschweifen, sich zu erinnern und Künftiges vorwegzunehmen. Diese geistige Bewegung verleiht unserer persönlichen Welt das Gefühl von Kontinuität, Zusammenhang und Perspektive.

In dieser Hinsicht läßt sich die Aufmerksamkeit mit dem Sehvermögen vergleichen. Beide sind selektiv: In jedem Moment sehen wir im Zentrum unseres Gesichtsfeldes Einzelheiten. Was sich im Mittelpunkt Ihres Gesichtsfeldes befindet — wie jetzt der Satz, den Sie gerade lesen — sehen Sie klar und deutlich; was dagegen an der Peripherie liegt — also beispielsweise das ganze übrige Zimmer — bleibt so lange undeutlich, bis Sie es direkt anschauen. In gleicher Weise dringt das, worauf Sie sich konzentrieren — wie eben jetzt dieser Satz — klar in Ihr Bewußtsein ein, alles andere aber — also beispielsweise das Gewicht Ihrer Kleider — weit weniger deutlich.

Damit wir einen visuellen Gesamteindruck unserer Umgebung erhalten, schweifen unsere Augen umher, verweilen für Bruchstücke einer Sekunde auf dieser oder jener Sache und vermitteln uns dann ein vollständiges Weitwinkelbild. In gleicher Weise wandert unsere Aufmerksamkeit von einer Sache zur anderen, um einen Gesamtzusammenhang herzustellen; sie konzentriert sich im einen Moment auf einen bestimmten Gedanken, nur um schon im nächsten Augenblick zu einem anderen überzugehen. Sie nimmt vorweg, verlagert und bewegt sich, um eine vollständige Perspektive dessen zu erhalten, was um uns herum vorgeht.

Unserer Konzentration sind bestimmte Grenzen gesetzt. Wir können uns nur so lange auf eine bestimmte Sache konzentrieren, wie unsere Aufmerksamkeit nicht zu etwas anderem abschweift. Eine andere Einschränkung besteht darin, daß wir nur eine bestimmte Anzahl von Dingen zur gleichen Zeit verarbeiten können. Probieren Sie nun, um sich von der Richtigkeit dieser Behauptung zu überzeugen, die folgende Übung aus. Lesen Sie die Zahlenreihen am Ende dieses Abschnittes durch. Schließen Sie nach jeder Reihe die Augen und wiederholen Sie die Zahlen. Bis zu wieviel Stellen können Sie im Kopf behalten?

*3 5 4 8 4*
*5 7 9 1 3 2*
*2 5 4 7 7 0 4*
*8 5 7 1 3 2 7 0*
*2 4 6 5 8 4 2 4 5*
*1 4 7 1 7 8 9 2 1 7 1 9 6 9*

Wahrscheinlich werden auch Sie — wie die meisten Menschen — festgestellt haben, daß sich fünf Zahlen mühelos merken lassen. Sieben Ziffern im Kopf zu behalten ist schon bedeutend schwieriger, und sich an vierzehn zu erinnern erscheint zunächst nahezu unmöglich. Psychologen sind der Ansicht, daß wir in der Regel höchstens sieben unterschiedliche Informationsbits auf einmal aufnehmen können. Eine siebenstellige Telefonnummer, sieben Länder eines Kontinents, sieben neue Namen bei einer Konferenz können wir uns relativ gut merken. Mehr als sieben Informationen aber müssen wir in der Regel aufschreiben, oder wir benötigen eine Eselsbrücke, um sie im Kopf zu behalten.

Wir können unsere Aufmerksamkeitsspanne jedoch leicht erweitern, wenn wir neue Informationen mit unterschiedlichen Bedeutungsinhalten verbinden. So könnte man sich beispielsweise die obigen vierzehn Zahlen leichter merken, wenn man sie als zwei Daten betrachtet: Die ersten sieben Zahlen bilden das Datum der Erstürmung der Bastille (14. 7. 1789), und die anderen sieben bezeichnen den Tag, an dem der erste Mensch den Mond betrat, also den 21. 7. 1969.

Da unsere Aufnahmekapazität nun einmal begrenzt ist — und da unsere Aufmerksamkeit von einer Sache zur anderen wandert —, müssen wir uns mit folgender Tatsache abfinden: Unser Bewußtsein *nimmt* das *auf,* was wir ausgesperrt haben wollen, und *sperrt* das *aus,* was wir *aufnehmen* wollen. Unsere Aufmerksamkeit schweift ab.

Wir können uns jedoch diese traurige Tatsache zunutze machen, um unsere Konzentrationsfähigkeit zu steigern. Der Psychologe und Philosoph WILLIAM JAMES sagt hierzu: »Keine willentliche Aufmerksamkeit kann länger als einige wenige Sekunden am Stück durchgehalten werden. Was wir als durchgehaltene willentliche Aufmerksamkeit bezeichnen, sind kontinuierlich wiederholte Anstrengungen, dem Geist den jeweiligen Gegenstand ›zurückzubringen‹. Wenn der zurückgebrachte Gegenstand ansprechend ist, entwikkelt er sich: Und wenn seine Entwicklung interessant ist, dann hält er die Aufmerksamkeit eine Zeitlang passiv beschäftigt.« Der Trick bei der Sache ist, sich einen geistigen Rhythmus zuzulegen.

Wenn Sie sich mit einer bestimmten Aufgabe zu befassen haben — gleichgültig, ob Sie den Rasen mähen, eine Notiz schreiben, einen Türrahmen streichen oder einen Vortrag anhören müssen — entscheiden Sie zunächst, wie lange und wie gut Sie sich dafür konzentrieren wollen oder müssen. Dann richten Sie Ihre Aufmerksamkeit auf die betreffende Sache. Wenn Sie merken, daß Ihre Gedanken abzuschweifen beginnen, daß Sie ins Träumen geraten oder an etwas anderes denken, führen Sie sie wieder sanft zu ihrer gegenwärtigen Aufgabe zurück. Machen Sie es sich zur Gewohnheit, Ihre ungeteilte Aufmerksamkeit immer genau auf das zu richten, was gerade geschieht und was Sie gerade tun. Anfangs wird das nur für kurze Zeit möglich sein, aber nach und nach werden Sie merken, daß es zunehmend einfacher ist, Ihre geistigen Muskeln immer dann zu bewegen, wenn Sie sie wirklich benötigen.

Die Zwei-Minuten-Übung ist eine der besten Methoden, um die Aufmerksamkeit zu trainieren. Merkwürdigerweise erscheint sie einem später schwerer als am Anfang. Je mehr wir nämlich üben, desto anspruchsvoller werden wir auch in bezug auf unsere eigene Leistung. Wir erkennen dann viel deutlicher, wann unsere Aufmerksamkeit ganz da ist und wann sie nachläßt. Wir werden kritischer und verlangen von uns selbst einen höheren Grad an geistiger Klarheit. Nach einigen Wochen aber — bei fünf bis zehn Minuten täglicher Übung — werden Sie eine bemerkenswerte Verbesserung Ihrer Konzentrationsfähigkeit feststellen. Sie werden sich immer länger konzentrieren können. Ihr Geist wird sich klarer fühlen und weniger Zeit benötigen, um alle hundert Volt Aufmerksamkeit zu sammeln und zu bündeln.

Um die Grundübung ein wenig interessanter und abwechslungsreicher zu gestalten, können Sie auch folgende Variationen ausprobieren:

- Legen Sie die Uhr direkt vor den Fernseher, während gerade ein Krimi läuft oder die Nachrichten oder noch besser Werbung. Versuchen Sie, genau zwei Minuten lang nur auf die Bewegung des Sekundenzeigers zu achten. Erlauben Sie dem Fernseher nicht, das Zentrum Ihrer Aufmerksamkeit zu verlagern.
- Konzentrieren Sie sich halb auf die Bewegung des Sekundenzeigers und halb auf Ihre Hände. Teilen Sie Ihre Aufmerksamkeit genau ›in der Mitte‹.
- Richten Sie Ihre Aufmerksamkeit halb auf die Bewegung des Zeigers und halb auf eine Zahlenreihe. Sagen Sie im Geiste die Zahlen 2, 4, 6, 8, 10, 8, 6, 4, 2, 4, 6 usw. her und behalten Sie beide Dinge im Kopf. Sobald Sie merken, daß Sie auch über anderes nachzudenken beginnen oder den Faden verloren haben, fangen Sie wieder von vorne an. Halten Sie wenigstens zwei Minuten lang durch.
- Konzentrieren Sie sich mit einem Drittel Ihrer Aufmerksamkeit auf die Bewegung des Sekundenzeigers. Das zweite Drittel richten Sie auf das Hersagen eines Gedichtes oder Liedes wie beispielsweise »Es waren einmal zwei Ameisen ...« oder »Maikäfer flieg ...«. Mit dem letzten Drittel Ihrer Aufmerksamkeit konzentrieren Sie sich auf eine Zahlenreihe.

# *Körperhaltungen: eins nach dem anderen*

Wenn Sie einem Diamantschleifer oder einem Dirigenten bei der Arbeit zuschauen, dann erkennen Sie, daß ein Mensch, der sich wirklich konzentriert, keine physischen Bewegungen verschwendet. Beobachten Sie dagegen jemanden, der ständig zappelt, sich kratzt, sein Gewicht von einem Fuß auf den anderen verlagert oder angespannt ist, so werden Sie feststellen, daß *ein* Anzeichen für vergeudete Aufmerksamkeit die überflüssige Bewegung ist.

Wenn Sie sich konzentrieren müssen, nehmen Sie eine Körperhaltung ein, die es Ihnen leichtmacht, Ihre Aufmerksamkeit zu sammeln. Entspannen Sie Ihre Muskeln, stellen Sie sich das Doppelkreuz in Ihren Schultern, Ihrem Rückgrat und Ihren Hüften vor und vermeiden Sie überflüssige Bewegungen. Wenn Sie an einem Tisch arbeiten, stellen Sie Ihre Füße fest auf den Boden, setzen Sie sich richtig hin, beugen sich sich leicht nach vorne und konzentrieren Sie sich auf das, was vor Ihnen liegt. Nach einigen Minuten wird Ihre Konzentration steigen. Wenn Sie entspannt, aber aufmerksam sind, werden Sie in der Regel noch entspannter und aufmerksamer werden. Mit einer der Konzentration förderlichen Körperhaltung arbeiten unsere geistigen Muskeln produktiver und effektiver.

*»Wenn du sitzt,*
*dann sitze nur.*
*Wenn du stehst,*
*dann stehe nur.*
*Vor allen Dingen,*
*wackel nicht.«*

ALTES CHINESISCHES SPRICHWORT

# *Emotionale Haltungen: Anreize finden*

Je mehr man versucht, seinen Geist zu zwingen, desto schwieriger wird es, sich zu konzentrieren. Die Konzentration läßt sich gut mit einem Esel vergleichen: Schiebt oder zieht man ihn, wird er störrisch. Zieht oder schiebt man stärker, sträubt er sich noch mehr. Der einzige Erfolg ist schließlich ein aussichtsloser Kampf. Man setzt den Esel nicht mit Gewalt in Bewegung, sondern indem man ihm einen Anreiz zum Laufen gibt. Hält man ihm eine Karotte vor die Nase, wird er einem überallhin folgen.

Interesse ist die emotionale Komponente der Aufmerksamkeit. Wir müssen unseren Geist nicht extra dazu anhalten, sich einem Kriminalroman oder einem spannenden Film zu widmen. Wir können uns also mühelos auf all das konzentrieren, woran wir in der einen oder anderen Weise Anteil nehmen. Das Interesse stachelt unsere geistigen Muskeln an. Da es aber völlig natürlich ist, daß wir den für uns interessanten Dingen mehr Aufmerksamkeit schenken als anderen, sollten wir versuchen, unser Interesse auch auf ›Langweiliges‹ auszudehnen. Sobald das Interesse einmal geweckt ist, fällt die Konzentration nicht mehr schwer. Unsere Aufmerksamkeit folgt dann ganz von selbst.

Ob man sich für eine Sache interessiert oder nicht, hängt weitgehend davon ab, wie neugierig und wissensdurstig man ist. Stellen Sie sich vor, Sie gingen einen Kiesstrand entlang. Mit einer wißbegierigen Geisteshaltung registrieren Sie die Kiesel. Sie bemerken Unterschiede und Ähnlichkeiten. Einige Kiesel sind groß und rauh, manche sind klein und glatt. Sie heben einen Stein auf und sehen Kristalladern. Sie bemerken kleine Höhlen, glänzende Oberflächen und eine Welt von Rissen und Spalten, Spiegelungen, Symmetrien und Asymmetrien. Je mehr Sie schauen, desto mehr sehen Sie. Je mehr Sie sehen, desto eingehender möchten Sie schauen.

Versuchen Sie, für Ihre täglichen Arbeiten — wie Geschirrspülen, Rasenmähen, Staubsaugen und dergleichen — Interesse aufzubringen, indem Sie sie bewußter sehen. Halten Sie Ihren Verstand dazu an, die interessanten Aspekte jeder Aufgabe, jeder täglichen Arbeit wahrzunehmen. Suchen Sie nach dem Ungewöhnlichen. Vergleichen Sie das, was Sie wissen, mit dem, was Sie nicht wissen. Wenn Sie Ihrem Bewußtsein erlauben, Querverbindungen herzustellen, werden Sie Ihre geistige Einstellung verlagern und möglicherweise regelrecht fasziniert von einer Sache sein, die Ihnen vorher absolut langweilig vorkam. Um Ihre Aufmerksamkeit auf eine Sache gerichtet halten zu können, versuchen Sie, etwas Neues über sie herauszufinden.

Wenn Sie sich beispielsweise das nächste Mal während einer Konferenz oder einer Unterhaltung langweilen, dann suchen Sie nach den interessanten Aspekten, selbst wenn Sie eigentlich gar keine Lust dazu haben. In der Konferenz könnten Sie sich zum Beispiel vorstellen, wie Sie die gegebene Situation wohl mit den Augen eines Vierjährigen sehen würden — oder mit den Augen eines Menschen, der niemanden im Saal kennt oder der kein Deutsch versteht. Sind Sie gezwungen, sich mit einem langweiligen Zeitgenossen zu unterhalten, versuchen Sie das Gespräch auf für Sie interessante Themen zu bringen. Fragen Sie den Betreffenden, was er nicht ausstehen kann, was er gern mag oder was ihm wichtig ist, und Sie werden feststellen, daß er nicht ganz so langweilig ist, wie Sie dachten.

Abgesehen von der Fähigkeit, sich für etwas Neues zu interessieren und sich dieses Interesse auch zu bewahren, hat ein leistungsfähiger Geist eine wahre Fülle an eigenen Interessen. Er ist der ideale Nährboden für Ideen, die hier Wurzeln schlagen, keimen und reifen können. WILLIAM JAMES drückt dies so aus: »Konzentration fällt um so leichter, je aufnahmefähiger, frischer und origineller der Geist ist. Ein leerer, träger und wenig origineller Intellekt wird sich kaum mit einer Sache eingehender befassen.«

Was wird ein fruchtbarer Geist wohl interessant finden? In der Tat verdient absolut alles, jede Theorie, jede Vorstellung, jeder Gegenstand, alles überhaupt Denkbare, daß man darüber nachdenkt: alte Geschichte, die Relativitätstheorie, Gentechnologie, Wirtschaftsprobleme der dritten Welt, Kleintierzucht, Archäologie, alte Religionen, Heilmittel gegen Schlangenbiß, die Herstellung von Heißluftballons, Mode, Aerodynamik, Hausbau und so fort. Gehen Sie, um Ihre Vorstellungskraft ›fruchtbarer‹ zu machen, in einen Buchladen und suchen Sie sich ein Buch über ein Thema heraus, von dem Sie keine Ahnung haben, wie zum Beispiel über Schafzucht oder Computer-Programmierung. Sie können statt dessen auch eine Zeitschrift kaufen, die sich beispielsweise mit Graphik, Gartenbau oder Hausrenovierung befaßt. Gehen Sie über den Rahmen Ihrer bisherigen Interessen hinaus, und beliefern Sie Ihren Geist mit neuen Informationen.

*»Der glücklichste Mensch ist derjenige,*
*welcher die interessantesten Gedanken hat.«*

TIMOTHY DWIGHT, Pädagoge, 19. Jahrhundert

# Geistige Haltungen: Prioritäten setzen

Gute Konzentration — also solche, die eine wirksame und produktive Arbeit fördert — ist mit einer sinnvollen Zeiteinteilung vergleichbar. Beide setzen voraus, daß man weiß, welche Arbeit getan werden muß, daß man Prioritäten setzen und sich Ziele stecken kann. Wenn wir eine klare Vorstellung von dem haben, was wichtig ist, können wir unsere Ressourcen gezielt einsetzen und unsere Aufmerksamkeit am Abschweifen hindern.

Bevor Sie mit einer Arbeit beginnen, halten Sie inne und erlauben Sie Ihren Gedanken, sich zu beruhigen. Treten Sie geistig zurück, werfen Sie einen Blick auf Ihr Tagesprogramm und beurteilen Sie die Wichtigkeit jedes einzelnen Punktes auf der Liste. Fragen Sie sich: Ist dieser Punkt:

Wenn etwas wirklich wichtig ist, dann verdient es auch, beachtet zu werden. Um alles nicht so Wichtige können Sie sich kümmern, wenn die wichtigen Dinge erledigt sind. Und alles Unwichtige können Sie bis zuletzt aufheben.

Sobald Sie Ihre Prioritäten gesetzt haben, stecken Sie sich bestimmte Ziele. Überlegen Sie, welche Dinge Sie bis zu einer bestimmten Uhrzeit erledigt haben wollen. Erzeugen Sie ein geistiges Bild des erreichten Zieles. Mit diesem Ziel vor Augen nehmen Sie dann einen Tagesordnungspunkt nach dem anderen in Angriff, bis Sie mit allem fertig sind. Unterteilen Sie größere Aufgaben in mehrere kleine Unterpunkte. Spornen Sie Ihren Geist zum Arbeiten an, indem Sie sich auf Details konzentrieren: Bei kleineren Arbeitseinheiten wird Ihr Geist nicht so schnell abschweifen. Sie werden überrascht sein, wie wirkungsvoll Sie arbeiten können, wenn Sie Ihre geistige Energie gezielt und sparsam einsetzen.

Um Ihre Aufmerksamkeit auf die jeweilige Aufgabe konzentriert halten zu können, entfernen Sie am besten alle möglichen Ablenkungen. Schließen Sie also die Tür, ziehen Sie den Telefonstecker aus der Wand und unterdrücken Sie den Drang, aufzustehen und sich mit jemandem zu unterhalten. Teilen Sie nach Möglichkeit Ihre Zeit so ein, daß Sie für alle anliegenden ›unwichtigen‹ Erledigungen — wie beispielsweise Telefonanrufe oder Saubermachen — eine bestimmte Zeitspanne des Tages reservieren.

Bestimmen Sie Ihren eigenen Arbeitsrhythmus. Haben Sie die meisten kreativen Einfälle am Morgen, am Nachmittag oder am späten Abend? Klären Sie irgendwelche organisatorischen Details lieber am Morgen oder zu einer anderen Tageszeit? Teilen Sie sich Ihre Zeit sinnvoll ein, damit Sie den größten Vorteil aus Ihrem eigenen Lebensrhythmus ziehen können.

**TIP:** Um Ihre geistige Energie besser zentrieren zu können, denken Sie immer daran, eine der Konzentration förderliche Körperhaltung einzunehmen, Interessen zu entwickeln und sich bestimmte Aufgaben zu stellen. Durch diese Maßnahmen wirkungsvoll unterstützt, wird Ihr Geist mit der Zeit schärfer werden.

*»Konzentration ist das Geheimnis der Stärke*
*in der Politik, im Krieg, im Handel,*
*kurz: bei allen menschlichen Angelegenheiten.«*

Ralph Waldo Emerson,
amerikanischer Philosoph, 19. Jahrhundert

# *Aufmerksamkeitserreger*

*Hier folgen nun einige weitere Übungen, mit deren Hilfe Sie Ihre Aufmerksamkeit konzentrieren können. Probieren Sie sie aus, wenn Sie sich fit und ganz auf der Höhe fühlen, und auch dann, wenn Sie abgespannt und nicht ganz auf dem Posten sind.*

❑ **Aktionszyklen:**

Wenn Sie das nächste Mal Geschirr spülen, dann halten Sie mit Ihrer Aufmerksamkeit haus, indem Sie die mechanische Arbeit in Aktionszyklen unterteilen. Wenn Sie einen Löffel zum Spülen in die Hand nehmen, sprechen Sie im Geiste das Wort: »Los!« Widmen Sie nun dem Spülen des Löffels so viel Aufmerksamkeit, als ob Sie eine Gehirnoperation durchführen würden. Sind Sie damit fertig, legen Sie den Löffel in das Trockengestell und sagen Sie im Geiste: »Schluß!« Wiederholen Sie den Vorgang bei jedem weiteren Geschirrteil.

❑ **Geistige Kaffeepausen:**

Legen Sie einen kleinen Gegenstand, also beispielsweise einen Stift, ein Geldstück oder eine Büroklammer, vor sich auf den Tisch. Konzentrieren Sie sich fünf Minuten lang auf diese Sache. Jedesmal wenn Ihr Geist zu etwas anderem abschweift, führen Sie ihn behutsam zum Gegenstand zurück. Merken Sie sich, wie oft Ihr Geist unaufmerksam wurde.

❑ **Geistschläge:**

Fahren Sie mit einem Bleistift langsam über ein leeres Blatt Papier. Versuchen Sie, Ihre Aufmerksamkeit genau auf die Spitze gerichtet zu halten, auf die Stelle also, wo die Linie entsteht. Jedesmal wenn Ihre Gedanken abschweifen, zeichnen Sie einen Zacken, lassen Sie die Linie ausschlagen. Wenn Sie am Rand des Papiers angekommen sind, führen Sie eine zweite Linie zurück und immer so

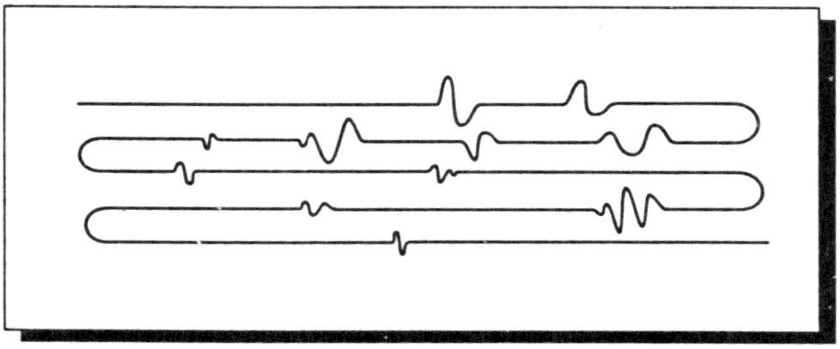

weiter. Wie lange bleibt Ihre Linie gerade, können Sie sich also ohne Unterbrechung konzentrieren?

- ☐ **Mittelpunkt der Welt:**

  Wenn Sie das nächste Mal im Bus oder Zug fahren und etwas Zeit totschlagen müssen, dann schauen Sie sich um und suchen sich irgend etwas aus — also beispielsweise ein Reklameschild, den Hinterkopf eines Mitfahrenden oder einen Fleck an der Decke. Konzentrieren Sie sich fünf Minuten lang einzig und allein auf diese eine Sache. Solange gibt es für Sie nichts anderes auf der Welt. Selbst wenn Ihre Gedanken zu anderen Dingen übergehen möchten, konzentrieren Sie sich weiter nur auf diesen einen Gegenstand. Erst wenn die Zeit um ist, entspannen Sie sich und schauen sich um.

- ☐ **Sasakis Methode:**

  Der Photograph Chris Sasaki hatte eine eigene Technik entwickelt, um seine Aufmerksamkeit bei der Stange zu halten: Wann immer er sich beim Tagträumen ertappte — in einem Bewußtseinszustand, der von einem leeren Blick und nur vagem Zeitbewußtsein begleitet ist —, ließ er mitten in seinem Kopf das Wort »Achtung!« ertönen. Dann schaute er sich um und registrierte erst wirklich, wo er sich befand und was er gerade tat. Er hielt diese Übung für eine gute Methode, um insgesamt aufmerksamer zu werden.

- ☐ **Metaaufmerksamkeit:**

  Wenn Sie das nächste Mal eine Zeitung oder eine Illustrierte durchblättern, dann achten Sie darauf, worauf Sie achten. Stellen Sie fest, welche Anzeigen, Artikel und Abbildungen Ihre Augen besonders anziehen. Wie fühlt es sich an, wenn Ihre Aufmerksamkeit zu einer bestimmten Sache abgelenkt wird? Welcher Teil Ihres Geistes beaufsichtigt Ihre Aufmerksamkeit?

- ☐ **Selbstgespräch:**

  Suchen Sie sich einen Gegenstand in Ihrem unmittelbaren Blickfeld aus, beispielsweise einen Stift, und sagen Sie dann in Ihrem überzeugendsten Ton zu sich: »Schau dir diesen Stift an!« Dann halten Sie einen Augenblick inne und warten Sie, bis Ihre Aufmerksamkeit darauf reagiert. Der Stift wird Ihnen jetzt irgendwie deutlicher im Bewußtsein sein. Nehmen Sie diese Reaktion zur Kenntnis, indem Sie im Geiste: »Gut« sagen. Wiederholen Sie diesen Vorgang nun einige Male. »Schau dir diesen Stift an!« Pause. »Gut.« »Schau dir diesen Stift an!« Pause. »Gut.« »Schau dir diesen Stift an!« Pause. »Gut.« Achten Sie auf die Qualität Ihrer Aufmerksamkeit. Stellen Sie fest, wie lange es dauert, bis Ihr Geist anspricht. Kommt die Reaktion mit der Zeit immer schneller? Sehen Sie sich jetzt um und konzentrieren Sie Ihre Aufmerksamkeit auf einen bestimmten Gegenstand.

❑ **Mit Ablenkungen rechnen:**

Wenn Sie einen schwierigen Text lesen und merken, daß Ihre Aufmerksamkeit nicht bei der Sache ist, versuchen Sie folgenden Trick: Machen Sie jedesmal am Rand des Buches ein Zeichen, wenn Sie merken, daß Ihre Gedanken abgeschweift sind. Gehen Sie zum letzten Satz zurück, an den Sie sich noch erinnern können, und beginnen Sie erneut von dort zu lesen. Sobald Sie am Ende der Seite angekommen sind, versuchen Sie, im Geiste den Inhalt des gerade Gelesenen wiederzugeben. Sollten Sie feststellen, daß Sie das Wesentliche nicht behalten haben, lesen Sie die ganze Seite noch einmal. Wenn Sie sich diese Methode zu eigen machen, wird Ihr geistiges Fassungsvermögen merklich besser und werden die Zeichen am Buchrand erheblich weniger werden.

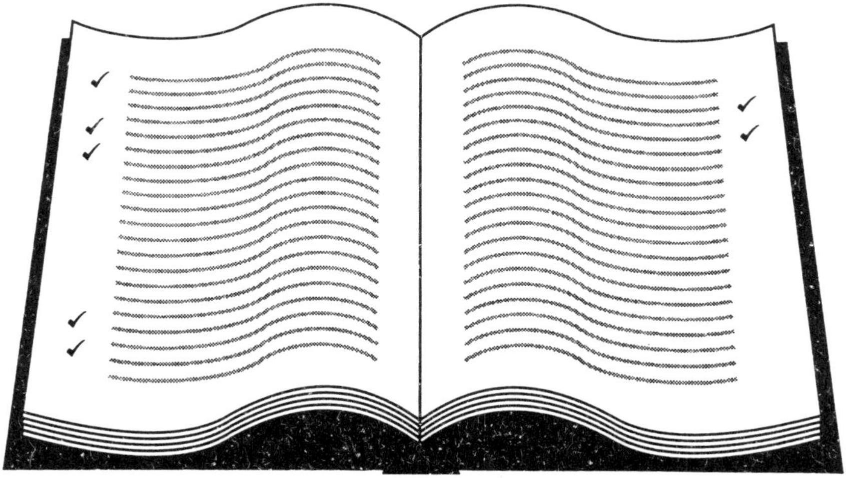

❑ **Kreative Spannung:**

Wenn Sie sich beim ungewollten Tagträumen erwischen, dann nehmen Sie absichtlich eine Körperhaltung ein, die für Sie ungewohnt ist. Kreuzen Sie die Beine anders, verändern Sie die Position Ihres Rückgrates, stellen Sie die Füße anders hin oder nehmen Sie einen anderen Gesichtsausdruck an. Wenn Sie nicht allein im Zimmer sind, versuchen Sie unauffällig, die Haltung einer anderen Person nachzuahmen. In eine ungewohnte Haltung gebracht, wird Ihr Körper sicherlich nicht mehr so schnell einschlafen. Wenn Sie zusätzliche Energie benötigen, dann spannen Sie Ihre Bauch-, Gesäß- und Beinmuskeln an. Erschweren Sie es Ihrem Körper, schläfrig zu werden, und Sie machen es Ihrem Geist leicht, aufmerksam zu bleiben.

# *Mehr Ereignisse zur Kenntnis nehmen*

**Übung:** Sehen Sie sich im Zimmer um und finden Sie sechs Gegenstände, die einen Kreis enthalten.

Mit dieser geistigen Fixierung auf Kreise werden Sie überall in Ihrer Umgebung Kreisförmiges registrieren — den Rand einer Tasse, das Ende eines Kugelschreibers, den Kopf einer Schraube im Lichtschalter. Wenn Sie Ihre Aufmerksamkeit darauf einstellen, auf bestimmte Dinge zu achten, werden Sie beinahe immer auch das finden, wonach Sie suchen. Sie müssen nur wissen, wonach Sie Ausschau halten.

Das, worauf Sie Ihre Aufmerksamkeit richten, bestimmt Ihre Weltsicht. Konzentrieren Sie sich ständig auf irgendwelche Probleme, wird Ihre Welt voller Hindernisse sein. Konzentrieren Sie sich auf überhaupt nichts, ist Ihre Welt ein Durcheinander von unzusammenhängenden Erfahrungen. Konzentrieren Sie sich auf kreative Ideen, öffnet sich Ihre Welt zu einem Reich unbegrenzter Möglichkeiten. Man findet in der Regel das, wonach man sucht.

Worauf richten Sie gewöhnlich Ihre Aufmerksamkeit? Wenn Sie auf einer Videokassette aufnehmen würden, was Ihnen während eines ganzen Tages zu Bewußtsein kommt, was würde man auf dem Band sehen? Was würde fehlen? Würde Ihr täglicher Weg zur Arbeit, zur Schule oder zur Universität von einem kontinuierlichen Bilderstrom begleitet sein, oder gäbe es Lücken im Film? Würde es nur einige wenige Schlüsselpunkte in einer ansonsten völlig grauen Öde zeigen? Wie detailliert würde es Gesichter wiedergeben? Wären die Geräusche gedämpft oder in Hifi und Stereo zu hören?

Damit Sie Ihre Umgebung bewußter wahrnehmen, halten Sie in regelmäßigen Abständen bei Ihrer jeweiligen Tätigkeit inne, schauen Sie, hören Sie, und stellen Sie sich die Frage: »Was geschieht gerade?«

**TIP:** Sehen Sie sich Vertrautes genauer an.

# *Tips für Ihre Konzentrationsübungen*

Achten Sie genau auf Ihre Aufmerksamkeit — sie ist Ihr wichtigster geistiger Muskel. Fördern Sie ihn, damit er stärker und elastischer wird, indem Sie sich regelmäßig mit all Ihrer Energie konzentrieren.

**Tip eins:**
Nehmen Sie eine Körperhaltung ein, die es Ihnen leichtmacht, sich zu konzentrieren. Entspannen Sie Ihren Körper, und vermeiden Sie unnötige Bewegungen. Pablo Picasso sagte einmal: »Ebenso wie die Moslems erst ihre Schuhe ausziehen, bevor sie eine Moschee betreten, lasse ich, während ich arbeite, meinen Körper draußen vor der Tür stehen.«

**Tip zwei:**
Gewöhnen Sie sich eine emotionale Haltung an, die es Ihnen leichtmacht, sich zu konzentrieren. Finden Sie Interesse an jeder augenblicklichen Aufgabe. Leiten Sie Ihren Geist behutsam durch Ermutigung, nicht durch Zwang. Suchen Sie nach den interessanten Aspekten einer jeden Aufgabe und setzen Sie sie zu Ihren anderen Interessen in Beziehung.

**Tip drei:**
Nehmen Sie eine geistige Haltung ein, die es Ihnen leichtmacht, sich zu konzentrieren. Erstellen Sie eine Liste der anstehenden Aufgaben, setzen Sie Prioritäten und stecken Sie sich Ziele. Finden Sie einen geistigen Rhythmus, der Schwung in Ihre Arbeit bringt.

**Tip vier:**
Wenn Sie es Ihrer Ansicht nach nicht schaffen, sich zu konzentrieren, dann tun Sie so als ob. Machen Sie sich vor, Sie seien in Ihre Arbeit völlig vertieft. Fragen Sie sich, welche Haltung Ihr Körper einnehmen würde, wenn Ihr Geist konzentriert wäre. Wie würde es sich anfühlen, interessiert zu sein? Worüber würden Sie nachdenken, wenn Sie Ihre Aufmerksamkeit gezielt und sparsam einsetzten? Wenn Sie diese Übung kontinuierlich durchführen, wird sich die Konzentration von selbst einstellen.

*»Wenn es etwas gibt, wovon man nie genug haben kann, dann ist es Aufmerksamkeit.«*
Bill Harvey, Schriftsteller

DRITTE STATION

# Geistige Gymnastik

## *Steigern der Ausdauer*

# *Geistiges Stehvermögen*

*Zählen Sie im Geiste*
*die Großbuchstaben*
*des Alphabets,*
*die gebogene Linien enthalten.*

*Beginnen Sie jetzt.*

# *Steigern der Geisteskraft*

*»Für das Handeln ist nichts nützlicher*
*als eine mit Willenskraft*
*gepaarte Einengung des Denkens.«*

Henri Frederic Amiel,
französisch-schweizerischer Schriftsteller,
19. Jahrhundert

In der zweiten Hälfte des 17. Jahrhunderts wurde der Vater der klassischen Physik, Isaac Newton (1643 bis 1727), von der *Royal Society* damit betraut, ein mathematisches Problem zu lösen. Diese Aufgabe, an der sich bereits die klügsten Köpfe Englands monatelang versucht hatten, bestand darin, die Formel für die Kurve zu finden, die eine durchhängende Schnur beschreibt. Nachdem er am Morgen die Aufgabenstellung erfahren hatte, setzte sich Newton völlig ruhig neben sein Bett und verbannte alles übrige aus seinem Bewußtsein, bis er auf die Lösung gekommen war. Gegen Abend desselben Tages hatte er nicht nur die richtige Formel gefunden, er hatte auch die Differentialrechnung entdeckt und erstmals angewandt.

Newton war in vielerlei Hinsicht ein geistiger Riese. Er schrieb und lehrte

über Philosophie, Optik, Physik und Mathematik. Man sagt, er sei befremdet darüber gewesen, daß der griechische Mathematiker EUKLID (3. Jahrhundert v. Chr.) die Mühe auf sich genommen habe, sein klassisches geometrisches Werk *Elemente* zu schreiben — wo doch seine Theoreme aus nur fünf Axiomen einfach abgeleitet werden könnten. Newtons größte Gabe aber war höchstwahrscheinlich seine bemerkenswerte Fähigkeit, sich über lange Zeitspannen hinweg zu konzentrieren. So sagte er selbst: »Wenn ich der Welt einen Dienst erwiesen habe, dann durch geduldiges Denken.« Kurz: Newtons Geist hatte eine ausgezeichnete Kondition.

Die unterschiedlichsten geistigen Tätigkeiten erfordern eine gute Kondition: das Aufstellen einer Bilanz, das Erarbeiten eines Computerprogrammes, das Abfassen eines Referates, das Absolvieren von sechs Examina in zwei Wochen — also jede Art von Denken, die eine über eine längere Zeitspanne hinweg erhöhte Konzentration beansprucht.

Es ist nicht möglich, sich Kondition im Schnellverfahren anzueignen. Einen durchtrainierten Körper bekommt man nicht von heute auf morgen. Eine gute körperliche Kondition mit einem starken Herzen und leistungsfähigen Lungen erlangt man durch Laufen, Schwimmen, Jogging, Rudern oder Radfahren. Ein durch kontinuierliche sportliche Betätigung gestähltes Herz schlägt völlig normal bei normaler Belastung, reagiert aber schnell auf außergewöhnliche Anforderungen. Trainierte Lungen liefern dem Blut mehr Sauerstoff. Trainierte Zellen verarbeiten Nahrung leichter. Um unseren Körper in eine solche Form zu bringen, müssen wir ihn über eine längere Periode hinweg kontinuierlich beanspruchen. Anstrengung ist ein unerläßlicher Faktor des körperlichen Konditionstrainings.

Ebenso wird auch unser Geist nur durch kontinuierliche Beanspruchung wirklich leistungsfähig. Sie müssen sich in eine Situation begeben, die von Ihnen verlangt, daß Sie sich für eine längere Zeit konzentrieren. Sie müssen beharrlich sein. Sie müssen Ihre Aufmerksamkeit immer wieder dorthin lenken, wo Sie sie haben möchten. Mit der Zeit gewöhnt sich Ihr Geist daran, sich zu konzentrieren, und Ihr Denken wird klarer.

Rechnen ist eine erprobte und zuverlässige Methode, um dem Denken Stabilität und dem Geist eine gute Kondition anzutrainieren. Schon der griechische Philosoph PLATON (427 bis 347 v. Chr.) hatte erkannt, wie wichtig es ist, die Rechenmuskeln zu beanspruchen; so heißt es in seinem Werk *»Der Staat«:* »Hast du wohl schon darauf geachtet, daß die geborenen Rechengenies auch für fast alle anderen Wissensfächer eine rasche natürliche Auffassungsgabe haben und daß die langsamen Köpfe, wenn sie sich in diesem Fache bilden und üben, ... wenigstens den Vorteil davon haben, daß ihre Fassungskraft an Schnelligkeit zunimmt?«

Apropos Rechnen — wie sind Sie mit der Buchstabenaufgabe zurechtgekommen? Es gibt elf Großbuchstaben im Alphabet, die gebogene Linien enthalten:

*B C D G J O P Q R S U*

Ein Großteil der nun folgenden Übungen ist dem im Jahre 1930 erschienenen Buch *»Mental Exercises and Essays«* von A. R. ORAGE entnommen. Jede der vier Arten von Übungen — die mit Zahlen, mit Buchstaben, mit Wörtern und mit Versen — bringt Ihre Rechenmuskeln so richtig auf Trab. Viele Übungen sind so konzipiert, daß Sie wieder von vorne beginnen müssen, wenn Sie aus mangelnder Konzentration den Faden verloren haben. Nur wenn Sie genau wissen, an welcher Stelle Ihr Geist abzuschweifen begann, können Sie auch dort wieder einsetzen und versuchen, sich von nun ab länger zu konzentrieren. Gehen Sie zur jeweils schwierigeren Aufgabe über, sobald Sie merken, daß Ihre Rechenmuskeln ein wenig kräftiger geworden sind.

Solche Übungen wirken sich auf die geistige Leistungsfähigkeit etwa so aus wie beispielsweise Jogging auf die körperliche Fitneß: Sie steigern die Ausdauer. Sie können sie leise oder laut, schnell oder langsam durchführen. Sie eignen sich hervorragend für lange Bus- oder Zugfahrten. Sie werden überrascht sein, wie bald Sie auch Übungen bewältigen können, die Sie sich bis dahin niemals zugetraut hätten.

# *Übungen mit Zahlen*

- ❑ **Setzen Sie die folgende Zahlenreihe fort:**

  *jeweils um 1 aufwärts:* 1, 2, 3, 4 … 100
  *jeweils um 1 abwärts: 100, 99, 98, 97 … 1*

- ❑ **Setzen Sie die folgenden auf- und absteigenden Zahlenreihen fort:**

  *jeweils um 2 aufwärts:* 2, 4, 6, 8 … 100
  *jeweils um 3 aufwärts:* 3, 6, 9, 12 … 99
  *jeweils um 4 aufwärts:* 4, 8, 12, 16 … 100
  *jeweils um 5 aufwärts:* 5, 10, 15, 20 … 100
  *jeweils um 6 aufwärts:* 6, 12, 18, 24 … 96
  *jeweils um 7 aufwärts:* 7, 14, 21, 28 … 98
  *jeweils um 8 aufwärts:* 8, 16, 24, 32 … 96
  *jeweils um 9 aufwärts:* 9, 18, 27, 36 … 99
  *jeweils um 2 abwärts:* 100, 98, 96, 94 … 2
  *jeweils um 3 abwärts:* 99, 96, 93, 90 … 3
  *jeweils um 4 abwärts:* 100, 96, 92, 88 … 4
  *jeweils um 5 abwärts:* 100, 95, 90, 85 … 5
  *jeweils um 6 abwärts:* 96, 90, 84, 78 … 6
  *jeweils um 7 abwärts:* 98, 91, 84, 77 … 7
  *jeweils um 8 abwärts:* 96, 88, 80, 72 … 8
  *jeweils um 9 abwärts:* 99, 90, 81, 72 … 9

- ❑ **Setzen Sie die folgenden doppelten aufsteigenden Reihen fort:**

  *jeweils um 2/3 aufwärts:* 2-3, 4-6, 6-9, 8-12 … 66-99
  *jeweils um 2/3 abwärts:* 66-99, 64-96, 62-93, 60-90 … 2-3
  *jeweils um 3/2 aufwärts:* 3-2, 6-4, 9-6, 12-8 … 99-66
  *jeweils um 3/2 abwärts:* 99-66, 96-64, 93-62, 90-60 … 3-2
  *jeweils um 3/4 aufwärts:* 3-4, 6-8, 9-12, 12-16 … 75-100
  *jeweils um 3/4 abwärts:* 75-100, 72-96, 69-92, 66-88 … 3-4
  *jeweils um 3/5 aufwärts:* 3-5, 6-10, 9-15, 12-20 … 60-100
  *jeweils um 3/5 abwärts:* 60-100, 57-95, 54-90, 51-85 … 3-5
  *jeweils um 8/3 aufwärts:* 8-3, 16-6, 24-9, 32-12 … 96-36
  *jeweils um 8/3 abwärts:* 96-36, 88-33, 80-30, 72-27 … 8-3

❑ **Setzen Sie die folgenden doppelten alternierenden Reihen fort:**
*jeweils um 2 auf- und um 2 abwärts:* 2-100, 4-98, 6-96, 8-94 … 100-2
*jeweils um 2 auf- und um 3 abwärts:* 2-99, 4-96, 6-93, 8-90 … 66-3
*jeweils um 3 auf- und um 4 abwärts:* 3-100, 6-96, 9-92, 12-88 … 75-4
*jeweils um 3 auf- und um 5 abwärts:* 3-100, 6-95, 9-90, 12-85 … 60-5
*jeweils um 5 ab- und um 4 aufwärts:* 100-4, 95-8, 90-12, 85-16 … 5-80
*jeweils um 7 ab- und um 6 aufwärts:* 98-6, 91-12, 84-18, 77-24 … 7-84

❑ **Sagen Sie in aufsteigender Reihenfolge alle Zahlen zwischen 1 und 100 auf,**
welche die Ziffer 7 (oder 5 oder 9 oder 1) enthalten;
welche entweder die Ziffer 2 oder die Ziffer 6 (2 oder 5, 6 oder 1) enthalten;
deren Quersumme 7 ist (oder 6 oder 9 oder 8);
deren Quersumme durch 3 oder 4 teilbar ist.

❑ **Setzen Sie die folgenden dreifachen aufsteigenden Reihen fort:**
*jeweils um 2/3/4 aufwärts:* 2-3-4, 4-6-8, 6-9-12, 8-12-16 … 48-72-96
*jeweils um 2/3/5 aufwärts:* 2-3-5, 4-6-10, 6-9-15, 8-12-20 … 40-60-100
*jeweils um 3/8/7 aufwärts:* 3-8-7, 6-16-14, 9-24-21, 12-32-28 … 36-96-84
*jeweils um 9/5/3 aufwärts:* 9-5-3, 18-10-6, 27-15-9, 36-20-12 … 99-55-33

❑ **Setzen Sie die folgenden dreifachen absteigenden Reihen fort:**
*jeweils um 2/4/3 abwärts:*
100-100-99, 98-96-96, 96-92-93, 94-88-90 … 52-4-27
*jeweils um 5/2/3 abwärts:*
100-100-100, 95-98-97, 90-96-94, 85-94-91 … 5-62-43
*jeweils um 7/5/4 abwärts:*
98-100-100, 91-95-96, 84-90-92, 77-85-88 … 7-35-48
*jeweils um 3/2/3 abwärts:*
100-100-99, 97-98-96, 94-96-93, 91-94-90 … 1-34-0

❑ **Setzen Sie die folgenden dreifachen alternierenden Reihen fort:**
*jeweils um 2 abwärts, um 4 aufwärts, um 3 abwärts:*
100-4-99, 98-8-96, 96-12-93 … 52-100-28
*jeweils um 3 aufwärts, um 3 abwärts, um 4 aufwärts:*
3-99-4, 6-96-8, 9-93-12 … 75-28-100
*jeweils um 5 aufwärts, um 3 abwärts, um 2 aufwärts:*
4-100-3, 9-97-5, 14-94-7 … 99-43-51
*jeweils um 4 abwärts, um 3 aufwärts, um 7 abwärts:*
99-2-100, 95-5-93, 91-8-86 … 43-54-2

❑ **Setzen Sie die folgenden vierfachen Reihen fort:**
*jeweils um 2/3/4/5 aufwärts:* 2-3-4-5, 4-6-8-10, 6-9-12-15 ... 40-60-80-100
*jeweils um 2/5/4/1 aufwärts:* 2-5-4-1, 4-10-8-2, 6-15-12-3 ... 40-100-80-20
*jeweils um 3/5/2/7 aufwärts:* 3-5-2-7, 6-10-4-14, 9-15-16-21 ... 21-70-28-98
*jeweils um 2/3/4/5 abwärts:* 100-100-100-100, 98-97-96-95 ... 60-40-20-0
*jeweils um 2/3/4/7 abwärts:* 100-99-100-98, 98-96-96-91 ... 72-57-44-0
*jeweils um 3/5/4/2 abwärts:* 100-100-100-100, 97-95-96-98 ... 40-0-20-60

❑ **Setzen Sie die folgenden vierfachen alternierenden Reihen fort:**
*jeweils um 2 aufwärts, um 2 abwärts, um 3 aufwärts, um 3 abwärts:*
2-100-3-99, 4-98-6-96, 6-96-9-93 ...
*jeweils um 2 aufwärts, um 3 abwärts, um 4 aufwärts, um 5 abwärts:*
2-99-4-100, 4-96-8-95, 6-93-12-90 ...
*jeweils um 2/3 ab- und um 7/3 aufwärts:*
100-100-1-1, 98-97-8-4, 96-94-15-7, 94-91-22-10 ...
*jeweils um 4/3 auf- und um 6/4 abwärts:*
4-3-98-100, 8-6-92-96, 12-9-86-92, 16-12-80-88 ...

# *Variationen zu Zahlenübungen*

❑ **Visualisieren Sie eine regelmäßige Zahlenreihe:**
Stellen Sie sich eine Zahlenreihe vor. Sagen Sie sie aber nicht laut oder im Kopf auf, sondern versuchen Sie die Formen der Zahlen so zu sehen, als befänden sie sich direkt vor Ihnen. Wenn Ihnen dies gelungen ist, probieren Sie diese Visualisationsübung auch mit zwei, drei oder gar vier Zahlenreihen gleichzeitig aus.

❑ **Sagen Sie eine Zahlenreihe auf, während Sie eine andere niederschreiben:**
Während Sie die aufsteigende Reihe 3, 6, 9, 12 ... aufsagen, schreiben Sie die aufsteigende Reihe 4, 8, 12, 16 ... auf ein Blatt Papier. Sagen Sie dann die Reihe 4, 8, 12, 16 ... auf, während Sie die absteigende Reihe 100, 98, 96, 94 ... niederschreiben. Setzen Sie die doppelte Reihe 2-3, 4-6, 6-9 ... fort, während Sie die doppelte Reihe 3-5, 6-10, 9-15, 12-20 ... aufschreiben. Erfinden Sie selbst weitere und nach Möglichkeit schwierigere Kombinationen.

❑ **Setzen Sie eine Zahlenreihe fort, während Sie eine andere visualisieren:**
Setzen Sie die Reihe 3, 6, 9, 12 ... fort, und machen Sie sich gleichzeitig ein geistiges Bild der Reihe 5, 10, 15, 20 ...

- **Setzen Sie folgende Zahlenreihen fort, sprechen Sie aber nur die Quersummen der jeweiligen Zahlen:**
  Beispiel: 7=7, 14=1+4=5, 21=2+1=3, 28=2+8=10=1+0=1
  *um 2 aufwärts von 2 bis 100:* 2, 4, 6, 8 ... 1
  *um 4 aufwärts von 4 bis 98:* 4, 8, 3, 7 ... 8
  *um 3 abwärts von 100:* 1, 7, 4, 1 ... 1
  *um 6 abwärts von 100:* 1, 4, 7, 1 ... 4
  *abwechselnd um 2 und 5 aufwärts:* 2, 7, 9, 5 ... 8
  *abwechselnd um 4 und 7 aufwärts:* 4, 2, 6, 4 ... 9
  *abwechselnd um 2 und 3 abwärts von 100:* 1, 8, 5, 3 ... 0
- **Sagen Sie alle Zahlen von 1 bis 100 auf:**
  Bei jeder durch 3 teilbaren Zahl heben Sie die linke Hand;
  bei jeder durch 4 teilbaren Zahl heben Sie die rechte Hand;
  bei jeder durch 3 und 4 teilbaren Zahl klatschen Sie in die Hände;
  bei jeder durch 5 teilbaren Zahl stampfen Sie mit dem Fuß auf.
- **Führen Sie die folgenden Zahlenreihen mit der angegebenen Basis fort:**
  (Wir zählen normalerweise mit der Basis 10, das heißt, die nächstgrößere Einheit nach den Einern sind die Zehner. Mit der Basis 8 sind die nächstgrößere Einheit die 8er, das heißt, wir zählen: 1, 2, 3 ... 7, 10, 11, 12, ... 17, 20 ...)
  *um 3 aufwärts mit Basis 8:* 3, 6, 11, 14 ...
  *um 4 aufwärts mit Basis 9:* 4, 8, 13, 17 ...
  *um 3 aufwärts mit Basis 5:* 3, 11, 14, 22 ...
  *um 5 aufwärts mit Basis 12:* 5, 10, 13, 18 ...
- **Verdoppeln Sie eine Zahl, und sehen Sie, wie weit Sie kommen können:**
  Beispiel: 2, 4, 8, 16, 32, 64 ...
  Beispiel: 3, 6, 12, 24, 48, 96 ...
  Beispiel: 7, 14, 28, 56, 112, 224 ...
- **Finden Sie die letzte Zahl der folgenden alternierenden Reihe:**
  von 2 um 2 aufwärts bis 100, dann um 3 abwärts von 100 bis 1, dann um 4 aufwärts von 1 bis 97, dann um 5 abwärts von 97 bis 2 und so weiter. Wie lautet die letzte Ziffer dieser Zahlenfolge?
- **Visualisieren Sie hintereinander die folgenden Szenen, während Sie eine Zahlenreihe aufsagen:**
  — Besuch einer Kunstgalerie
  — Den täglichen Weg zu Schule oder Arbeit
  — Ein Abendessen in einem italienischen Restaurant
  — Ein Fußballspiel
  — Eine Oper
  — Schneekehren auf dem Bürgersteig.

❑ **Zahlenzauber:**

Es gibt ein beliebtes Zahlenrätsel, bei dem man alle Zahlen von eins bis neun verwenden und sie durch Plus- oder Minuszeichen so miteinander verbinden muß, daß sie 100 ergeben. Die Zahlen sollen dabei in der natürlichen Reihenfolge bleiben. Eine mögliche Lösung ist die folgende: 12 + 3 — 4 + 5 + 67 + 8 + 9 = 100. Diese Lösung enthält sechs Zeichen, fünf Plus- und ein Minuszeichen. Können Sie eine andere Lösung finden, die mit nur drei Zeichen auskommt?

❑ **Umgekehrter Zahlenzauber:**

Bei diesem Problem sollen die Zahlen von neun bis eins 100 ergeben. Eine mögliche Lösung lautet: 98 + 7 — 6 + 5 — 4 + 3 — 2 — 1 = 100. Können Sie eine weitere Lösung finden, indem Sie nur vier Zeichen verwenden?

# *Übungen mit Buchstaben*

❑ **Setzen Sie die folgenden Buchstaben-Zahlen-Paare fort:**

— A1 B2 C3 D4 E5 ... Z26
— 1A 2B 3C 4D 5E ... 26Z
— Z26 Y25 X24 W23 ... A1
— 26Z 25Y 24X 23W ... 1A

❑ **Ersetzen Sie die Buchstaben der folgenden Sätze und Zitate durch die ihnen entsprechenden Zahlen. Das Wort »Abrakadabra« würde also 1-2-18-1-11-1-4-1-2-18-1 lauten:**

— Die Katze tritt die Treppe krumm.
— Hitze hat se, sagt se, meint se, hätt se.
— Kleine Kinder können keinen Kaffee kochen.
— Nur des Geistes Kraft allein
schneidet in die Seele ein. (Wilhelm Busch)
— Das bißchen Weltall sollte den Weisen läufig machen?
Bringt denn das Schwänzeln der Sprotte
das Meer aus dem Takt? (Bhartrihari)
— Strenge lehren und dennoch die Vorstellungskraft bewahren ist eine der ungelösten Aufgaben der Erziehung. (R. W. Gerard)
— Wahrheit ist der zertrümmerte, in Myriaden von Teilchen zerfallene Spiegel: Während jeder glaubt, in seinem Teilchen sei das Ganze enthalten. (Sir Richard Burton)

**❑ Übersetzen Sie im Geiste die folgenden Buchstaben in die ursprünglichen Sätze:**

- 4-5-18 7-5-9-19-20 2-1-21-20 4-5-14 11-15-5-18-16-5-18.
- 12-5-8-18-5-14 8-5-9-19-19-20 26-23-5-9-13-1-12 12-5-18-14-5-14. 10-15-19-5-16-8 10-15-21-2-5-18-20.
- 2-9-12-4-21-14-7 9-19-20 6-21-5-18 4-5-14 7-5-2-9-12-4-5-20-5-14 23-9-5 5-9-14-5 26-23-5-9-20-5 19-15-14-14-5. 8-5-18-1-11-12-9-20.
- 4-5-14-11-5-14 9-19-20 23-9-5 12-9-5-2-5-14 21-14-4 19-20-5-18-2-5-14: 10-5-4-5-18 13-21-19-19 5-19 6-21-5-18 19-9-3-8 1-12-12-5-9-14-5 20-21-14. 10-15-19-9-1-8 10-15-25-3-5.

**❑ Lesen Sie das folgende Gedicht, aber in Zahlen übersetzt (also A = 1, B = 2 usw.):**

Joachim Ringelnatz:
*Nie bist du ohne Nebendir*

Eine Wiese singt.
Dein Ohr klingt.
Eine Telefonstange rauscht.

Ob du im Bettchen liegst
Oder über Frankfurt fliegst,
Du bist überall gesehn und belauscht.

Gonokokken kieken.
Kleine Morcheln horcheln.
Poren sind nur Ohren.
Alle Bläschen blicken.

Was du verschweigst,
Was du andern nicht zeigst,
Was dein Mund spricht
Und deine Hand tut,
Es kommt alles ans Licht.
Sei ohnedies gut.

**❑ Setzen Sie die folgenden Buchstabenreihen fort:**

- Das Alphabet abwechselnd vorwärts und rückwärts: A, Z, B, Y, C, X, …
- Wie oben, nur zwei Buchstaben gleichzeitig: A-B, Z-Y, C-D, X-W, E-F, U-T, …
- Abwechselnd zwei Vorwärts-Reihen: A-N, B-O, C-P, D-Q, …
- Eine zyklische Reihe: A-B-C-D-E, B-C-D-E-A, C-D-E-A-B, D-E-A-B-C, …
- Zyklische Reihen mit den folgenden und weiteren Wörtern: G-E-I-S-T, D-E-N-K-E-N, Z-A-H-L, B-E-W-U-S-S-T-S-E-I-N, A-B-R-A-K-A-D-A-B-R-A
- Immer den letzten Buchstaben nach vorne setzen: A-B-C-D-E, E-A-B-C-D, D-E-A-B-C, …
- Andere zyklische Reihen mit dem letzten Buchstaben beginnen lassen, wie beispielsweise: B-U-C-H, G-E-H-I-R-N, U-H-R

# *Übungen mit Wörtern*

❑ **Sagen Sie die folgenden Zitate Wort für Wort rückwärts auf, nachdem Sie sie zunächst einmal vorwärts gelesen haben:**

— Wir haben die Macht und tragen die Verantwortung. (ABRAHAM LINCOLN)

— Manchmal gebe ich mir einen wundervollen Rat, bin aber unfähig, ihn anzunehmen. (MARY WORTLEY MONTAGU)

— Einer für alle, alle für einen. (*Die drei Musketiere*)

— Wer begehrt, aber nicht handelt, brütet die Pest aus. (WILLIAM BLAKE)

❑ **Sagen Sie die folgenden Sätze Wort für Wort vorwärts auf, nachdem Sie sie zunächst einmal rückwärts gelesen haben:**

— Handeln ist Antwort kürzeste Die. (*Sprichwort Englisches*)

— selbst uns an nur aber hingeben, andere an uns wir sollten Ausleihen. (MONTAIGNE)

— herauskommen wieder Mund im Fisch einem mit wird er und, Meer ins Mann begünstigten Glück vom einen Wirf. (*Sprichwort Arabisches*)

— Schneider dem Eleganz die überlasse dann, beschreiben zu Wahrheit die, vorhast du Wenn. (EINSTEIN ALBERT)

— Licht eigenen seinem in ihn man zeigt, konfrontiert Schatten seinem mit Menschen einen man Wenn. (JUNG G. C.)

❑ **Lesen Sie die folgenden Zitate, in denen jedes Wort rückwärts geschrieben ist:**

— ererheM elaM ethcusrev hci, sad nekneD nelletsuznie dnu nednifuzsuareh, saw hci hcilkriw etllow. (RETLAW NNAMPPIL)

— sE tbig iewz netrA nov tiehrhaW, eid enielk tiehrhaW dnu eid eßorg tiehrhaW. eiD enielk tiehrhaW tnnekre nam na merhi lietnegeG, red tiehhcslaF. saD lietnegeG red neßorg tiehrhaW tsi enie eretiew tiehrhaW. (SLEIN RHOB)

— tiehralK, thcisniE redo nehetsreV dnis run hcilgöm, nnew sella nekneD thur, nnew red tsieG tgiewhcs. ruN nnad nnak nam hcilkriw ralk nehes, run nnad nnak nam nov retkerid gnumhenrhaW nehcerps, liew red tsieG thcin regnäl ni gnurriwreV tsi. mU egillöv tiehralK uz nehcierre, ßum red tsieG nemmokllov gihur, nemmokllov tgewebnu nies; nnad driw hcis serhaw nehetsreV nelletsnie, dnu murad driw seseid nehetsreV nlednaH nies. reD etrhekegmu geW tsi thcin hcilgöm. (.J ITRUMANHSIRK)

**❑ Lesen Sie die folgenden Zitate, deren Worte ohne Leerstellen aneinandergereiht wurden**

— EinesderParadoxaderKreativitätscheintzusein,daßmansich,umwirklichoriginellzudenken,mitdenIdeenanderervertrautmachenmuß. (GeorgeKneller)

— GewohnheitistdieAnnäherungdestierischenOrganismusandasOrganische. SieistdasEingeständniseinesVersagensderhöchstenDaseinsfunktion,zu welchereineständigeSelbstbestimmungmitHinblickaufalleGegebenheiten gehört. (OliverWendellHolmes)

**❑ Lesen Sie die folgenden Wörter und buchstabieren Sie sie gleichzeitig rückwärts:**

| | | |
|---|---|---|
| Klassifikation | Hypertonie | Okkultismus |
| Jalousie | Meridian | Klaustrophobie |
| Rhythmus | kongenital | unwiederbringlich |
| bürokratisch | Vergeßlichkeit | Bestürzung |
| Perfektionismus | Verlängerung | Reflektion |

**❑ Lesen Sie die folgenden Zitate, deren Worte ohne Leerstellen aneinandergereiht und rückwärts geschrieben wurden:**

— eiDeznagtleWtsienhüB,dnUellanuarFdnurennäMeßolbreleipS.eiSnetertfuadnunehegredeiwba,nieSnebeLgnaltleipsrenieehcnamnelloRhcruDnebeisetkA nih. (mailliWeraepsekahS)

— eiDsomiksEnettahgizfnüfdnuiewzetroWrüfeenhcS,liewrerüfeisosgithciwraw: sEetllososnebeeleivetroWrüfeidebeiLnebeg. (teragraMdoowtA)

**❑ Lesen Sie den folgenden auf dem Kopf stehenden Satz:**

— Es ist weit besser, etwas über alles zu wissen als alles über eine einzige Sache.
Am allerbesten ist Universalität. (B. Pascal)

**❑ Lesen Sie den folgenden spiegelverkehrten Absatz richtig:**

Ich durchwanderte das Land, um Antworten auf Fragen zu finden, die mich quälten. Warum es auf Bergspitzen Muscheln nebst den Abdrücken von Korallen und Pflanzen und Tang gibt, wie sie sich gewöhnlich nur im Meere finden. Warum der Donner länger anhält als das, wodurch er verursacht wird, und warum der Blitz direkt nach seiner Entstehung sichtbar wird, während der Donner Zeit für den Weg benötigt. Wie sich die Wasserringe um den hineingeworfenen Stein bilden und warum sich ein Vogel in der Luft halten kann. Diese Fragen und andere seltsame Phänomene beschäftigten mein Denken ein Leben lang —

(Leonardo da Vinci)

# *Weitere Übungen mit Wörtern*

❑ **Dubletten:**

Die Wort-Dubletten sind eine Erfindung des englischen Schriftstellers und Mathematikers Lewis Carroll. Er beschreibt diese spielerische Übung folgendermaßen: »Die Regeln sind ganz einfach. Man nimmt zwei Wörter mit der gleichen Anzahl von Buchstaben. Sie sollen ineinander überführt werden, indem man andere Wörter dazwischensetzt, die sich jeweils nur um einen Buchstaben vom vorhergehenden unterscheiden: In einem der beiden gegebenen Wörter wird also ein Buchstabe verändert; bei dem so entstandenen Wort wird wieder nur ein Buchstabe verändert und so weiter, bis wir bei dem anderen gegebenen Wort angelangt sind. Dabei müssen aber alle Buchstaben ihre Position im Wort beibehalten. So kann man beispielsweise von ›Kind‹ zu ›Mann‹ kommen, indem man die Worte ›Wind‹, ›Wand‹, und ›wann‹ dazwischensetzt. Ich nenne die beiden gegebenen Wörter ›eine Dublette‹, die dazwischengesetzten Wörter ›Glieder‹ und die ganze Reihe ›eine Kette‹. Es ist wahrscheinlich unnötig zu betonen, daß die Glieder keine umgangssprachlichen Wörter sein sollen.« Versuchen Sie sich nun an den folgenden Dubletten.

(Im Deutschen kann man die Übung dahingehend variieren, daß man anstelle zweier selbständiger Wörter ein zusammengesetztes nimmt und ansonsten genau wie oben beschrieben verfährt.)

❑ **3 Glieder** (Zwischenstufen):

— Trinken Sie ein wenig PORT-WEIN!
— Wie wird aus dem GNU ein AAL?
— Machen Sie RAST im HAUS!
— Sehen Sie dort die WÜHL-MAUS?
— Wie kommt der BAUER in den WAGEN?
— Das JAHR ist KÜHL.
— Lachen Sie LAUT-HALS!
— Zu einem RUND-TANZ gehören mehrere.
— Ein LAMM, so weich wie SAMT.

❑ **4 Glieder:**

— Das Haus hat einen VOR-BAU.
— Der GEIER ist des PUDELs Kern!
— Fällt Ihnen zu KARTE und SONNE ein guter Spruch ein?

— Warum ist der Himmel BLAU und nicht GRÜN?
— Nicht wie die Axt, sondern das BEIL im WALD.
— Der REIS wächst auf dem FELD.
— Die Mutter will KUCHEN BACKEN.

### ❑ 5 Glieder:

— Meuterer gehen über die BORD-WAND.
— RAHM im WEIN: das schmeckt fein!
— Wer kennt denn noch die FILZ-LAUS?
— Zaubern Sie aus einer KEULE eine ganze TAUBE!
— Was sucht die MAUS im WALD?
— Die MEISE ißt eine BEERE.
— Jedes Kind kennt den RÜBE-ZAHL.
— Auch ein HELD ist mal MÜDE.

### ❑ 6 Glieder:

— Kann denn ein FINGER Böses DENKEN?
— Eine ROSE kommt von HERZen.
— SEGEL setzen und nach SÜDEN!
— Wir alle haben einen MAST-DARM.
— Fahren Sie gerne mit der SEIL-BAHN?
— Riechen Sie den DUFT der ROSE.
— Mancher PELZ kostet viel GELD.

### ❑ 7 Glieder:

— Wie kommt die GANS auf den MARS?
— Die Rakete fährt in den WELT-RAUM.
— Ohne REIFEN fährt kein ROLLER.

### ❑ 8 Glieder:

— Wir bauen eine SAND-BURG.
— Dort liegt ein MAIS-KORN.

### ❑ Wörter bilden:

Bilden Sie aus beliebig vielen Buchstaben der folgenden sechs Wörter jeweils mindestens soviele neue Wörter wie angegeben: zum Beispiel aus WORT: rot, wo, Ort, Tor ...

— GEIST (8 Wörter)
— GEHIRN (15 Wörter)
— AUFMERKSAMKEIT (60 Wörter)
— AUSDAUER (15 Wörter)
— TRAINING (15 Wörter)
— KONZENTRATION (60 Wörter)

❑ **Erweiterte Anagramme:**

Fügen Sie bei jedem der folgenden Wörter einen bestimmten Buchstaben hinzu, und schütteln Sie gegebenenfalls die Buchstaben, um ein neues Wort zu erhalten. Fügen Sie nun denselben Buchstaben noch einmal hinzu, und finden Sie ein weiteres Wort. Fügen Sie also beispielsweise an das Wort ›EIN‹ ein ›M‹ an, so erhalten Sie ›MEIN‹, ein weiteres ›M‹, und Sie bekommen das Wort ›MIMEN‹.

| | | | |
|---|---|---|---|
| ODE | EIS | LIST | ROT |
| TURM | ZUG | NAHE | ADEL |
| NIE | EBEN | GEL | RASEN |
| ELAN | REBE | LEU | ASE |

❑ **Alphabet-Verschiebung:**

Wenn man die Buchstaben des Wortes BUCH parallel um sechs Positionen nach vorne verschiebt, so daß aus dem B ein H, aus dem U ein A, aus dem C ein I und aus dem H ein N wird, erhält man das Wort HAIN. Einige der folgenden Wörter müssen nach vorne, andere nach hinten verschoben werden. Können Sie die neuen Wörter finden?

| | | | | | |
|---|---|---|---|---|---|
| BUNT | LOCH | SINN | DANN | BOR | JET |
| JAZZ | HUT | TAG | LATZ | ODE | |

# *Übungen mit Versen*

❑ **Prägen Sie sich die folgende Strophe ein:**

Maikäfer flieg,
dein Vater ist im Krieg,
deine Mutter ist in Pommernland,
Pommernland ist abgebrannt,
Maikäfer flieg.

❑ **Wiederholen Sie die Strophe, und numerieren Sie dabei jedes Wort:**

1 Maikäfer 2 flieg,
3 dein 4 Vater 5 ist 6 im 7 Krieg,
8 deine 9 Mutter 10 ist 11 in 12 Pommernland,
13 Pommernland 14 ist 15 abgebrannt,
16 Maikäfer 17 flieg.

- [ ] **Sagen Sie das Gedicht noch einmal auf, geben Sie jetzt aber jedem Wort die Zahl seiner Buchstaben:**

8 Maikäfer 5 flieg,
4 dein 5 Vater 3 ist 2 im 5 Krieg,
5 deine 6 Mutter 3 ist 2 in 11 Pommernland,
11 Pommernland 3 ist 10 abgebrannt,
8 Maikäfer 5 flieg.

- [ ] **Wiederholen Sie die Strophe, buchstabieren Sie aber die einzelnen Wörter rückwärts:**

refäkiaM geilf,
nied retaV tsi mi geirK,
enied rettuM tsi ni dnalnremmoP,
dnalnremmoP tsi tnnarbegba,
refäkiaM geilf.

- [ ] **Sagen Sie das Liedchen noch einmal auf, aber zeilenweise rückwärts:**

Maikäfer flieg,
Pommernland ist abgebrannt.
deine Mutter ist in Pommernland,
dein Vater ist im Krieg,
Maikäfer flieg.

- [ ] **Lassen Sie jetzt die Zeilen in der richtigen Reihenfolge, aber sprechen Sie jede Wort für Wort von hinten nach vorne:**

flieg Maikäfer,
Krieg im ist Vater dein,
Pommernland in ist Mutter deine,
abgebrannt ist Pommernland,
flieg Maikäfer.

- [ ] **Lassen Sie nun jedes zweite (dritte, vierte) Wort aus:**

Maikäfer
dein ist Krieg,
Mutter in
Pommernland abgebrannt,
flieg.

❑ **Ersetzen Sie jeden Buchstaben durch die ihm entsprechende Zahl:**

13-1-9-11-1-5-6-18 6-12-9-5-7,
4-5-9-14 22-1-20-5-18 9-19-20 9-13 11-18-9-5-7,
4-5-9-14-5 13-21-20-20-5-18 9-19-20 9-14 16-15-13-13-5-18-14-12-1-14-4,
16-15-13-13-5-18-14-12-1-14-4 9-19-20 1-2-7-5-2-18-1-14-14-29,
13-1-9-11-1-5-6-18 6-12-9-5-7.

❑ **Visualisieren Sie die Buchstaben der Strophe:**

Lassen Sie die Worte oder Laute nicht in Ihrem Geist ertönen; sehen Sie einfach einen Buchstabenfluß vor Ihren Augen vorbeiströmen.

❑ **Hier sind nun noch einige weitere Textchen, an denen Sie Ihre Ausdauer erproben können. Verfahren Sie mit ihnen, wie eben vorgeführt:**

Laß dich nur in keiner Zeit
Zum Widerspruch verleiten,
Weise fallen in Unwissenheit,
Wenn sie mit Unwissenden streiten.
(Johann Wolfgang Goethe)

Wenn dir ein Fels vom Herzen fällt,
So fällt er auf den Fuß dir prompt!
So ist es nun mal auf der Welt:
Ein Kummer geht, ein Kummer kommt.
(Heinz Erhardt)

Sein oder Nichtsein, das ist hier die Frage:
Ob's edler im Gemüt, die Pfeil und Schleudern
Des wütenden Geschicks erdulden, oder,
Sich waffnend gegen eine See von Plagen,
Durch Widerstand sie enden?
(William Shakespeare)

# *Tips für Ihre Ausdauerübungen*

Geistige Ausdauer, also die Fähigkeit, sich auch dann weiter zu konzentrieren, wenn der Geist — bildlich gesprochen — die Füße auf den Tisch legen möchte, wird nur durch ständiges Üben gesteigert. Machen Sie es sich zur Gewohnheit, Ihre volle Aufmerksamkeit auf die Aufgaben zu richten, die Sie sich selbst auferlegt haben oder die Sie erledigen müssen.

**Tip eins:**
Machen Sie regelmäßig geistige Aerobicübungen. Bewältigen Sie jeden Tag eine Aufgabe, die Ihre ganze Konzentration erfordert.

**Tip zwei:**
Achten Sie darauf, welche Ausdauerübungen Ihnen leicht und welche Ihnen schwer fallen. Die besten Ergebnisse erzielen Sie, wenn Sie sich an solchen Aufgaben versuchen, die Ihnen Probleme bereiten. Denken Sie an das Sprichwort: »Ohne Fleiß kein Preis.«

**Tip drei:**
Basteln Sie sich Ihre eigenen geistigen Übungen. Erfinden Sie Variationen zu den Zahlen-, Buchstaben-, Wort- und Versübungen. Wieviel können Sie Ihrem Geist zumuten?

*»Erziehung erschöpft sich nicht darin,
das Gedächnis zu verzieren
und den Verstand zu erhellen.
Ihre Hauptaufgabe
sollte sein, den Willen zu leiten.«*

Joseph Joubert,
französischer Moralist, 18. Jahrhundert

VIERTE STATION

# Geistige Turnübungen I

## *Denken mit Bildern*

# *Geistige Manipulation*

*Sehen Sie sich die Innenfläche Ihrer linken Hand an.*
*Betrachten Sie sie sehr genau.*
*Nehmen Sie alle Linien, Furchen, Erhebungen,*
*also das gesamte Muster Ihrer Haut, wahr.*
*Achten Sie darauf, wie das Spiel von Licht und Schatten*
*feine Farbunterschiede bewirkt.*

*Nach ein bis zwei Minuten,*
*oder sobald Sie eine klare Vorstellung*
*von Ihrer Handfläche haben,*
*schließen Sie die Augen*
*und versuchen,*
*die Handfläche im Geiste zu sehen.*
*Erzeugen Sie ein möglichst scharfes*
*geistiges Bild von ihr.*

*Öffnen Sie nach einer Weile wieder*
*die Augen, betrachten Sie Ihre Handfläche*
*und vergleichen Sie sie mit Ihrem geistigen Bild.*

*Stellen Sie fest, was bei Ihrem Bild vorhanden war*
*und was fehlte.*

*Schließen Sie nun erneut die Augen und machen Sie sich wiederum ein Bild*
*von Ihrer Handfläche.*
*Stellen Sie sich vor, wie sie aussähe,*
*wenn Sie sie mit offenen Augen betrachten würden.*

*Öffnen Sie nach einer weiteren halben Minute*
*wieder die Augen und schauen Sie Ihre Handfläche an.*
*Wiederholen Sie diesen Vorgang ungefähr*
*ein halbes dutzendmal.*
*Versuchen Sie, mit jeder weiteren Visualisation*
*ein klareres Bild zu erhalten.*

# *Die Welt der Vorstellungskraft*

*»Die Seele denkt nie ohne ein geistiges Bild.«*

ARISTOTELES,
griechischer Philosoph, 4. Jahrhundert v. Chr.

Die Vorstellung spielt im geistigen Leben vieler Menschen eine wichtige Rolle. Chemiker benutzen ihre Einbildungskraft, um sich vorzustellen, wie die Moleküle miteinander verbunden sind. Modeschöpfer stellen sich vor, wie eine bestimmte Kreation wohl aussehen würde, und Physiker errichten mit Hilfe ihrer Imagination eine vollständige abstrakte Welt aus subatomaren Teilchen. Ein Geschäftsmann benötigt seine Einbildungskraft, um die Marktlage richtig einzuschätzen, und ein Schachgroßmeister, um eine neue Strategie zu entwickeln. Möbelpacker wiederum benutzen ihre Vorstellungskraft, um herauszufinden, wie sie einen Flügel am besten eine Wendeltreppe hinauftragen können.

Was genau ist eine Vorstellung? Eine Vorstellung ist ein anschaulicher geistig-seelischer Inhalt, ein Bild, das (in seinen Elementen) auf Wahrnehmungen zurückgeht. Entsprechend den einzelnen Sinnesgebieten gibt es visuelle, auditive, taktile, Geruchs- und Geschmacksvorstellungen. In der privaten Welt unserer Einbildung, also dort, wo wir unsere Vorstellungen erfahren, können wir Dinge hören, riechen, schmecken und fühlen, die physisch nicht gegenwärtig sind. In unserem Geist können wir uns eine Rose in allen Einzelheiten genau vorstellen, ohne daß wir sie in der Hand halten. Wenn im

folgenden von »geistigen Bildern« die Rede ist, so kann damit jede beliebige, nicht nur optische, »objektlose« sinnliche Erfahrung gemeint sein.

Geistige Bilder können also zum einen konkrete Gegenstände wiedergeben; darüber hinaus können sie aber auch abstrakte Ideen darstellen. So können wir uns beispielsweise die Freiheit, die Macht, die Schönheit »an sich« vorstellen.

Wie sind Sie mit der Visualisationsübung zurechtgekommen? War das Bild Ihrer Handfläche klar und dauerhaft oder verschwommen und instabil? War es dreidimensional, also so, wie Sie einen konkreten Gegenstand sehen, oder eine flache Darstellung wie beispielsweise ein Fernsehbild?

Keine andere geistige Fähigkeit dürfte bei uns Menschen so unterschiedlich ausgeprägt sein wie das Visualisationsvermögen. Während einige Menschen behaupten, klare dreidimensionale Bilder vor ihrem geistigen Auge zu sehen, können andere überhaupt kein Bild erzeugen. Manche von uns denken ausschließlich in Bildern, andere bestehen hingegen darauf, daß das vielzitierte »geistige Auge« lediglich eine Metapher ist.

Gleichgültig, wie gut (oder wie schlecht) Sie Ihrer Ansicht nach visualisieren können — das Trainieren der Vorstellungsmuskeln ist in jedem Fall eine wirksame Methode, Ihre geistige Kreativität und Vielseitigkeit zu steigern und Ihren Gedanken größere Unmittelbarkeit zu verleihen.

Kognitive Psychologen unterteilen gewöhnlich die Fähigkeit zur Visualisation in zwei Komponenten: *Deutlichkeit* und *Kontrollierbarkeit. Deutlichkeit* — das heißt, wie hell, klar und lebendig ein Bild erscheint — und *Kontrollierbarkeit* — das heißt, wie ruhig und »handhabbar« sich ein Bild verhält — sind eng miteinander verbunden. Vermehrte Deutlichkeit bewirkt, daß unsere Bilder farbiger, realistischer und dreidimensional werden. Mehr Kontrollierbarkeit verleiht den Bildern größere Stabilität und Genauigkeit. Wir wollen uns im folgenden mit diesen beiden Faktoren ein wenig eingehender beschäftigen.

*»Die Schuld, die wir an das Spiel*
*der Imagination abzutragen haben,*
*ist unermeßlich.«*

C. G. Jung, Schweizer Tiefenpsychologe

# Deutlichkeit und Kontrollierbarkeit

Nicola Tesla (1856 bis 1943), der Erfinder der nach ihm benannten Beleuchtung, des Hochfrequenztransformators und der Hochspannungselektrizität, besaß eine bemerkenswert ausgeprägte Vorstellungskraft. Er konnte problemlos dreidimensionale Bilder komplizierter Maschinen vor seinem geistigen Auge erzeugen. Diese Bilder waren absolut detailgetreu und so klar wie ein genauer Konstruktionsplan. Noch erstaunlicher war es, daß Tesla seine Maschinen testete, indem er sie im Geiste wochenlang laufen ließ und sie dort auch nach etwaigen Abnutzungserscheinungen untersuchte.

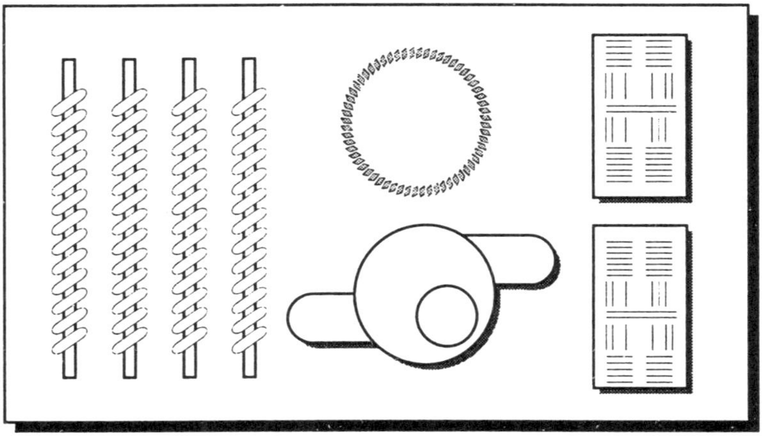

Tesla war vermutlich ein »Eidetiker«; seine geistigen Bilder waren so deutlich und klar, als ob er sie mit den Augen sehen würde. Ein Eidetiker ist in der Lage, sich Objekte oder Situationen so anschaulich vorzustellen, als ob sie realen Wahrnehmungscharakter hätten. Sein wahrhaft photographisches Gedächnis ermöglicht es ihm, den Inhalt einer Zeitungsseite aus dem Kopf wortgetreu wiederzugeben, nachdem er sie nur einige Sekunden lang betrachtet hat. Die geistigen Bilder eines Eidetikers sind also bemerkenswert genau und dauerhaft.

Vor ungefähr hundert Jahren entwickelte der englische Psychologe und Naturforscher FRANCIS GALTON einen Fragebogen, mit dessen Hilfe man überprüfen kann, wie klar die Vorstellungen bestimmter Testpersonen sind. Mit dieser Methode entdeckte Galton zum einen, daß nur wenige Menschen wirkliche Eidetiker sind; zum anderen fand er heraus, daß es nicht einfach ist, die Fähigkeit zur Visualisation zu steigern. Im folgenden finden Sie eine veränderte Fassung seines Fragebogens:

### *Stellen Sie sich Ihr gestriges Abendessen vor!*

Stellen Sie sich ein bis zwei Minuten lang die Szene möglichst genau vor. Visualisieren Sie die Menschen, die mit Ihnen am Tisch saßen, die nähere Umgebung, den gedeckten Tisch, den Geruch der Speisen und die Geräusche. Bevor Sie nun weiterlesen, nehmen Sie sich ein wenig Zeit, um das Bild vor Ihrem geistigen Auge Stück für Stück entstehen zu lassen. Beginnen Sie jetzt.

Beantworten Sie nun die folgenden Fragen:

- ❑ Ist Ihr Bild klar oder verschwommen?
- ❑ Ist das Bild deutlicher oder undeutlicher als die Originalszene?
- ❑ Sind alle Teile der Szene gleichzeitig völlig scharf, oder sehen Sie einige schärfer als andere?
- ❑ Sehen Sie Ihr Bild farbig oder in Grautönen?
- ❑ Wenn Ihre Szene farbig ist, sind die Farben dann wirklichkeitsgetreu?
- ❑ Können Sie ein einziges visuelles Bild des ganzen Eßzimmers erzeugen?
- ❑ Können Sie ein dauerhaftes Bild Ihres Tellers erzeugen? Wenn ja, wird es mit der Zeit deutlicher?
- ❑ Können Sie vor Ihrem geistigen Auge Ihren Teller sehen, Ihre Hände, die Messer und Gabel halten, und gleichzeitig das Gesicht der Person, die Ihnen gegenübersitzt?
- ❑ Können Sie die Konsistenz des Essens spüren?
- ❑ Können Sie die Kleidung der übrigen am Essen beteiligten Personen sehen?

Wie sind Sie mit der Übung zurechtgekommen? Wahrscheinlich haben Sie, wie die meisten Menschen, festgestellt, daß manche Bilder klar und deutlich kamen, andere hingegen nur verschwommen. Sie konnten sich vielleicht die Gesichter gut vorstellen, nicht aber die Form der Gläser. Möglicherweise konnten Sie den Geruch der Speisen reproduzieren, nicht aber den Geschmack. Oder es fiel Ihnen leicht, die Geräusche zu hören, Sie konnten sich aber die Form des Bestecks nicht vergegenwärtigen. Vielleicht konnten Sie auch lediglich die *Vorstellung* des gestrigen Abendessens in sich wachrufen, ohne aber ein einziges wirkliches Bild zu sehen.

Wie deutlich uns ein geistiges Bild subjektiv auch erscheinen mag, unsere Einbildungskraft ist in der Regel weit weniger genau, als wir annehmen. Versuchen Sie einmal, einen Zehnmarkschein zu zeichnen oder Ihre Eingangstür, das Gesicht Ihres Mannes oder Ihrer Frau, das Armaturenbrett Ihres Autos — Dinge also, die Sie täglich sehen —, und Sie werden merken, wie viele Lücken Ihre geistigen Bilder enthalten. Die Genauigkeit eines geistigen Bildes hängt in großem Maße davon ab, wie eingehend man sich mit dem Original befaßt hat. Wenn Sie nie einen Zehnmarkschein bewußt betrachtet haben, werden Sie wahrscheinlich auch nicht imstande sein, sich ein genaues Bild von ihm zu machen. Wenn Sie Ihrem Armaturenbrett immer nur einen flüchtigen Blick schenken, werden Sie auch nur sehr ungefähr wissen, wie es aussieht.

Um Ihre Einbildungskraft zu stärken, sollten Sie das verbale Denken möglichst vermeiden und die für graphische Darstellung zuständigen Muskeln aktivieren. Nehmen wir beispielsweise an, Sie wollten den unten abgebildeten Kreis im Geist reproduzieren. Was würden Sie tun? Beginnen Sie mit der Frage: Was sehe ich tatsächlich? Nehmen Sie sich die Zeit, den Kreis genau zu betrachten. Wie hell oder dunkel ist er? Ruft die Form irgendwelche Empfindungen in Ihnen wach — und wenn ja, welche? Was assoziieren Sie bei dem Bild? Erinnert es Sie an irgend etwas? An einen Autoreifen? Die Zahl Null? Einen Ohrring? Das Zen-Symbol für Ewigkeit? Befassen Sie sich nun

eingehend mit den Details und konzentrieren Sie sich auf die Besonderheiten der Figur. Beachten Sie, daß die Randlinien selbst wieder eigenständige kleine Figuren unterschiedlicher Größe bilden. In welchem räumlichen Zusammenhang stehen alle diese Formen? In welcher Weise fügen sich die Einzelfiguren zur Gesamtform zusammen? Sehen Sie, wie der Kreis durch den ihn umgebenden weißen Raum definiert wird. Untersuchen Sie die Zeichnung so lange, bis Sie sich sämtliche Details gut eingeprägt haben. Je mehr Sie eine Sache betrachten und je mehr Sie darüber wissen, desto leichter wird es Ihnen fallen, ein geistiges Bild von ihr zu erzeugen.

Um nun ein klares Bild zu erhalten, rufen Sie sich alle Details in Erinnerung zurück, die Sie sich bei der vorangegangenen Analyse gemerkt haben — die richtigen Proportionen und die Anordnung der Einzelformen. Erlauben Sie dem Bild, vor Ihrem geistigen Auge zu erscheinen. Vielleicht wird das zu Anfang schwierig sein, zumal wenn Ihnen das Visualisieren noch ungewohnt ist. Mit der Zeit und mit zunehmender Übung aber werden Ihre Bilder klarer und dauerhafter werden.

An welchen konkreten Dingen können Sie das Visualisieren üben? An Gesichtern, Kleidern, Autos, Gebäuden, Firmenzeichen, Stiften, Tapetenmustern, Buchdeckeln — kurz, an allem, was Ihr Interesse erweckt. Durch solche Übungen werden Sie Ihrer Umgebung nicht nur mehr Aufmerksamkeit schenken, Sie werden auch größeren Anteil an dem nehmen, was um Sie herum geschieht. Auch wird sich Ihr Wirklichkeitsempfinden vertiefen.

Wenn Sie einen Roman lesen, nehmen Sie sich zwischendurch immer wieder die Zeit, sich die Ereignisse bildlich vorzustellen. Visualisieren Sie den Ort der Handlung, die Hauptpersonen und die Handlung selbst. Wählen Sie einen bestimmten räumlichen Blickwinkel, und lassen Sie die Geschichte sich vor Ihnen entfalten. Geben Sie in gleicher Weise den nächsten Zeitungsartikel, den Sie lesen, vor Ihrem geistigen Auge bildlich wieder. Ist von einem Politiker die Rede, der eine Erklärung abgibt, so *sehen* Sie den Politiker die entsprechenden Worte sagen. Lesen Sie über ein Erdbeben, so stellen Sie sich vor, wie es sein würde, sich an Ort und Stelle zu befinden. Sie werden erstaunt sein, wieviel mehr Sie nun von dem in Erinnerung behalten, was Sie lesen.

Beim Visualisationstraining werden Sie feststellen, daß die Bilder manchmal nur sehr langsam kommen; sie setzen sich wie bei einem Puzzle erst Stück für Stück zusammen. Zu anderen Gelegenheiten hingegen erscheinen sie spontan als farbiges, lebhaftes Ganzes und vermitteln Ihnen einen Eindruck davon, wie klar und deutlich einem Eidetiker geistige Bilder vor Augen stehen. Das wichtigste Ergebnis ständiger Visualisationsübungen aber ist die Tatsache, daß Sie, um genaue geistige Bilder zu erhalten, gewissermaßen gezwungen werden, richtig zu sehen.

**TIP:** Nehmen Sie sich Zeit zu visualisieren.

# *Wer Augen hat zu sehen ...*

*Die folgenden Übungen sind dazu bestimmt, die Deutlichkeit und Kontrollierbarkeit Ihrer visuellen Bilder zu verbessern.*

❑ **Das reale Objekt:**

Visualisieren Sie nacheinander die folgenden Gegenstände. Wenn die Bilder nicht so klar kommen, wie Sie es gerne hätten, versuchen Sie nichts zu erzwingen. Konzentrieren Sie sich statt dessen auf die *Idee, ein Bild zu sehen.* Denken Sie daran: Alles, was Sie zu visualisieren versuchen, hat eine bestimmte Form, Oberflächenstruktur, Farbe und Größe. Konzentrieren Sie sich zunächst auf die Form, und fügen Sie dann nach und nach die übrigen Attribute hinzu. Lassen Sie dem Bild ausreichend Zeit, dauerhaft und scharf zu werden:

— ein vertrautes Gesicht
— einen laufenden Hund
— einen Sonnenuntergang
— einen plätschernden Bach
— Zirruswolken
— die Tastatur einer Schreibmaschine
— eine Zahnbürste
— einen Freund aus der Kindheit
— Ihr Schlafzimmer
— einen fliegenden Adler
— einen Tautropfen
— einen alten Eichenbaum
— einen schneebedeckten Berggipfel
— Ihre Lieblingsschuhe.

❑ **Das nicht ganz so reale Objekt:**

Was ist der Unterschied zwischen Bildern von Dingen, die Sie schon mal gesehen haben, und Bildern von Dingen, die Sie noch nie gesehen haben? Sehen Sie vor Ihrem geistigen Auge die folgenden erfundenen Objekte:

— ein Einhorn
— einen Halbgott mit sechs Armen
— eine sprechende Giraffe
— einen Engelschor
— den dritten Weltkrieg
— einen Fluß aus Schokolade
— einen Hobbit
— eine neun Meter lange Ameise
— eine vierdimensionale Kugel
— ein fünfblättriges Kleeblatt.

### ❑ Vierteln und Zeichnen:

Schauen Sie, ohne Ihre Augen zu bewegen, zum Rand Ihres Gesichtsfeldes. Benutzen Sie Ihr peripheres Sehvermögen, um Ihr gesamtes Gesichtsfeldes zu umfassen. Schließen Sie die Augen und versuchen Sie, das Bild zu rekonstruieren. Teilen Sie im Geiste die Gesamtansicht in vier Viertel. Wählen Sie nun einen Quadranten aus, analysieren Sie seinen Inhalt, und zeichnen Sie ihn dann. Wiederholen Sie die Übung mit den anderen drei Quadranten.

### ❑ Fünf geistige Bilder:

— Visualisieren Sie fünf Dinge, die blau sind (*Blaubeeren, Himmel, Kornblume, ...*).
— Wiederholen Sie diese Übung mit anderen Farben, also rot, gelb, grün, lila und so weiter.
— Visualisieren Sie fünf Dinge, die mit dem Buchstaben A beginnen (*Artischocke, Ameise, ...*).
— Wiederholen Sie diese Übung mit jedem Buchstaben des Alphabetes.
— Visualisieren Sie fünf Dinge, die kleiner als ein Finger sind (*Spitze eines Kugelschreibers, Erbse, Blutkörperchen, ...*).
— Visualisieren Sie fünf Dinge, die größer als ein Bus sind (*Blauwal, Zug, ...*).
— Visualisieren Sie fünf Dinge, die sich unter der Erde befinden (*Wurzeln, Würmer, ...*).
— Visualisieren Sie fünf Dinge, die Ihnen Freude machen (*Windsurfen, Eiskremessen, ...*).

### ❑ Nachbild:

Wenn Sie Ihre Augen schließen, nachdem Sie einen Gegenstand betrachtet haben, werden Sie einige Augenblicke lang ein Nachbild sehen. Versuchen Sie, dieses Nachbild in Ihre Visualisation miteinzubeziehen. Betrachten Sie also beispielsweise einen Stift, schließen Sie Ihre Augen, und sehen Sie das Nachbild. Sobald das Bild verschwindet, öffnen Sie die Augen, betrachten Sie wieder den Stift, schließen Sie dann die Augen, und sehen Sie das Nachbild. Wiederholen Sie diese Übung in einem für Sie angenehmen Tempo einige Male, bis Sie, wenn auch nur für einen Augenblick, ein klares Nachbild sehen können. Versuchen Sie dann bewußt, das Nachbild Ihres Stiftes nach Belieben zu erzeugen.

### ❑ Peripheres geistiges Sehen:

Visualisieren Sie einen Stift. Malen Sie sich dann bildlich aus, wie er langsam einen Kreis um Sie herum zieht; er befindet sich also erst vor Ihnen, dann an Ihrer linken Seite, dann hinter Ihnen, dann an Ihrer rechten Seite und schließlich wieder vor Ihnen. Während der Stift unterwegs ist, stellen Sie sich vor, daß Sie ihn mit Hilfe Ihres peripheren Sehvermögens sehen können.

❑ **Aus den Augen, aus dem Sinn?**
Visualisieren Sie alle Menschen, mit denen Sie heute schon gesprochen haben. Wie sahen sie aus? Welche Farbe hatten ihr Haar und ihre Augen? Wie groß und wie alt waren sie? Welche Kleidung trugen sie? Können Sie sich auch ihre Eigenheiten und Gewohnheiten vorstellen? Visualisieren Sie nun die Menschen, die Sie gestern, am letzten Wochenende, im letzten Urlaub oder an Ihrem letzten Geburtstag sahen.

❑ **Ansichtssache:**
Stellen Sie sich einen farbenprächtigen Schmetterling vor. Sehen Sie alle Einzelheiten: seine feingezeichneten Flügel, seinen schlanken Körper, die langen gefiederten Fühler; doch stellen Sie sich vor, er sei häßlich und nicht schön.

❑ **Geometrische Gebilde:**
Die Mathematik bedient sich in großem Maße der Vorstellungskraft. Visualisieren Sie jeden der folgenden dreidimensionalen Körper. Begnügen Sie sich nicht damit, nur das Bild zu erzeugen; sehen Sie auch die innere Struktur und die Beziehungen, die zwischen den einzelnen Flächen bestehen. Manipulieren Sie im Geiste die Figuren, betrachten Sie sie von allen Seiten, auch von innen. Versuchen Sie, ein Gefühl für die Dreidimensionalität fester Körper zu bekommen.

| | | |
|---|---|---|
| Kugel | Würfel | Prisma |
| Tetraeder | Pyramide | Dodekaeder |
| Oktaeder | Ikosaeder | sternförmiger Oktaeder |

❑ **Gefühle, nichts als Gefühle:**
Visualisieren Sie ein positives Gefühl. Stellen Sie sich bildlich das Gefühl des Erstaunens vor, ohne dabei aber einen bestimmten Gegenstand oder eine Erinnerung zu sehen. Versuchen Sie, einen Wunsch zu visualisieren, ohne sich jedoch etwas Bestimmtes dabei zu wünschen. Wie deutlich können Sie die folgenden Emotionen visualisieren: Hoffnung, Freude, Erfüllung, Liebe, Ärger, Apathie.

❑ **Geistesgegenwart:**
Erzeugen Sie ein Bild von der *Anwesenheit* Ihrer Mutter, ohne jedoch Ihre Mutter zu *sehen*. Versuchen Sie, sich in gleicher Weise die Nähe eines Berges bildlich vorzustellen, ohne den Berg selbst zu visualisieren.

❑ **Der Riesenkörper:**
Stellen Sie sich im Geiste einen riesigen menschlichen Körper vor. Sehen Sie sich um diesen Körper herumfliegen, ihn von allen Seiten und aus den unterschiedlichsten Entfernungen betrachten. Stellen Sie sich den Körper so riesig vor, daß Sie durch die Nasenlöcher, den Mund und andere Öffnungen in ihn eindringen und sein Inneres erforschen können. Lassen Sie den Körper so groß sein, daß Sie durch ganze Landschaften von Zellen fliegen und sogar die Moleküle sehen können, aus denen sich die einzelnen Zellen zusammensetzen.

❑ **Farbenfreude:**

Visualisieren Sie die Farbe Blau. Sie können damit beginnen, daß Sie sich einen bestimmten Gegenstand wie beispielsweise ein blaues Auto vorstellen. Machen Sie dann dieses Auto so groß, daß es Ihr ganzes geistiges Sichtfeld ausfüllt. Baden Sie in der Farbe. Wie leuchtend können Sie sie machen? Versuchen Sie das gleiche auch mit anderen Farben: Lila, Gelb, Rot, Orange und Grün. Probieren Sie anschließend auch Farbübergänge aus, wie beispielsweise von Rot nach Blau mit allen dazwischenliegenden Schattierungen. Stellen Sie sich Rot über Ihnen, Blau links und Grün rechts von Ihnen vor.

❑ **Bildkorrektur:**

Wählen Sie einen bestimmten Gegenstand aus, wie beispielsweise einen Erdbeerkuchen, und versuchen Sie, ein klares geistiges Bild von ihm zu erhalten. Stellen Sie sich vor, daß Sie Ihr geistiges Bild genauso verändern können wie das Bild Ihres Fernsehers, indem Sie an verschiedenen Knöpfen drehen.

Erzeugen Sie zunächst ein dauerhaftes Bild von dem Erdbeerkuchen und beurteilen Sie seine Schärfe. Können Sie die einzelnen Samen auf den Erdbeeren erkennen? Können Sie die Glanzlichter auf der Gelatine sehen? Können Sie die Krumen des Tortenbodens wahrnehmen? Drehen Sie nun am Knopf für die Bildschärfe, und lassen Sie alles undeutlich und verschwommen werden. Nun drehen Sie den Knopf in die andere Richtung und stellen das Bild so scharf wie möglich ein. Welche Details fallen Ihnen bei den Erdbeeren auf? Erscheint das Bild dreidimensional? Drehen Sie den Schärfeknopf wieder in die andere Richtung und lassen Sie das Bild erneut verschwimmen. Drehen Sie solange hin und her, bis Sie Ihr Bild problemlos verändern können. Versuchen Sie das gleiche dann auch mit den anderen Knöpfen.

- Schärfe
- Kontrast
- Farbintensität
- Helligkeit
- Größe
- Farbton

❑ **Bilder von Ideen:**

Stellen Sie sich die Idee der Schönheit vor. Sehen Sie ein bestimmtes Bild von etwas besonders Schönem, oder können Sie auch ein abstraktes Bild der Schönheit erzeugen, ohne ein konkretes visuelles Bild zu sehen? Verbinden Sie Geräusche,

Gerüche, Geschmäcke und Empfindungen mit der Idee der Schönheit? Wie groß oder wie klein ist die Idee? Hier sind einige weitere abstrakte Begriffe, mit denen Sie das Visualisieren üben können:

| | | | |
|---|---|---|---|
| Wechsel | Harmonie | Ordnung | Kommunikation |
| Energie | Realität | Frieden | Illusion. |

# *Akustische Bilder*

❑ **Geistige Musik:**

Lassen Sie vor Ihrem geistigen Ohr die folgenden Musikstücke ertönen. Hören Sie die Melodie, die Orchestrierung und, wenn vorhanden, die Worte. Wenn Sie eines der angegebenen Stücke nicht kennen, dann nehmen Sie ein anderes, das Sie mögen.

— *Klassische Musik:* Toccata und Fuge in d-Moll von JOHANN SEBASTIAN BACH
— *Rockmusik:* Stairway to Heaven (LED ZEPPELIN), Jumping Jack Flash (ROLLING STONES)
— *Popmusik:* Graceland (PAUL SIMON), La Isla Bonita (MADONNA)
— *Soundtracks:* Doktor Schiwago, Love Story ...

❑ **Innere Geräusche:**

Erzeugen Sie ein Bild von den folgenden Geräuschen:

— Fünf Naturgeräusche (*Regen, Wind, Wasserfall ...*)
— Fünf Autogeräusche (*Anlasser, Scheibenwischer, Blinker ...*)
— Fünf Tiergeräusche (*Hundegebell, Elefantentrompeten ...*)
— Fünf Insektengeräusche (*Fliege, Mücke, Grille ...*)
— Fünf mechanische Geräusche (*Ventilator, Turbine ...*)
— Fünf menschliche Geräusche (*Singen, Schniefen, Schluckauf, Husten ...*)

❑ **Abstrakte Geräusche:**

Können Sie sich ein geistiges Bild davon machen, wie die folgenden Geräusche klingen würden?

Leuchtende Geräusche, klare Geräusche, gedämpfte Geräusche, schreckliche Geräusche, freudige Geräusche, goldene Geräusche, glatte Geräusche, bittersüße Geräusche, rauhe Geräusche, leere Geräusche, scharfe Geräusche und breite Geräusche.

❑ **Geistige Aufnahme:**

Schnipsen Sie mit den Fingern und achten Sie aufmerksam auf das Geräusch. Reproduzieren Sie kurz darauf diesen Klang in Ihrem Geiste. Wenn Sie diese Übung einige Male wiederholen, können Sie das Fingerschnipsen bald ganz nach Belieben hören. Verändern Sie dann die Tonqualität, indem Sie die gedachte Geräuschquelle verlagern. Lassen Sie es einmal von oben, dann von links und dann von hinter Ihnen kommen. Lassen Sie den Klang einmal lauter und einmal leiser ertönen. Stellen Sie ihn sich in einem kleinen Zimmer, wie beispielsweise der Toilette, und in einem großen Raum wie einer Turnhalle vor. Wiederholen Sie diese Übung auch mit anderen Geräuschen, etwa mit Stimmen.

## *Taktile Bilder*

❑ **Innere Empfindungen:**
Entspannen Sie sich in Ihrem Lieblingssessel und visualisieren Sie, wie Sie sich die Hände waschen. Vergegenwärtigen Sie sich, und fühlen Sie in allen Einzelheiten jede Bewegung, die Sie dabei durchführen. Spüren Sie den Schaum, hören Sie das Plätschern des laufenden Wassers, riechen Sie den Duft der Seife, sehen Sie die kleinen Luftbläschen. Waschen Sie sich anschließend wirklich die Hände und vergleichen Sie die reale Erfahrung mit Ihrer Visualisation.

❑ **Mehr innere Empfindungen:**
Visualisieren Sie ebenso detailgetreu, wie Sie duschen, sich anziehen, das Bett machen, am Morgen zur Arbeit gehen, sich mit Ihrem besten Freund (Ihrer Freundin) unterhalten, mit dem Bus oder Zug fahren, einkaufen gehen, Essen zubereiten, Geschirr spülen, zu Bett gehen.

❑ **Ein Gespür bekommen:**
Visualisieren Sie die Empfindungen, die mit den folgenden Tätigkeiten einhergehen:
— Fünf Sportarten (*Tennis, Fußball …*)
— Fünf musikalische Aktivitäten (*Schallplatte auflegen, Gitarre spielen …*)
— Fünf häusliche Aktivitäten (*Frühstück machen, Staub wischen …*)
— Fünf Bürotätigkeiten (*Notiz tippen, an einer Sitzung teilnehmen …*)
— Fünf Küchenaktivitäten (*Pfanne schrubben, Kartoffeln schälen …*)

❑ **Ein Gefühl bekommen:**
Visualisieren Sie die Tastempfindung folgender Gegenstände:
— Fünf verschiedene Arten von Textilien (*Polyester, Seide, Baumwolle …*)
— Fünf verschiedene Baumaterialien (*Beton, Holz, Ziegel …*)
— Fünf Pflanzen (*Eiche, Rose, Efeu …*)
— Fünf Autoteile (*Lenkrad, Polsterung, Rückspiegel …*)

# Geschmack

❑ **Erzeugen Sie ein klares Bild vom Geschmack der folgenden Nahrungsmittel und Speisen:**

— Fünf Fleischsorten (*Schwein, Kalb, Huhn …*)
— Fünf Gemüsesorten (*Kartoffeln, Rosenkohl …*)
— Fünf Früchte (*Bananen, Orangen, Kiwi …*)
— Fünf Käsesorten (*Emmentaler, Edamer, Camembert …*)
— Fünf Ihrer Lieblingsgerichte (*Linseneintopf, Lendenschnittchen mit Pfifferlingen …*)

Versuchen Sie, die einzelnen Nahrungsmittel und Speisen zu schmecken, ohne jedoch ein geistiges Bild von ihnen zu sehen.

❑ **Multigeschmäcke:**

Erzeugen Sie die Empfindung von jedem Grundgeschmack, den Ihre Zunge wahrnehmen kann: also süß, sauer, bitter und salzig. Kombinieren Sie diese Eigenschaften miteinander. Wie würde süß und sauer zusammen schmecken? Bitter und salzig? Süß, sauer und bitter?

❑ **Stellen Sie sich die Geschmäcke der folgenden Mischungen vor:**

— Saure Gurken mit Eiskrem
— Frischkäse auf Rosinenbrötchen
— Milchreis mit Äpfeln
— Spaghetti mit gekochten Kartoffeln
— Krautsalat mit Müsli
— Milch mit Orangensaft.

# Geruch

❑ **Erzeugen Sie ein Bild von den Gerüchen der folgenden Dinge:**

— Fünf Fleischsorten (*Schwein, Kalb, Huhn …*)
— Fünf Gemüsesorten (*Kartoffeln, Rosenkohl …*)
— Fünf Früchte (*Bananen, Orangen, Erdbeeren …*)
— Fünf Käsesorten (*Emmentaler, Edamer, Camembert …*)
— Fünf Ihrer Lieblingsgerichte (*Linseneintopf, Lendenschnittchen mit Pfifferlingen …*)
— Fünf Blumen (*Rose, Veilchen, Himmelsschlüssel …*)
— Fünf Maschinengerüche (*Benzin, Öl …*)
— Fünf Naturgerüche (*Meer, Kiefernwald …*)
— Fünf Wettergerüche (*Feuchtigkeit, Regen …*)

Versuchen Sie die Gerüche wahrzunehmen, ohne ein geistiges Bild von ihnen zu sehen.

# Lassen Sie die Vorstellungskraft arbeiten

*»Die Vorstellungskraft ist wichtiger als das Wissen.«*

ALBERT EINSTEIN, Physiker (Relativitätstheorie)

BRUCE JENNER, Spitzensportler im Zehnkampf, hatte vier Jahre lang eine Hürde in seinem Wohnzimmer stehen. Jedesmal, wenn er auf seinem Sofa saß, betrachtete er sie und sprang im Geiste darüber. Bevor der Golfspieler JACK NIKLAUS einen Ball schlägt, sieht er vor seinem geistigen Auge nicht nur genau, wohin der Ball fliegen soll, er sieht auch den genauen Weg, den er nehmen wird.

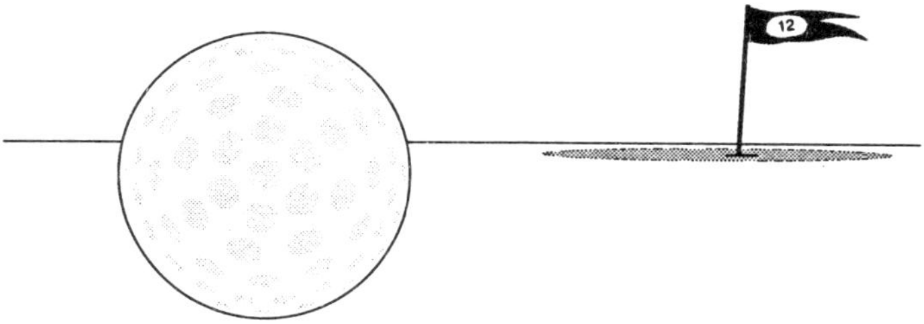


Durch gezieltes Einsetzen der Vorstellungskraft kann man die tatsächliche Ausführung eines Vorhabens in vielfacher Hinsicht positiv beeinflussen. Unsere geistigen Bilder üben eine Wirkung auf unseren Intellekt, unsere Gefühle und unseren Körper, also unsere ganze Person, aus.

Unsere Vorstellungskraft ist unter anderem deshalb so mächtig, weil zwischen unseren geistigen Bildern und unseren Gefühlen eine enge Verbindung besteht. Unsere Emotionen reagieren auf Bilder — von unserer Mutter, kleinen, niedlichen Hündchen oder attraktiven Vertretern des anderen Geschlechts — fast so, als ob die dargestellten Personen oder Gegenstände tatsächlich vor uns stünden. Die Folge davon ist, daß die Bilder, die wir tagtäglich vor unserem geistigen Auge sehen — Bilder unserer Arbeit, unseres Zuhauses, unserer Freunde und Angehörigen, Freuden, Enttäuschungen, Erinnerungen und Erwartungen —, aufs engste mit unserer allgemeinen Lebenseinstellung verknüpft sind. Tatsächlich stehen unsere geistigen Bilder sogar im Zentrum unserer persönlichen Erfahrung: Sie helfen uns, unsere eigene innere Welt zu erschaffen.

Damit Sie die Macht geistiger Bilder an sich selbst erproben können, führen Sie nun die folgende Übung aus:

# *Emotionale Flexibilität*

*Setzen Sie sich einige Augenblicke lang hin, entspannen Sie sich*
*und visualisieren Sie einen Stuhl,*
*mit dem Sie keine besonderen Gefühle verbinden.*

*Sobald Sie ein dauerhaftes, klares Bild erhalten,*
*stellen Sie sich den Stuhl bildlich in irgendeiner lustigen Situation vor.*

*Stellen Sie ihn sich in einer haarsträubenden Szene*
*mit den Marx Brothers*
*oder Dick und Doof vor.*

*Erlauben Sie Ihrem Geist, sich irgend etwas Bizarres*
*auszumalen.*
*Sie sind allein, niemand zensiert also Ihre Bilder.*

*Fahren Sie mit dieser Übung fort, bis Sie sich erfrischt,*
*erbaut und erheitert fühlen.*

*Nun denken Sie sich für Ihren Stuhl eine tragische Rolle aus.*

*Lassen Sie ihn einen Part in einer zu Herzen gehenden Szene spielen.*
*Seien Sie innerlich dazu bereit, sich von der Handlung rühren zu lassen.*

*Sobald Sie wirklich niedergeschlagen oder deprimiert sind,*
*kehren Sie wieder zur ersten Szene zurück*
*und malen sich die lustige Situation erneut solange aus,*
*bis Sie wieder aufgeheitert sind.*

*Wechseln Sie zwischen den beiden Szenen hin und her.*

*Stellen Sie fest, wie eng*
*Ihre geistigen Bilder*
*mit Ihren Gefühlen verknüpft sind.*

# *Das Kino im Kopf*

*»Wir sind das, was wir uns zu sein vorstellen.«*

Kurt Vonnegut, amerikanischer Schriftsteller

Praktisch in jedem Augenblick zieht ein Strom von Bildern, Klängen und Empfindungen durch unseren Geist. Dieser Strom erzeugt eine ganze Reihe geistiger Kinofilme — Krimis, Komödien, Horror- und Liebesgeschichten — komplett mit Vorschau und Werbung. Da zwischen unseren geistigen Bildern und unseren Gefühlen eine solch enge Beziehung besteht, üben negative Bilder auch eine negative Wirkung auf unsere Stimmung aus und beeinträchtigen unsere Konzentration. Mit Hilfe gezielt eingesetzter Visualisation können wir jedoch diese Bilder und damit auch unsere Gefühle positiv verändern.

Die folgenden Techniken sollen Ihnen dabei helfen, Ihre Visualisationsfähigkeiten auch in Ihrem täglichen Leben anzuwenden.

- **Ziel-Visualisation:**

Malen Sie sich aus, wie Sie etwas bereits haben oder erledigen, das Sie haben oder erledigen wollen. Sie könnten sich also beispielsweise vorstellen, wie Sie ein neues Paar Schuhe tragen, einen neuen Job bewältigen oder in Ihrem Lieblingsrestaurant zu Abend essen. Bei dieser Übung müssen Sie drei Faktoren berücksichtigen: Achten Sie erstens darauf, daß Ihre Visualisation *möglichst detailliert* ist und alle Sinne einbezieht; stellen Sie sich zweitens vor, daß Sie die vorgestellte Szene *genießen;* lassen Sie drittens die jeweilige Szene im Geiste *zu einem ganz bestimmten Zeitpunkt* geschehen. Indem Sie sich im Geiste auf einen bestimmten Wunsch oder eine bestimmte Aufgabe konzentrieren, wird Ihre Visualisation Ihre Motivation aktivieren. Beginnen Sie mit kleinen, leicht zu erreichenden Dingen, und arbeiten Sie sich dann zu längerfristigen, größeren Zielen vor.

- **Selbstdarstellung:**

Wenn Sie in irgendeiner Weise (öffentlich oder nichtöffentlich) auftreten müssen — anläßlich eines Vortrages, einer Konferenz oder eines Vorstellungsgespräches — stellen Sie sich zuvor eine ganze Reihe möglicher und zur Situation passender Szenen vor. Beginnen Sie mit einer idealen Endsituation. Stellen Sie sich also vor, daß Sie in Höchstform sind und die Dinge genauso laufen, wie Sie es gerne hätten. Stellen Sie sich dann einen mittelmäßigen Erfolg vor: Die Sache verläuft gut, aber nicht überwältigend. Visualisieren Sie schließlich auch den schlechtestmöglichen Ausgang: Sie stolpern über Ihre Worte und verheddern sich. Indem Sie so im Geiste alle Eventualitäten proben, setzen Sie sich bereits mit möglichen Mißgeschicken und Problemen auseinander. Sobald Sie alle Möglichkeiten durchgespielt haben, konzentrieren Sie sich dann wieder auf die idealen Bilder. Erlauben Sie sich, hervorragend aufzutreten.

- **Entspannung und Streßbewältigung:**

Nehmen Sie sich ein wenig Zeit, um angenehme Erinnerungen zurückzurufen. Entspannen Sie Ihren Körper so gut wie möglich und öffnen Sie die Schleusen Ihres Gedächtnisses. Rühren Sie leicht an schöne, zu Herzen gehende Erinnerungen: an grüne Täler, enge Freunde, frühe Kindheitserfahrungen, Ihr altes Zimmer, an Ihren ersten Freund oder die erste Freundin, den Schulweg im Sonnenschein, Schnee oder Regen. Finden Sie dann erfrischt in die Gegenwart zurück und sehen Sie dem Rest des Tages entspannt entgegen.

- **Innere Massage:**

Visualisieren Sie eine Tafel. In der oberen linken Ecke sehen Sie die Buchstaben Ihres Namens langsam, einen nach dem anderen erscheinen. In der oberen rechten Ecke sehen Sie nun nacheinander die Buchstaben der Worte »entspann dich« erscheinen. Halten Sie einen Augenblick inne und betrachten Sie die Worte. Sehen Sie dann eine Zeile tiefer erneut Buchstabe für Buchstabe langsam die drei Wörter erscheinen.

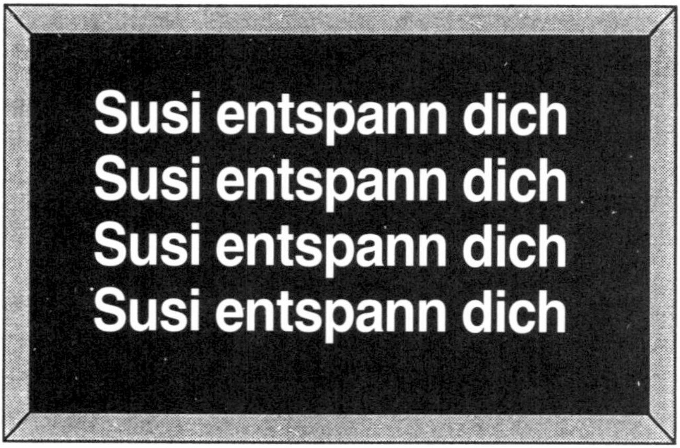


- **Die Emotionen stillen:**

Swami Dayananda Saraswati, ein indischer Heiliger, empfahl eine interessante Anwendungsweise der Vorstellungskraft. Um eine Erregung zu meistern, die von einem unangenehmen Erlebnis verursacht wurde, so Dayananda, soll man sich auf das Positive konzentrieren. Wenn Sie sich also beispielsweise über Ihren Chef ärgern, visualisieren Sie ihn, wie er irgend etwas für Sie Erfreuliches tut. Erinnern Sie sich an einen Tag, an dem er etwas tat, das Ihnen gefiel. Schauen Sie immer nach dem Positiven.

Sobald Sie sich an ein positives Erlebnis mit Ihrem Chef erinnern können und denken, daß er doch vielleicht nicht ganz so übel ist, stellen Sie sich die eben erlebte unangenehme Situation noch einmal bildlich vor, *doch vor dem Hintergrund des positiven Gefühls*. Seien Sie willens, Ihren Chef so zu *akzeptieren*, wie er nun einmal ist. Obwohl Sie nicht alle seine Handlungsweisen *gutheißen*, fühlen Sie sich nicht dazu getrieben, ihn zu ändern oder ihn im Geiste schlechtzumachen. Wenden Sie diese Technik auch bei familiären Streitigkeiten an.

# *Tips für Ihre Imaginationsübungen*

Unsere Vorstellungskraft erfüllt eine ansonsten schmucklose abstrakte Welt mit Frische, Energie und Leben. Machen Sie es sich zur Gewohnheit, die gewaltigen Landschaften und Schauspiele, die Ihren Geist erfüllen, zu erforschen.

**Tip eins:**
Trainieren Sie Ihre Vorstellungskraft, damit sie leichter reagiert. Bemühen Sie sich, stets geistige Kopien von allem anzufertigen, was Sie hören, sehen, riechen, berühren und empfinden.

**Tip zwei:**
Ermutigen Sie Ihre inneren Sinne, lebendiger zu werden. Gehen Sie über stumpfsinnige Bilder hinaus und feuern Sie Ihre Phantasie dazu an, immer buntere und bizarrere und ganz unerwartete Szenen zu sehen. Seien Sie willens, Ihre innere Welt so groß zu machen, wie Sie möchten.

**Tip drei:**
Achten Sie auf die alltäglichen geistigen Bilder, die durch Ihr Bewußtsein treiben. Stellen Sie fest, welche Vorstellungen Sie niederdrücken und welche Sie inspirieren. Seien Sie sich dessen bewußt, daß Sie die Macht haben, Ihre eigenen geistigen Kinofilme ganz nach Wunsch umzugestalten.

*»Wer Phantasie besitzt, aber keine Kenntnisse, hat Flügel, aber keine Beine.«*

Joseph Joubert,
französischer Essayist und Moralist, 18. Jahrhundert

FÜNFTE STATION

# GEISTIGE TURNÜBUNGEN II

## *Denken mit Worten*

# Wortübung

*Stellen Sie sich vor, Sie wären eine Romanfigur.*
*Stellen Sie sich weiterhin vor,*
*alles in Ihrer Umgebung wäre in diesem Moment*
*eine Szene*
*aus ›Ihrem‹ Buch.*

*Nehmen Sie sich einige Minuten Zeit,*
*um mit Worten*
*zu beschreiben,*
*was gerade geschieht.*

# *Geistige Musik*

*»Durch Worte wird der Verstand angeregt und der Geist erhoben.«*

ARISTOPHANES, griechischer Komödiendichter, 5. Jahrhundert v.Chr.

Vergleicht man unseren Geist mit einem Musikinstrument, so sind die — gedachten oder gesprochenen — Wörter die Töne, die sich zu Gedankenmelodien und -symphonien zusammenfügen.

Ob wir sie denken, aussprechen oder schreiben — Worte geben unseren Gedanken Form und Substanz. Ohne Worte würde unser Denken seine Fülle und Vielfalt verlieren. Wir hätten keine Möglichkeit mehr, Bedeutungsinhalte begrifflich zu konkretisieren und auszudrücken.

Damit wir unsere Fähigkeit, Herr über unsere Worte zu sein, verbessern können, sollten wir eine innere Stimme entwickeln. Eine gut trainierte Stimme ist nicht so sehr durch ein reiches Vokabular gekennzeichnet als vielmehr durch die Fähigkeit zur Artikulation. Ein scharfer Geist ist imstande, präzise ausdrücken, was er sagen möchte, und Gefühle in Worte umzusetzen. Trainieren Sie kontinuierlich Ihre innere Stimme, indem Sie darauf achten, wie Sie Ihre Worte formen, und Ihr Geist wird wunderschöne Musik komponieren.

# *Tonleitern üben*

**Übung:** Lesen Sie lautlos den folgenden Satz. Lassen Sie die Worte etwa so in Ihrem Geist ertönen, wie ein Geiger eine kurze Melodie auf seinem Instrument spielt. Achten Sie besonders auf die Qualität Ihrer inneren Musik. Wiederholen Sie den Satz ein halbes dutzendmal und streben Sie dabei zunehmende Klarheit an.

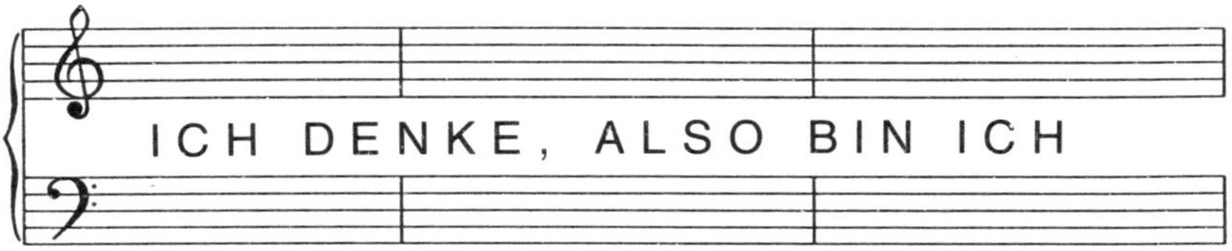


Wie klar ertönen die Worte? Ist der Gedanke scharf und deutlich? Sind kleine Unterbrechungen in dem Gedanken, kleine Pausen oder Verzögerungen? Kommen die Worte gehetzt, weil ein Teil Ihres Geistes lieber über etwas anderes nachdenken möchte? Wird jedes Wort in Ihrem Bewußtsein klar und vollständig ausgesprochen? Mischen sich andere Melodien — Gedanken, die diesen ersten Gedanken beurteilen oder kommentieren — dazwischen?

Jeder Musiker weiß, daß musikalische Fähigkeiten nur durch kontinuierliches Üben gefördert werden. Nur indem man ein Lied so oft wiederholt, bis es richtig klingt, oder Tonleitern hinauf- und hinuntersingt, mit anderen Musikern improvisiert und sich eingehend mit unterschiedlichen Musikarten — Jazz, Pop, Klassik — befaßt, wächst das musikalische Können. Warum sollte man dieselben Techniken nicht auch auf das verbale Denken übertragen?

**Lassen Sie den Gedanken in unterschiedlicher Geschwindigkeit ertönen.** Spielen Sie den Gedanken in Ihrem normalen Tempo ab, gleichgültig, wie schnell oder langsam das ist. Lassen Sie nun die Worte wieder ertönen, nur diesmal schneller. Danach verdoppeln Sie die Geschwindigkeit. Finden Sie heraus, wie schnell Sie den Gedanken erklingen lassen können, ohne daß die Worte ineinanderlaufen. Können Sie ihn in zwei Sekunden abspielen? In einer Sekunde? Einer Fünftelsekunde? Nun lassen Sie den Gedanken langsamer ertönen. Können Sie ihn über zehn Sekunden hinziehen? Dreißig Sekunden? Eine ganze Minute?

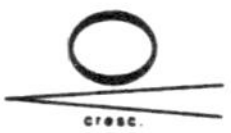


**Spielen Sie den Satz im Geiste in unterschiedlicher Lautstärke ab.** Stellen Sie die Worte lauter. Lassen Sie sie wie eine Symphonie oder eine Boeing 747 dröhnen. Drehen Sie nun den Lautstärkeknopf in die andere Richtung und wiederholen Sie den Satz leiser. Spielen Sie den Gedanken so leise ab, daß Sie ihn vor den Hintergrundgeräuschen in Ihrem Kopf kaum noch vernehmen können.

**Lassen Sie die Worte ertönen und konzentrieren Sie sich auf ihre Bedeutung.** Achten Sie auf die Bedeutung der einzelnen Wörter. Verbinden Sie die Wörter miteinander und versuchen Sie, die Essenz des Satzes zu erfassen. Wiederholen Sie den Gedanken, betonen Sie aber jedesmal nur *ein* Wort des Satzes. Betonen Sie also beispielsweise so: »Ich *denke,* also bin ich.« Wiederholen Sie diese Übung auch mit den anderen Wörtern.

**Lassen Sie die Worte von verschiedenen Stimmen vortragen.** Bilden Sie die Worte im Geiste so, als ob sie jemand anderes spräche. Versuchen Sie es mit den Stimmen von Hans Moser, Otto, Helmut Kohl oder Ihrem Vater. Versuchen Sie, sie so klingen zu lassen, als ob sie von jemandem gesprochen würden, den Sie sehr achten, und dann von jemandem, den Sie nicht achten; dann von jemandem, den Sie mögen, und schließlich von jemandem, den Sie nicht mögen.

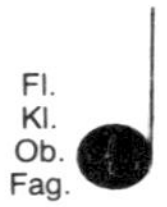


**Lassen Sie den Gedanken an verschiedenen Stellen ertönen.** Plazieren Sie den Gedanken in das Zentrum Ihres Gehirns. Auf Ihre Stirn. In Ihren Hinterkopf. In Ihre Brust. Zu Ihren Füßen. Zu Ihrer Linken. Einen halben Meter vor sich. An das andere Ende des Zimmers. In die Sie umgebende Luft.

**Stellen Sie sich die Worte im Geiste vor, ohne sie jedoch zu hören.** Visualisieren Sie den Satz, als ob er auf einer Tafel geschrieben stünde. Versuchen Sie dann, sich auf den Inhalt des Gedankens zu konzentrieren, ohne die Worte zu hören oder zu sehen.

**Lassen Sie den Gedanken ertönen, ohne in irgendeiner Weise auf ihn einzuwirken.** Stellen Sie sich vor, der Gedanke schwebte wie eine Wolke oder Rauch in der stillen Luft. Beeinflussen Sie ihn nicht, versuchen Sie, ihn einfach nur so im Raum schweben zu lassen.

# *Musikalische Sätze*

*Hier folgen nun eine ganze Reihe von Zitaten, mit deren Hilfe Sie Ihre verbalen Muskeln lockern können. Wählen Sie eines davon aus und nehmen Sie sich dann ausreichend Zeit, um über seine tiefere Bedeutung nachzudenken. Spielen Sie den Gedanken solange ab, bis Sie ihn klar und richtig betont in Ihrem Geiste hören können.*

Dem Verständigen ist ein Wort genug. (Titus Plautus)

Die Wachenden haben eine einzige und gemeinsame Welt, doch im Schlummer wendet sich jeder von dieser ab in seine eigene. (Heraklit)

Ein großer Nutzen der Wörter besteht darin, daß sie unsere Gedanken verbergen. (Voltaire)

Bisweilen hält man sich so lange bei einer Vorstellung auf, daß sie einen gefangen nimmt. (Sir George Savile)

Der einzige Weg, eine Versuchung loszuwerden, ist, ihr nachzugeben. (Oscar Wilde)

Aus nichts kann nichts entstehn. (William Shakespeare)

Das Unbegreifbarste an der Welt ist, daß sie begreifbar ist. (Albert Einstein)

Nur das Flüchtige ist von bleibendem Wert. (Eugene Ionesco)

Es gibt nichts so Undenkbares wie das Denken außer die völlige Abwesenheit des Denkens. (Samuel Butler)

Jede Entscheidung, die man trifft, ist ein Fehler. (Edward Dahlberg)

Das Wort ›Wasser‹ läßt sich nicht trinken, und die Formel $H_2O$ wird kein Schiff tragen. (Alan Watts)

Es ist völlig unwichtig. Deshalb ist es ja so interessant. (Agatha Christie)

Wenn sie einem sagen, daß man erwachsen werden soll, dann meinen sie, daß man aufhören sollte zu wachsen. (Tom Robbins)

Man braucht sehr lange, um jung zu werden. (Pablo Picasso)

Die Gegenwart ist das einzige Ding, das kein Ende hat. (Erwin Schrödinger)

Die Willensfreiheit ist die Fähigkeit, das freudig zu tun, was man tun muß. (C. G. Jung)

# *Das geschriebene Wort*

*»Lies nicht, um zu widersprechen und zu widerlegen;*
*nicht, um zu glauben oder als selbstverständlich zu betrachten;*
*nicht zur Unterhaltung und Zerstreuung;*
*sondern nur, um abzuwägen und nachzudenken.*

*Einige Bücher soll man schmecken,*
*andere verschlucken*
*und einige wenige kauen und verdauen;*
*das heißt, einige Bücher soll man nur teilweise lesen;*
*andere ganz, doch ohne Neugier;*
*und einige wenige vollständig,*
*mit Sorgfalt und Aufmerksamkeit.«*

FRANCIS BACON, englischer Philosoph, 17. Jahrhundert

Man kann, grob gesagt, zwischen zwei verschiedenen Arten des Lesens unterscheiden: das Lesen um der Unterhaltung willen und das Lesen zur Wissensbereicherung. Der Zweck des ersteren ist, in eine andere Welt, manchmal auch eine Phantasiewelt, einzutauchen, um dem Alltagsleben für eine Zeitlang zu entfliehen. Wir lesen dann gewissermaßen, um ein anderes Leben mitzuleben, um angeregt und inspiriert zu werden. Der Zweck des Lesens um des Wissens willen ist, mehr über die materielle und die geistige Welt zu erfahren. Wir lesen dann, um Informationen zu sammeln, sie auszuwerten, abzuwägen und über ein bestimmtes Thema aktiv nachzudenken.

Da jede dieser beiden Arten des Lesens bestimmte Denkmuskeln beansprucht, ist es wichtig zu wissen, warum wir ein bestimmtes Buch lesen. Möchten Sie sich dabei entspannen und unterhalten werden? Möchten Sie sich nur flüchtig und oberflächlich mit dem Inhalt des Buches vertraut machen? Möchten Sie etwas dazulernen? Möchten Sie alles, was Sie lesen, in Erinnerung behalten? Möchten Sie ernsthafter über ein bestimmtes Thema nachdenken und sich eingehender damit befassen? Wenn Sie wissen, *warum* Sie lesen, dann werden Sie auch eher wissen, *wie* Sie lesen sollten.

Wenn Sie zur Unterhaltung lesen, dann lassen Sie Ihrer Phantasie möglichst freien Lauf. Nehmen Sie sich Zeit, die jeweiligen Szenen im Geiste auszumalen, die Hauptpersonen zu visualisieren und deren Emotionen auf sich zu übertragen. Lesen Sie einen Kriminalroman, dann setzen Sie Ihre Vorstellungskraft ein, um herauszufinden, wer wohl der Mörder ist; oder denken Sie sich mehrere mögliche Lösungen aus. Der Schriftsteller GEORGE BERNARD SHAW pflegte von jedem Buch, das er las, eine kurze Inhaltsangabe anzufertigen, *bevor er es überhaupt aufschlug.*

Das Lesen zur Wissensbereicherung erfordert gewöhnlich eine bewußtere, willentliche Konzentration auf das jeweilige Thema. Wenn Sie aus diesem Grund lesen, dann stecken Sie sich zuvor feste Ziele: Bestimmen Sie, wieviel auf einmal und wie aufmerksam Sie lesen wollen. Suchen Sie sich einen ruhigen Platz, an dem es Ihnen leicht fällt, sich zu konzentrieren. Halten Sie alle äußeren Ablenkungen fern und nehmen Sie dann eine bequeme, aber nicht zu bequeme Haltung ein.

Überfliegen Sie darauf die Seiten, und bestimmen Sie Ihr Lesepensum für diese eine ›Sitzung‹. Achten Sie auf Überschriften und Merksätze. Suchen Sie nach Schlüsselworten oder -sätzen, die für das Verständnis des Themas von ausschlaggebender Bedeutung zu sein scheinen. Sie werden sich leichter an den Inhalt des Gelesenen erinnern, wenn Sie einzelne Stichworte an den Rand jedes Absatzes schreiben oder sich auf ein Blatt Papier notieren. Diese Stichworte sollten die wesentliche Aussage des jeweiligen Absatzes kurz zusammenfassen. Wenn Sie später diese Notizen lesen, werden Sie sich an vieles wieder erinnern können.

Nehmen Sie sich außerdem Zeit, über Behauptungen und Theorien nachzudenken, sie abzuwägen und kritisch zu beurteilen. Sind die Hauptthesen bewiesen? Woraus ergeben sich die Schlußfolgerungen? Was hätte Ihrer Ansicht nach noch behandelt werden müssen? Fassen Sie im Geiste das Gelesene in Ihren eigenen Worten zusammen, so daß es nach Ihren Maßstäben logisch und verständlich klingt. Es ist immer einfacher, sich an die eigenen Worte als an die Worte anderer zu erinnern.

Entwickeln Sie einen guten Lesestil. Geben Sie nicht der Neigung nach, Wörter oder Sätze zu übergehen, die Sie nicht ganz verstehen. Unbekannte Wörter blockieren den Fluß unseres Verständnisses — nehmen Sie sich also die Zeit, sie im Lexikon nachzuschlagen. (Wie denn überhaupt jedem, der an der Kräftigung seiner Denkmuskeln interessiert ist, die Anschaffung eines guten Konversationslexikons wärmstens zu empfehlen ist.) Sie werden überrascht feststellen, daß Sie oftmals die genaue Bedeutung von scheinbar vertrauten Wörtern gar nicht kannten.

Wenn Sie rein um des Inhaltes willen lesen, dann vermeiden Sie, die Wörter (laut oder leise) mitzusprechen. Lassen Sie die Worte nicht in Ihrem Kopf nachklingen. Die meisten Fachleute auf diesem Gebiet sind der Ansicht, daß man seinen Verstand ›auf eine höhere Ebene‹ umschalten muß, indem man sich auf Ideen, Bilder und Bedeutungsinhalte konzentriert und nicht auf die Lautgestalt der einzelnen Wörter.

Achten Sie des weiteren darauf, in welcher Weise sich Ihre Augen über die Seite bewegen. Langsame Leser neigen dazu, viele kleine Lesesprünge zu machen, das heißt, sie lesen bei jeder Fixierung immer nur ein oder zwei Wörter. Schnelle Leser machen weniger und dafür weitere Sprünge. Sie nehmen mit einem Blick mehr auf, lesen deshalb eine Seite eher *zeilen-* als *wort*weise. Wenn Sie das nächste Mal Zeitung lesen, versuchen Sie doch einmal, mit einem einzigen Blick mehr aufzunehmen, als Sie es bisher taten. Überspringen Sie nichts, erlauben Sie nur einfach Ihren Augen, mit einem ›Weitwinkelobjektiv‹ zu sehen.

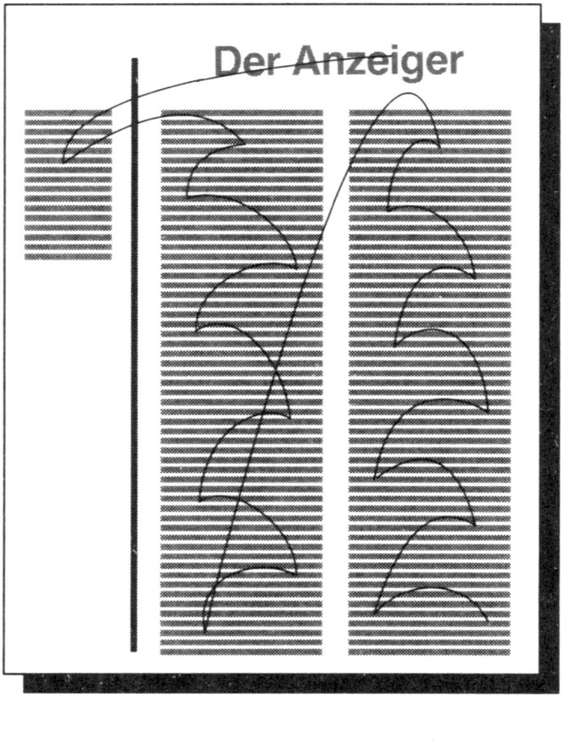

# *Worte fließen lassen*

*»Ich schreibe, um zu wissen, was ich denke.«*
Graffito

*Lesen* trainiert also unseren Geist, indem es uns Gedanken und Ansichten analysieren und beurteilen läßt. *Schreiben* wiederum fordert unsere geistigen Muskeln dadurch, daß wir selbst Gedanken ausdrücken. Eine neue Methode, verbal zu denken, indem man Wörter in einem visuellen Baumdiagramm anordnet, wurde von Gabriele Lusser Rico entwickelt. Sie nannte diese Technik *Clustering* (das heißt soviel wie ›Gruppen‹ oder ›Büschel bilden‹).

Das Clustering bietet unserem Geist die Möglichkeit, um bestimmte Begriffe herum frei zu schweifen. Weil die Struktur dieser Technik so konzipiert ist, daß sie kein eigentliches Ende hat, lassen sich überall neue Ideen anhängen. Aufgrund der Baumstruktur können alle Assoziationen wie eine Pflanze Wurzeln schlagen, wachsen und sich ausdehnen, während gleichzeitig die Anwesenheit eines zentralen Gedankens die Ideen zentriert hält. Man wirft Ideen auf ein Blatt Papier, schreibt so schnell, wie Gedanken auftauchen, ordnet eng miteinander verwandte Assoziationen nah und entlegenere nicht so nah beieinander an. Die einzelnen Assoziationen erscheinen klar voneinander getrennt und doch miteinander verbunden. An den Verbindungslinien können wir mit einem Blick die relative Bedeutung jeder einzelnen Idee ablesen.

**Übung:** Nehmen Sie einen Stift und ein Blatt Papier. In die Mitte schreiben Sie das Wort *Freiheit.* Kreisen Sie das Wort ein, und notieren Sie nun alle Gedanken, Gefühle und sonstigen Assoziationen, die Sie mit dem Begriff Freiheit verbinden. Halten Sie alle Assoziationen fest, indem Sie Kreise zeichnen und jeweils ein oder zwei Worte hineinschreiben. Verknüpfen Sie miteinander verwandte Ideen durch Linien. Lassen Sie Ihre Assoziationen in alle Richtungen wuchern. Schreiben Sie sie auf, so schnell Sie können, bis Ihnen wirklich nichts mehr einfällt.

*Legen Sie nun das Buch beiseite, nehmen Sie einen Stift und ein Blatt Papier und beginnen Sie jetzt.*

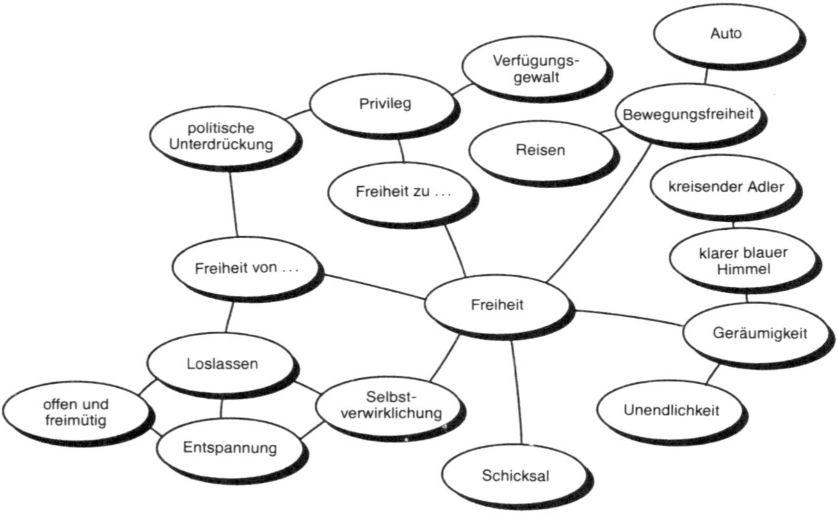


Grundsätzlich kann das Clustering als eigenständige Technik geübt werden, also einfach als Methode, über Dinge nachzudenken, über die man nachdenken möchte. Es kann allerdings auch dazu dienen, die eigenen Gedanken zu ordnen, wenn man etwas schreiben, ein Projekt planen, eine Entscheidung fällen, sich Notizen machen oder sich mit einem bestimmten Thema eingehend beschäftigen will oder muß. Das Clustering hilft uns dabei, schnell und mühelos die Richtung unserer Gedanken zu wechseln.

Das nächste Mal, wenn Sie Ihre Gedanken zu Papier bringen wollen oder müssen, wenden Sie dabei die Clustertechnik an. Versuchen Sie der Übung halber, Cluster über die folgenden Themen anzulegen: die Abrüstungsbemühungen der Großmächte; derzeitige Modetrends; die Verwendungsmöglichkeiten von Holz; wie man familiäre Streitigkeiten beilegt; Gründe, warum sich die Geschichte wiederholt; Werbung im Fernsehen.

*»Jedes Wort bildet ein Sturmzentrum von Bedeutungen,*
*Klängen und Assoziationen,*
*das immer weiter ausstrahlt*
*wie Wellenkreise auf einem Teich.«*

NORTHROP FRYE, Bibelgelehrter

# *Wortübungen*

## ❑ Gedankenkreis:

Wie viele Wörter können Sie in diesem Buchstabenkreis versteckt finden? Beginnen Sie bei einem beliebigen Buchstaben und reisen Sie im Uhrzeigersinn.

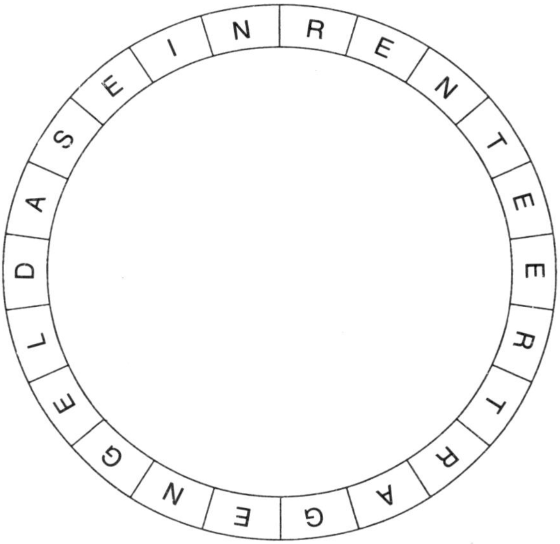


## ❑ Unterhaltungen:

Jemand sagte einmal: »Die besten Unterhaltungen sind die, bei denen es um Gedanken und nicht um Worte geht.« Wenn Sie sich morgen mit jemandem unterhalten, so wiederholen Sie im Geiste die Worte Ihres Gesprächspartners, bevor Sie ihm antworten. Versuchen Sie zu erfassen, was der oder die Betreffende wirklich meint.

## ❑ Wortschablonen:

Schauen Sie, wie viele sinnvolle Sätze Sie bilden können, bei denen die Anfangsbuchstaben der einzelnen Wörter zusammen das Wort *GEIST* ergeben. So könnte man beispielsweise sagen: *Gewisse Einfälle Inspirieren Sogar Toren.* Suchen Sie sich dann ein beliebiges Thema aus, wie beispielsweise Kirchengeschichte, und erfinden Sie dazu Sätze. Hier folgen einige weitere Wortschablonen:

| | | |
|---|---|---|
| NEIN | KLEIN | STAR |
| SOLO | TIP | WEG |
| DENKEN | FEE | GEDANKE. |

❑ **Stegreifreden:**

Diese Übung führen Sie am besten zu mehreren durch. Erfinden Sie (gegebenenfalls reihum) zu jedem der folgenden Begriffe vier vernünftige Aussagen:

| | | | |
|---|---|---|---|
| Verrückt | Fledermäuse | Zucker | Flüssigkeit |
| Mappe | Schlüssel | Kamera | Raster |
| Aufzeichnung | Programm | Geld | Sex |
| Ausguß | Tiger | Reise | Realität. |

❑ **Können Sie es auch anders sagen?**

Gute Schriftsteller und Redner verfügen über ein reiches Vokabular und wissen, wann sie welches Wort verwenden müssen. Sie sind imstande, für das, was sie ausdrücken wollen, auch genau das richtige Wort zu finden. Wie viele Wörter oder Wortverbindungen fallen Ihnen ein, die ungefähr dasselbe bedeuten wie die folgenden Wörter? Ordnen Sie sie nach stilistischen Kriterien an: erst gehoben, dann ›normal‹, dann umgangssprachlich.

— **Dumm:** töricht, blöd, geistig minderbemittelt, doof, bescheuert ...
— **Wichtig:** essentiell, relevant, bedeutungsvoll, bedeutsam ...
— **Traurig:** schwermütig, niedergeschlagen, melancholisch, down ...
— **Freund:** Gefährte, Kamerad, Kumpel, Spezi ...
— **Ängstlich:** furchtsam, bang, beklommen, feige ...
— **Humorvoll:** komisch, witzig, spaßig ...
— **Attraktiv:** anziehend, faszinierend, verlockend ...
— **Selbstsicher:** selbstvertrauend, von sich überzeugt, cool ...

❑ **Das ganze Spektrum:**

Testen Sie Ihren aktiven Wortschatz, indem Sie zu jedem der folgenden Themenbereiche vierundzwanzig Wörter in alphabetischer Reihenfolge finden (X und Y können Sie weglassen):

— **Berufe:** Architekt, Bäcker, Chemiker ...
— **Städte:** Ankara, Brüssel, Canberra ...
— **Musikinstrumente:** Akkordeon, Banjo, Cello ...
— **Tiere:** Ameise, Biber, Chamäleon ...
— **Nahrungsmittel:** Artischocke, Brot, Chinakohl ...

Stellen Sie ähnliche Listen mit Begriffen aus Themenbereichen zusammen, die Sie interessieren, also beispielsweise mit Pflanzen, Insekten, Schriftstellern oder Automarken.

**❑ Dinge benennen:**

Sehen Sie sich im Zimmer um, in dem Sie sich gerade befinden, und suchen Sie sich fünf Gegenstände aus. Geben Sie ihnen andere, unsinnige Namen. Eine Brille könnten Sie beispielsweise ›Bopti‹ oder ›Telefix‹ oder ›Miger‹ nennen. Versuchen Sie lautliche Gebilde zu erzeugen, die der Form der jeweiligen Gegenstände entsprechen.

**❑ Kennen Sie diese Wörter?**

Die deutsche Sprache enthält viele selten verwendete Wörter mit den unterschiedlichsten Bedeutungen.

Zum Beispiel:

*Darg* — fester Moorgrund, torfartige Schicht
*Haspe* — einfache harkenähnliche Vorrichtung zum Einhängen von Türen und Fenstern
*Herostratentum* — durch Ruhmsucht motiviertes Verbrechertum
*spissen* — Balzlaute von sich geben
*Staurothek* — Behältnis für eine Reliquie des heiligen Kreuzes
*Virgel* — Schrägstrich zwischen zwei Wörtern oder Zahlen
*Kulm* — abgerundete Bergkuppe.

**❑ Erfinden Sie Bedeutungen für die folgenden ausgedachten Wörter:**

| | |
|---|---|
| Elump | Enzekopatis |
| Illusprosimus | Rührchen |
| pleistotechotisch | klavizern |
| Dobbas | selinpor |
| Gorkicht | Ummituchen |
| pluggerwank | Karbung. |

**❑ Beschreibungen:**

Wie würden Sie jemandem, der sich überhaupt nichts darunter vorstellen kann, die folgenden Sachen oder Vorgänge beschreiben?

— Schnee
— Erdnußbutter
— Wie man ein Jacket anzieht
— Geschlechtsverkehr
— Das befriedigende Gefühl, auf seinem Rasen das herabgefallene Laub zusammenzurechen.
— Ihren Arbeitsplatz
— Eine Fuge von Bach
— Sandkuchen
— Fußball.

❑ **Bildbeschreibungen:**

Beschreiben Sie jemandem die folgenden Bilder, ohne daß er sie sehen kann. Lassen Sie ihn oder sie die Figuren nach Ihrer Beschreibung zeichnen.

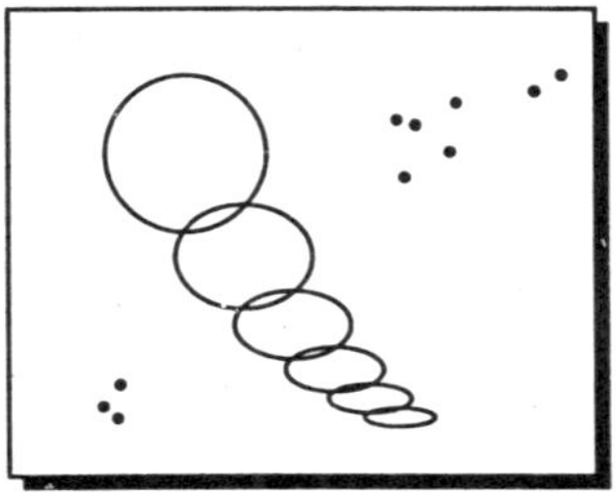

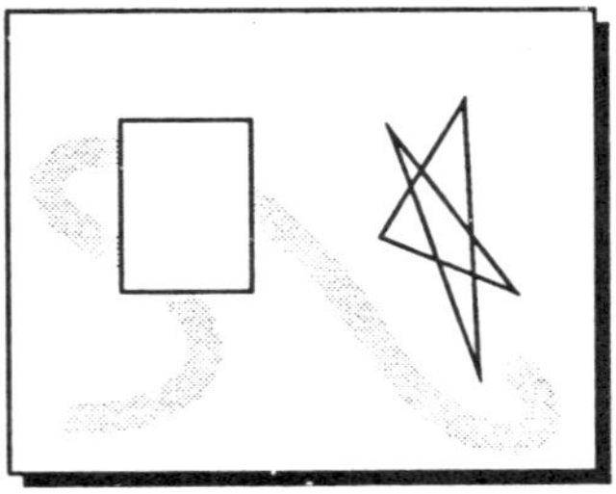

❑ **Dichten Sie vier Limericks mit den folgenden Anfangszeilen:**

Es war mal ein Mädchen aus Polen ...
Ein Mann spielte Tennis im Walde ...
Ein Star träumte einst von Bananen ...
Ein Vielosoph soff mal in Flandern ...

❑ **Ein Gespür für Wörter:**

Fast jedes Ding scheint genau die richtige Bezeichnung zu haben. Testen Sie Ihre Fähigkeit, neue passende und werbewirksame Namen für die folgenden Objekte zu finden. Denken Sie sich jeweils fünf Namen aus für:

— ein Parfüm
— eine Firma, die Traktoren herstellt
— einen Schlager
— ein Schoßhündchen
— eine bestimmte Moderichtung
— eine Schubkarre
— eine Jazzband
— eine Computerfirma.

❑ **Lustige Wörter:**

Erfinden Sie je einen Witz unter Verwendung der folgenden Motive:

— ein Seeigel in Oberammergau
— ein Handlungsreisender in einer Leichenhalle
— ein bekannter Politiker Ihrer Wahl
— Rucksäcke
— ein Fischer vor dem Petersdom.

## ❑ Absichtliches Analphabetentum:

Werden Sie eine Stunde lang zum Analphabeten. Gehen Sie beispielsweise eine Straße entlang, schauen Sie sich Litfaßsäulen, Ladenschilder, Plakate und Anschläge an und bemühen Sie sich dabei, die Bedeutung der Wörter nicht wahrzunehmen. Betrachten Sie vielmehr die Form der Buchstaben — so, als sähen Sie unbekannte Schriftzeichen. Auf diese Weise werden Sie sich zumindest dessen bewußt, wie unglaublich viele Wörter Sie ständig umgeben.

## ❑ Fastenzeit:

Sprechen Sie einen ganzen Tag lang kein Wort. Wenn Sie nicht allein leben, vereinbaren Sie mit Ihrer Familie zuvor, sich am folgenden Tag in keiner Weise sprachlich mitzuteilen. Schriftliche Botschaften sind (außer in wirklich dringenden Fällen) also auch verboten. Kommunizieren Sie ausschließlich durch Gesten oder Grunzlaute. Sehen Sie nicht fern, lassen Sie das Radio und den Plattenspieler aus. Seien Sie einen ganzen Tag lang ›sprachlos‹.

## ❑ Geschichten erfinden:

Wählen Sie aus jeder der vier folgenden Spalten je ein Wort aus, und entwickeln Sie um diese vier Wörter eine Geschichte. Erzählen Sie sie im Kopf oder auf dem Papier:

| | | | |
|---|---|---|---|
| Zischen | Meer | Reise | Sandwich |
| Brieftasche | Wassermelone | Traum | Motorrad |
| Nebenerwerb | kriminell | Statue | Zehennagel |
| Gehsteig | Mantel | Furnier | Charisma |
| Armee | Nase | Frisbee | Spirale |
| Ende | Knopf | Soufflé | Schachtel |
| Stock | stehlen | Frucht | Cowboy. |

## ❑ Zungenbrecher:

Sprechen Sie die folgenden Zungenbrecher so schnell wie möglich:

- Fischers Fritze fischt frische Fische, frische Fische fischt Fischers Fritze.
- In Ulm und um Ulm und um Ulm herum.
- Zwischen zwei Zwetschgenbaumzweigen zwitschern zwei geschwätzige Schwalben.
- Sechsundsechzig sächsische Schuhzwecken.
- Kein klein Kind kann Kirschkern knacken.
- Schneiders Schere schneidet scharf, scharf schneidet Schneiders Schere.

# *Der geistige Monolog*

*»Jeder Mensch*
*ist eine einzigartige Erzählung,*
*die sich unaufhörlich, unbewußt, ... durch*
*seine Wahrnehmungen, seine Gefühle,*
*seine Gedanken und seine Handlungen weiterentwickelt; ...*
*Der Mensch braucht eine solche Erzählung, ...*
*um seine Identität, sein Selbst zu bewahren.*
*Wenn wir also einen Menschen wirklich kennenlernen wollen,*
*so fragen wir nach seiner Geschichte.«*

OLIVER SACKS, Neurologe

Wie bei den meisten Menschen wird wahrscheinlich auch durch Ihr Bewußtsein nicht nur ein permanenter Bilderreigen ziehen, sondern ebenso ein nahezu ununterbrochener Wortfluß strömen. Sie proben im Kopf Sätze, die Sie später sagen wollen oder zu einer anderen Gelegenheit hätten sagen sollen, Sie führen sogar ganze Unterhaltungen; Sie formulieren oder wiederholen Meinungen, Sie beurteilen sich selbst und andere Menschen, und Sie kommentieren Ereignisse. Einem im Hintergrund spielenden Radio vergleichbar, beeinflussen diese Worte Ihre Innenwelt.

Zusammen mit dem Kino im Kopf formt Ihr geistiger Monolog Ihre allgemeine Lebensauffassung. Wenn Sie sich selbst sagen, daß Sie ein Trottel sind, dann werden Sie auch anfangen, sich wie ein Trottel zu verhalten. Reden Sie mit sich selbst generell über Dinge, die Sie Ihrer Meinung nach hätten tun oder anders tun sollen, so werden Sie die meiste Zeit in der Vergangenheit leben.

Zuweilen läßt sich dieser geistige Monolog nur sehr schwer steuern. Wenn Sie zum Beispiel aufgeregt sind, fließen die Worte scheinbar völlig unkontrollierbar durch Ihren Geist. Zu anderen Zeiten glauben Sie, die Sache im Griff zu haben, bis Sie versuchen, die Worte zu stoppen. Dann erkennen Sie, daß Sie wieder mal Ihre alten geistigen Gewohnheiten vernehmen, also das, was Sie sich schon immer gesagt haben.

Um herauszufinden, wie und was Sie den ganzen Tag über denken, probieren Sie die eine oder andere der folgenden Ideen aus.

- **Der Bundestag:** Stellen Sie sich vor, daß die Worte, die Sie im Geiste hören, nicht von einem einzigen Sprecher kommen, sondern von einer ganzen Gruppe von Bundestagsabgeordneten. Bestimmte Abgeordnete können die Meinungen Ihrer Eltern, Lehrer und Freunde wiedergeben oder auch Theorien, Meinungen und Thesen aus Büchern, Zeitungen oder dem Fernsehen. Wenn das nächstemal ein zu lauter Abgeordneter das Feld Ihres Geistes beherrscht, stellen Sie das jeweilige Thema oder Problem zur öffentlichen Diskussion. Nehmen wir also an, der Abgeordnete würde behaupten, daß zuviele Aussiedler ins Land kommen. Lassen Sie nun einige Minuten lang auch andere Parlamentarier, vielleicht auch ein paar Hinterbänkler zu Wort kommen. Versuchen Sie herauszufinden, wer Ihre Sprecher wirklich sind, und lassen Sie jeden einzelnen von ihnen seine Meinung äußern. Bringen Sie sich dazu, auch mehrere widersprüchliche Standpunkte gleichzeitig gelten zu lassen.

- **Nehmen Sie sich Zeit zuzuhören:** Es ist unserer geistigen Entwicklung außerordentlich förderlich, wenn wir uns die Zeit nehmen, unser gewöhnliches Tempo zu drosseln und wirklich auf das zu hören, was wir uns selbst sagen. Zum einen können wir dies dadurch erreichen, daß wir visualisieren, wie unsere Worte aus

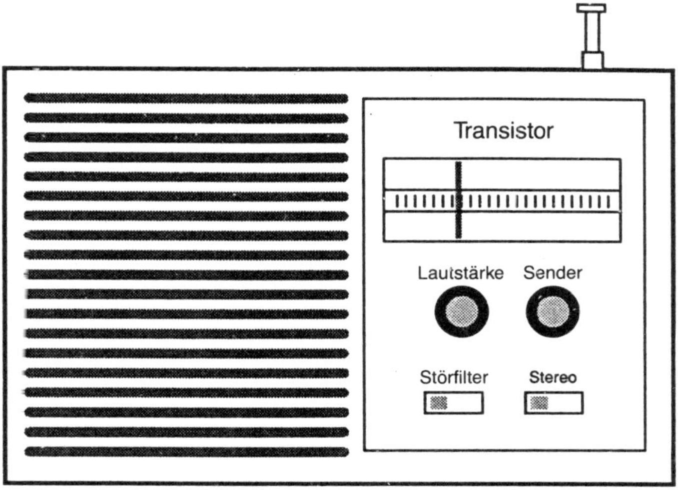

einem Kofferradio ertönen. Es ist ein sehr gutes Radio, deshalb können wir auch die leiseren Stimmen im Hintergrund verstehen. Damit wir zu unserem geistigen Monolog besser Distanz wahren können und nicht so leicht abgelenkt werden, lassen wir ihn am besten an einem bestimmten Platz in der Wohnung stattfinden: Wir stellen unser ›Radio‹ also beispielsweise auf die Fensterbank oder den Küchentisch. Vergessen Sie nicht: Loslassen und Einfühlungsvermögen sind die beiden Schlüssel zur Tür, die in die tieferen Bereiche des Denkens führt.

- **Umetikettieren:** Wir neigen dazu, unsere Erfahrungen in unserem geistigen Monolog mit Etiketten zu versehen — wir katalogisieren sie, ordnen sie ein. Nehmen wir an, Sie müßten in wenigen Minuten vor einer großen Zuhörerschaft eine Rede halten und Ihre Handflächen würden feucht, Ihr Magen würde rebellieren und auf Ihrem Gesicht würden Schweißtropfen erscheinen. Sie könnten sich nun selbst sagen: Ich bin nervös. Wahrscheinlich würden Sie dadurch aber höchstens noch nervöser. Sie könnten sich aber auch sagen: Ich empfinde lediglich die Energiemuster, die mit jeder wichtigen Situation ganz natürlich einhergehen. Auf diese Weise könnten Sie diese Energie wieder in Ihre Rede zurückleiten. Machen Sie sich auf solche Art ›unangenehme‹ Energie zunutze, indem Sie sie in positive umwandeln.
- **Sich vom geistigen Geschwätz befreien:** Vielleicht hören Sie im Geiste eine Stimme, die negative Gedanken wiederholt. Vielleicht hören Sie, Sie seien ein Dummkopf und Sie würden es garantiert nie zu etwas bringen. Wiederholen Sie den Satz in einem hohen, quäkenden Tonfall. Verwenden Sie dieselben Worte, verändern Sie lediglich ihre lautliche Qualität. Oder spielen Sie im Geiste das Lied »Suse, liebe Suse« dazu ab. Wenn Sie in Eile sind, und einer Ihrer Abgeordneten sagt: »Du bist spät dran, du bist spät dran«, dann drehen Sie die Geschwindigkeit dieser Stimme so weit herunter, daß sie nur noch so dahinschleicht, und sehen Sie dann, was passiert. Hören Sie eine besonders aufdringliche, unangenehme Stimme im Kopf, dann verändern Sie ihre Tonqualität. Erlangen Sie Gewalt über diese Stimme, indem Sie sie einmal lauter, dann leiser, schneller, langsamer, von nah oder von fern kommen lassen.
- **Mantras der Macht:** Mantras sind Wörter oder Sätze, die, wenn man sie oft genug wiederholt, einen bestimmten Bewußtseinszustand hervorrufen. Damit ein Mantra wirkt, entspannen Sie sich einige Augenblicke lang, und lassen Sie dann das jeweilige Wort oder den Satz in Ihrem Kopf so lange ertönen, bis die von Ihnen gewünschten Assoziationen ausgelöst werden. Wiederholen Sie also beispielsweise immerzu im Geiste die Worte »Ich bin ganz entspannt«, so werden Sie sich entspannen. Von ausschlaggebender Bedeutung dabei ist allerdings, daß Sie einen Rhythmus finden, der es Ihnen leicht macht, sich auf das Wort oder den Satz zu konzentrieren. Jedes Wort, jeder Satz soll ein vollständiger Gedanke sein, der durch eine kurze Stille vom nächsten Wort/Satz getrennt wird. Lauschen Sie nach jedem Mantra der Stille in Ihrem Geist.

# *Tips für Ihre Wortübungen*

Worte sind die sichtbare Oberfläche der Gedanken. Entwickeln Sie Ihre innere Stimme soweit, daß Sie Ihre Gedanken in vielfältigerer Weise als bisher anderen und sich selbst gegenüber ausdrücken können.

**Tip eins:**
Achten Sie auf die Qualität Ihrer Gedanken. Verbessern Sie Ihre geistige Aussprache, indem Sie das Tempo Ihrer Gedanken variieren. Lassen Sie sie einmal langsamer und dann schneller als gewohnt ertönen.

**Tip zwei:**
Finden Sie Zeit zu lesen. Lesen ist eine sehr wirkungsvolle geistige Übung, durch die sich Ihre Konzentrationsfähigkeit verbessern und Ihre Vorstellungskraft lebhafter werden wird.

**Tip drei:**
Schreiben Sie Ihre Gedanken auf. Schreiben bewirkt, daß Sie unterschiedliche Standpunkte leichter objektiv beurteilen und auch selbst entwickeln können; daß Sie sich weiterhin eine eigene Meinung bilden und gegebenenfalls Ihre bisherige Meinung ändern können; daß Sie herausbekommen, was Sie empfinden und genau über die Dinge nachdenken, über die Sie nachdenken möchten.

**Tip vier:**
Achten Sie auf das, was Sie zu sich selbst sagen. Hören Sie auf Ihren inneren Monolog und erkennen Sie, in welcher Weise dieser ständige Wortfluß Ihre Lebenseinstellung beeinflußt. Wie lautet Ihre innere Geschichte?

*»Ein Wort ist kein transparenter und unwandelbarer Kristall,*
*es ist die Haut eines lebendigen Gedankens*
*und kann in Farbe und Inhalt*
*je nach den Umständen, unter denen es benutzt wird,*
*außerordentlich variieren.«*

Oliver Wendell Holmes, Jurist, 19. Jahrhundert

SECHSTE STATION

# Geistige Stärke

*Probleme lösen*

# *Schnell sein ist alles*

*Sie sind mit dem Schiff gestrandet und*
*Kannibalen in die Hände gefallen.*

*Man gibt Ihnen zwei Sanduhren.*
*Die eine läuft in genau vier Minuten durch,*
*die andere in sieben Minuten.*
*Der Oberkannibale fordert Sie auf zu sagen,*
*wann genau neun Minuten vergangen sind.*

*Wenn Sie das schaffen,*
*sind Sie frei.*

*Wenn nicht,*
*sind Sie das Abendessen der Kannibalen.*

*Der Oberkannibale schreit: »Los jetzt!«*
*Was tun Sie?*

# *Innere Herausforderungen*

*»Leben bedeutet, Probleme zu haben,*
*und Probleme lösen bedeutet,*
*geistig zu wachsen.«*

J. P. Guildford, Psychologe

Wie sind Sie mit der Sanduhrenaufgabe der Kannibalen zurechtgekommen? Als mich ein guter Freund einst mit dieser Rätselfrage konfrontierte, drückte er mir zwei imaginäre Sanduhren in die Hand. Ich setzte mich hin und begann, über das Problem nachzudenken. Nach einigen Minuten sagte mein Freund: »Zu spät. Du hast deine Chance verpaßt. Jetzt haben sie Gulasch aus dir gemacht.« Ich blickte auf und protestierte: »Wie meinst du das? Ich hab doch noch gar nichts gesagt!« Er antwortete: »Das ist ja gerade der springende Punkt. Während du versuchtest, eine Lösung zu finden, hast du deine Gelegenheit vertan. Du hast die Sanduhren in deinen Händen gehalten, ohne sie umzudrehen. Selbst wenn du also tatsächlich auf die Lösung des Rätsels gekommen wärest, hättest du viel zu spät damit begonnen, sie in die Tat umzusetzen. Als der Oberkannibale sagte: ›Los jetzt!‹, da meinte er nämlich wirklich: ›Los jetzt!‹«

Anfangs fühlte ich mich betrogen. Dann erkannte ich allerdings, daß ich aus dem, was mein Freund gesagt hatte, einiges lernen konnte. Ich war auf das Problem nicht so eingegangen, wie ich es wohl getan hätte, wäre ich wirklich in den Händen der Kannibalen gewesen. Ich hatte mich nicht genügend in die Situation hineinversetzt, sondern versucht, die Lösung des Rätsels von außen zu finden.

Wie würden Sie an das Problem herangehen, wenn es um Ihr Leben ginge? Zuallererst müssen Sie beide Sanduhren umdrehen. Während der Sand rinnt, haben Sie erst einmal ein wenig Zeit zum Nachdenken. Was geschieht als nächstes? Nach vier Minuten läuft die eine der beiden Sanduhren aus, und Sie drehen sie spontan wieder um. Nach sieben Minuten läuft die andere Sanduhr aus. Auch diese drehen Sie wieder um. Eine Minute später, also nach acht Minuten, läuft die erste Sanduhr wieder aus. Da Sie nun noch eine Minute berechnen müssen und da in der zweiten Sanduhr inzwischen Sand für genau eine Minute durchgelaufen ist, drehen Sie sie einfach wieder um und lassen den Sand zurücklaufen. Wenn die zweite Sanduhr wieder voll ist, sind genau neun Minuten vergangen.

Jedes Problem — gleichgültig, ob es abstrakter Natur ist oder mit Beziehungen, Geld oder Beruf zusammenhängt — läßt sich erheblich leichter lösen, wenn man die folgenden grundsätzlichen Punkte beherzigt:

- **Direkte Konfrontation:** Wenn Sie sich mit einem Problem konfrontiert sehen, versuchen Sie sich dann direkt damit auseinanderzusetzen, oder weichen Sie ihm aus, solange es geht? Sind Sie mit der erstbesten Lösung zufrieden, oder bemühen Sie sich, auch noch weitere Möglichkeiten zu finden? Versuchen Sie Probleme möglichst schnell und flüchtig abzuhandeln, oder sind Sie sofort bereit, sich ihnen zu stellen und auf sie einzugehen?
- **Organisation:** Um Probleme wirkungsvoll lösen zu können, muß man die damit zusammenhängenden Informationen übersichtlich anordnen und sich auf den Kern der Sache beschränken. Alle überflüssigen oder nicht direkt zur Sache gehörigen Daten werden ignoriert. Sie müssen also das Problem genau definieren und auf seine wesentlichen Faktoren reduzieren. Wie schon EINSTEIN sagte: »Alles sollte so einfach wie möglich gemacht werden, aber nicht einfacher.«
- **Manipulation:** Einige Probleme lassen sich in mehreren genau festgelegten Einzelschritten lösen; andere durch die Versuch-und-Irrtum-Methode; manche Lösungen wiederum, die sogenannten Geistesblitze, stellen sich — nach einer mehr oder weniger langen Periode spielerischer Denktätigkeit — wie von selbst ein. In jedem Fall muß aber die Information in irgendeiner Weise ›manipuliert‹ werden: So kann man beispielsweise die Worte der Aufgabenstellung anders anordnen oder in Bilder oder mathematische Symbole umwandeln. Schließlich sollte auch die eigene gefühlsmäßige Reaktion berücksichtigt werden.
- **Prüfen:** Haben Sie eine Lösung gefunden, so müssen Sie sich vergewissern, daß es auch tatsächlich die richtige ist. Überprüfen Sie noch einmal alle Faktoren des Problems auf ihre Stichhaltigkeit hin und vollziehen Sie dann Ihre Gedankengänge nach. Fragen Sie sich, ob man auf einem anderen Weg zur selben Lösung gelangen würde.

Es gibt keine narrensichere Formel, die eine Lösung für jede Art von Problem garantieren könnte — unterschiedliche Probleme müssen auch auf unterschiedliche Art und Weise angegangen werden. In den folgenden Unterkapiteln werden Sie mit einigen klassischen Rätselfragen konfrontiert. Sie werden merken, daß manche Lösungen eher spielerischer und humorvoller Art sind. Im letzten Kapitel des Buches können Sie notfalls die Lösungen nachschlagen. Versuchen Sie aber zuerst, mit Hilfe der obengenannten vier Punkte selbst darauf zu kommen. Dann werden Sie nämlich mit der Zeit Einsichten gewinnen, die Sie auch auf viele andere Probleme anwenden können.

# *Innere Ordnung*

*Wenn vor drei Tagen der Tag vor Montag gewesen wäre, welcher Tag würde dann übermorgen sein?*

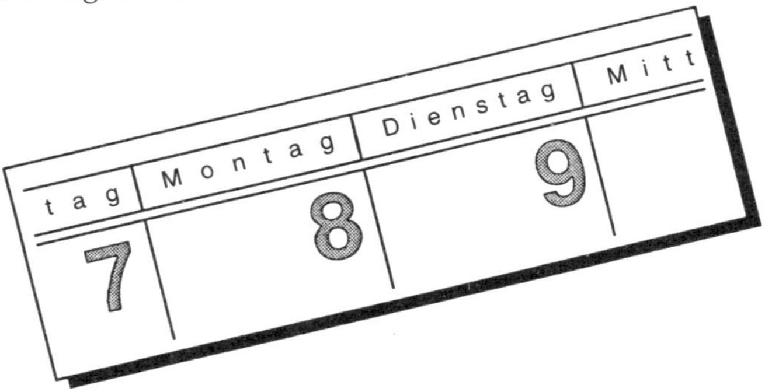


Der erste Schritt bei der Problemlösung besteht darin, herauszubekommen, was man eigentlich herausbekommen soll. Sobald Sie sich vorstellen können, wonach Sie suchen, haben Sie ein geistiges Ziel und einen Punkt, an dem Sie ansetzen können. In der obigen Frage ist das Ziel, herauszufinden, welcher Tag übermorgen ist. Mit diesem Wissen kann man nun die Frage einfacher formulieren. Der Tag vor Montag ist Sonntag. Wenn also vor drei Tagen Sonntag war, dann ist heute Mittwoch. Wenn heute Mittwoch ist, dann ist übermorgen Freitag. Ordnet man die gegebenen Informationen übersichtlich an, wird die Denkaufgabe geradezu simpel.

Beginnen Sie auch bei den folgenden Rätseln zunächst einmal damit, daß Sie herausfinden, was Ihr eigentliches Ziel ist; ordnen Sie dann die einzelnen Bestandteile der Frage übersichtlicher an, um einen leichteren Zugang zu ihr zu bekommen.

- ❑ Der Zoo in Kirchheimbolanden hat dreißig Köpfe und hundert Füße. Wie viele Säugetiere und wie viele Vögel beherbergt der Zoo?

- ❑ Drei Missionare und drei Kannibalen müssen einen Fluß in einem Boot überqueren. Das Boot kann allerdings nur zwei Personen tragen. Außerdem dürfen die Missionare zahlenmäßig den Kannibalen nie unterlegen sein, weil sie sonst von ihnen verspeist werden würden. Wie kommen alle sicher über den Fluß?

- ❑ Ersetzen Sie bei den folgenden Rechenaufgaben jeden Buchstaben durch eine bestimmte Zahl. Können Sie die richtigen Zahlen herausbekommen?

| | | | | |
|---|---|---|---|---|
| ZWEI | BLAU | ROSS | VIER | ABCDE |
| + ZWEI | + ROT | + ESEL | + EINS | × 4 |
| VIER | LILA | MULI | ACHT | EDCBA |

- ❑ Drei Freunde würfeln. Jeder kann auf seinen Wurf eine beliebig hohe Summe setzen. Derjenige, der die niedrigste Augenzahl wirft, muß den anderen beiden soviel bezahlen, wie sie eingesetzt haben. Nach drei Spielen hat jeder der drei zweimal verloren, und jeder besitzt noch sechsunddreißig Mark. Wieviel Geld hat jeder Spieler beim ersten Spiel gesetzt?

- ❑ In einem kleinen Dorf in Papua-Neuguinea leben fünfhundert Frauen. Sechs Prozent von ihnen tragen einen Ohrring. Von den anderen 94 Prozent trägt die eine Hälfte zwei Ohrringe und die andere Hälfte überhaupt keine. Wie viele Ohrringe gibt es insgesamt?

- ❑ Hinz und Kunz betreten ein Restaurant. Hinz bestellt schwarzen Kaffee und Kunz eine Tasse Milch. Als die Getränke gebracht werden, nimmt sich Hinz einen Teelöffel Milch von Kunz und rührt sie in seinen Kaffee. Darauf vermischt Kunz seine Milch mit einem Teelöffel von Hinzens Kaffee. Ist nun mehr Milch im Kaffee als Kaffee in der Milch, oder ist das Verhältnis gleich?

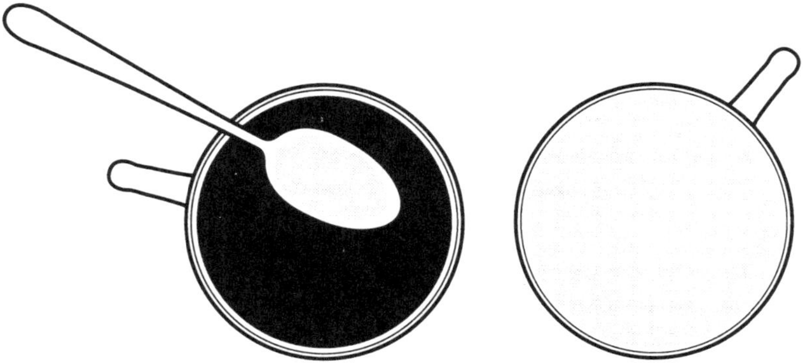

# *Graphische Darstellung*

Weiterhin lassen sich die verschiedensten Probleme wesentlich leichter lösen, wenn man sie aufzeichnet. Eine visuelle Darstellung, also eine einfache Skizze oder ein Diagramm, kann ein Problem gewissermaßen zwingen stillzuhalten und uns dadurch den zur Lösung der Aufgabe benötigten Freiraum schaffen. Der geübte Denker weiß, wie wichtig es ist, eine Aufgabe graphisch darzustellen. Stift und Papier geben uns die Möglichkeit, alles aufzuschreiben, was wir über die Aufgabe wissen und die gegebenen Informationen zusammenhängend und übersichtlich anzuordnen. Ein Beispiel:

Eines schönen Morgens, genau bei Sonnenaufgang, begann ein Mönch einen hohen Berg hinaufzuklettern. Er folgte einem engen Pfad und legte auf dem Weg viele Pausen ein. Genau bei Sonnenuntergang hatte er den Gipfel des Berges erreicht. Dort meditierte er die Nacht über und trat am nächsten Morgen genau bei Sonnenaufgang den Rückweg an. Auch jetzt machte der Mönch viele Pausen und kehrte genau bei Sonnenuntergang an seinen Ausgangspunkt zurück. Beweisen Sie, daß es einen Punkt entlang des Weges gibt, an dem der Mönch auf dem Hin- und Rückweg zu genau derselben Uhrzeit vorbeikam.

Hier bietet es sich geradezu an, dieses Problem dadurch zu lösen, daß man es graphisch umsetzt. Wir zeichnen den Weg des Mönchs in ein Diagramm ein, dessen X-Achse die Zeit und dessen Y-Achse die Höhe angibt. Wir können nun deutlich erkennen, daß sich die beiden Wege zur selben Uhrzeit in derselben Höhe überschneiden. Und so haben wir die obige Behauptung bewiesen.

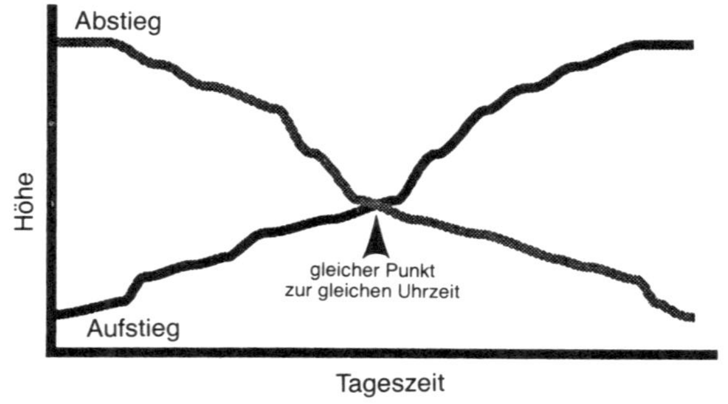

- ❑ Ein Künstler hat zehn identische Statuen hergestellt, die Sie in einem einzigen Raum Ihrer Galerie ausstellen wollen. Er besteht darauf, daß je drei Statuen an jeder der vier Wände stehen sollen. Wie ordnen Sie die Plastiken an?

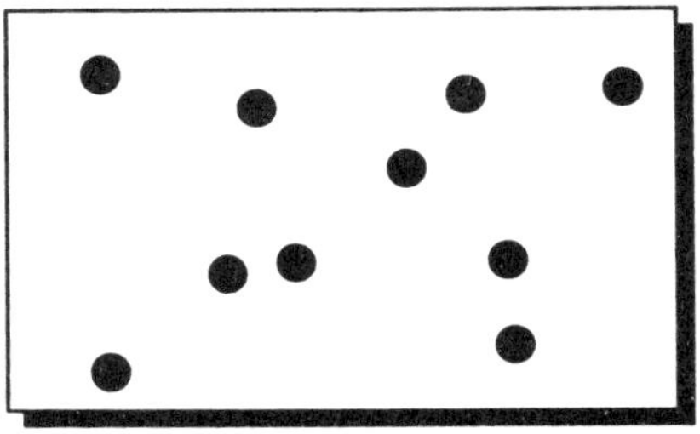

- ❑ Versuchen Sie, die folgenden beiden Figuren mit einer einzigen Linie zu zeichnen, ohne Ihren Stift vom Papier zu heben.

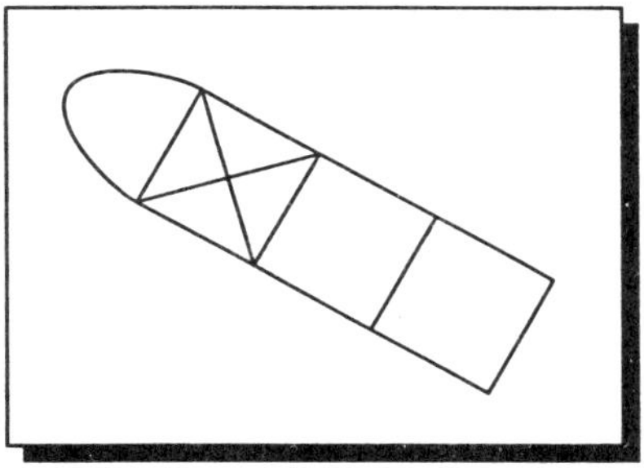

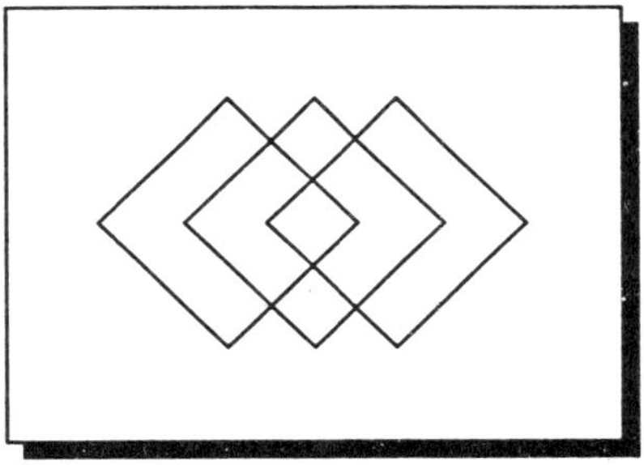

- ❑ Können Sie ein quadratisches Blatt Papier so falten, daß es die Umrisse eines regelmäßigen Sechsecks zeigt? Sie dürfen dabei kein Lineal und keinen Stift benutzen. Das Sechseck braucht sich nicht in der Mitte des Blattes zu befinden.

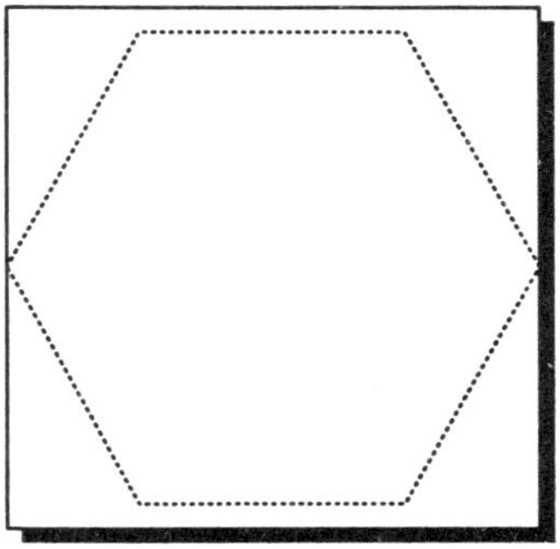

# *Muster finden*

Von dem berühmten Mathematiker Carl Friedrich Gauss (1777 bis 1855) erzählt man sich folgende Geschichte: Als er noch zur Schule ging, erhielt seine Klasse einmal die Aufgabe, die Summe der Zahlen von 1 bis 100 zu errechnen. Der Lehrer hoffte, die Schüler eine Zeitlang mit diesem Problem beschäftigt zu halten, und war daher sehr erstaunt, als Gauß bereits nach wenigen Augenblicken die richtige Lösung gefunden hatte. Gauß hatte erkannt, daß die Summen der ersten und letzten, der zweiten und vorletzten, der dritten und drittletzten Zahl und so fort immer gleich sind: nämlich (in diesem Fall) 101. Da es solche Paare aber halb so viele gibt wie Zahlen in der ganzen Reihe, brauchte er nur 101 mit 100 : 2 = 50 zu multiplizieren, um die Summe der ganzen Reihe (5050) zu errechnen.

Viele Rätsel und Aufgaben lassen sich lösen, indem man das ihnen zugrunde liegende Muster erkennt. Um das zu erreichen, ist es empfehlenswert, sich die Sache zunächst einmal nicht aus der Nähe, sondern mit einem gewissen Abstand anzuschauen.

Versuchen Sie bei den folgenden Aufgaben, den kürzesten Lösungsweg herauszufinden.

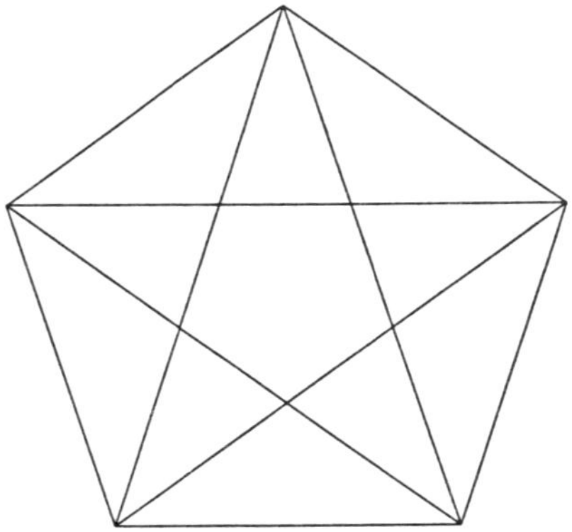

- ❑ Wie viele Dreiecke können Sie in der obigen Figur entdecken?

- ❑ Sieben Männer und zwei Buben müssen einen Fluß überqueren. Das einzige Boot, das ihnen zur Verfügung steht, ist klein und kann nur entweder einen Mann oder zwei Buben tragen. Wie viele Male muß das Boot den Fluß überqueren, um alle Personen ans andere Ufer zu bringen?

❑ Eine Maus ist so abgerichtet, daß sie beim Durchlaufen eines Labyrinths nur Richtungswechsel vornimmt, die sie näher an den Käse bringen. Auf wie vielen verschiedenen Wegen kann sie diesen Irrgarten unter dieser Bedingung durchlaufen?

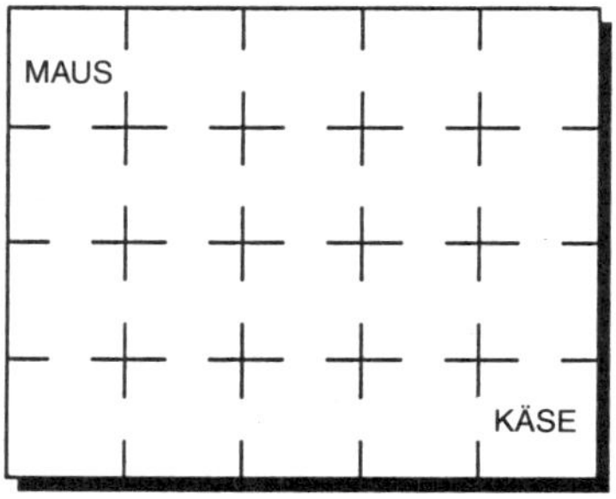


❑ Schreiben Sie die Zahlen von 1 bis 19 so in die Kreise unten, daß alle Zahlen, die in einer geraden Linie stehen und also den Durchmesser des Kreises bilden, die Summe 30 ergeben.

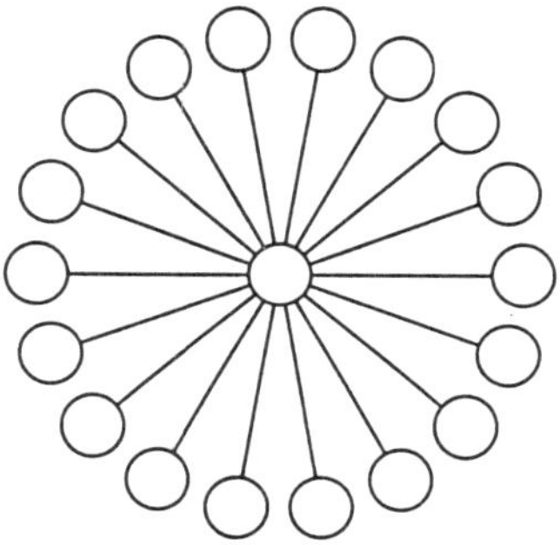

❑ Wie viele verschiedene Möglichkeiten gibt es, in dem folgenden Diagramm das Wort RADAR zu lesen? Sie können in jede Richtung lesen (auch um die Ecke) und jeden Buchstaben benutzen.

# *Logisches Denken*

*»Sondern umgekehrt«, fügte Zwiddeldei hinzu,*
*»wenns so wäre, könnt es sein;*
*und wenns so sein könnte, wär es;*
*weils aber nicht so ist, isses auch nicht.«*

Lewis Carroll,
englischer Mathematiker und Schriftsteller, 19. Jahrhundert

*Wenn Big Ben dreißig Sekunden braucht, um sechsmal zu schlagen, wie lange braucht er dann, um zwölf Uhr zu schlagen?*

Manchmal scheint die Lösung eines Problems auf der Hand zu liegen, und doch ist die Sache dann nicht ganz so einfach. Die Lösung der obigen Frage lautet nämlich nicht sechzig, sondern sechsundsechzig Sekunden. Wenn Big Ben sechsmal schlägt, so liegen zwischen dem ersten und dem letzten Schlag fünf Pausen von je sechs Sekunden (also ein Fünftel von dreißig Sekunden). Wenn Big Ben nun zwölfmal schlägt, liegen zwischen dem ersten und dem letzten Schlag elf Pausen zu je sechs Sekunden. Also braucht die Uhr sechsundsechzig Sekunden, um zwölfmal zu schlagen.

Versuchen Sie sich nun an solchen durch logisches Denken und richtige Schlußfolgerungen zu lösenden Aufgaben.

- ❑ Drei Keksdosen (und zwar alle drei!) sind folgendermaßen falsch etikettiert: »Butterplätzchen«, »Vanillekipferln« und »Butterplätzchen und Vanillekipferln«. Die Dosen sind verschlossen, Sie können also nicht hineinsehen. Sie dürfen nur ein Plätzchen aus einer einzigen Dose nehmen und müssen anschließend alle drei Dosen richtig beschriften können. Aus welcher Dose nehmen Sie das Plätzchen?

- ❑ Sie erhalten zum Geburtstag fünf identische Goldkettchen mit jeweils vier Gliedern. Sie möchten Sie zu einer einzigen langen Kette zusammenfügen. Es kostet Sie fünf Pfennig, ein Glied öffnen, und sieben Pfennig, es wieder schließen zu lassen. Wie viele Pfennige müssen Sie bezahlen, um eine einzige (offene) Kette zu bekommen?
- ❑ Um Mitternacht gibt es einen Stromausfall, und Sie sitzen im Dunkeln. Sie haben zweiundzwanzig grüne Socken und fünfunddreißig lilafarbene Socken in Ihrer Kommode. Wie viele Socken müssen Sie herausnehmen, um sicher zu sein, daß Sie ein zusammenpassendes Paar erwischt haben?
- ❑ In Kurdistan wird statt mit Geld mit unterschiedlich langen Silberstücken bezahlt. Ein Handwerker, der fünfzehn Tage lang ein Haus renoviert, verlangt am Ende jedes Arbeitstages als Bezahlung ein drei Zentimeter langes Stück Silber. Der Hausbesitzer, der nur ein 45 Zentimeter langes Stück hat, schafft es, den Arbeiter zufriedenzustellen und doch seinen Silberbarren nur dreimal zu zerteilen. Wie fängt er die Sache an?
- ❑ Ihr exzentrischer Onkel Klaus sammelt seltene Münzen. Er besitzt vierundzwanzig Münzen, die völlig identisch aussehen; eine davon ist allerdings aus Gold, während die anderen aus einer schwereren Legierung bestehen. Ihr Onkel bedeutet Ihnen, sich vor eine Waage mit zwei Waagschalen zu setzen; darauf erklärt er Ihnen, Sie könnten die Goldmünze haben, wenn Sie imstande wären, sie aus den vierundzwanzig identischen Münzen herauszufinden. Sie dürften aber die Waage nur dreimal benutzen. Wie lösen Sie das Problem?
- ❑ Sie wollen nach Kleinwinternheim und kommen an eine unbeschilderte Weggabelung. Dort treffen Sie zwei Männer. Sie wissen, daß der eine von beiden immer die Wahrheit sagt und daß der andere immer lügt. Sie wissen aber nicht, welcher von beiden welcher ist. Um den richtigen Weg nach Kleinwinternheim herauszubekommen, dürfen Sie nur einem der beiden Männer eine einzige Frage stellen. Wie lautet diese Frage?

# *Was setzen Sie voraus?*

*Verbinden Sie mit höchstens vier geraden Strichen alle neun Punkte des folgenden Diagramms miteinander. Sie dürfen aber dabei den Stift nicht vom Papier heben.*

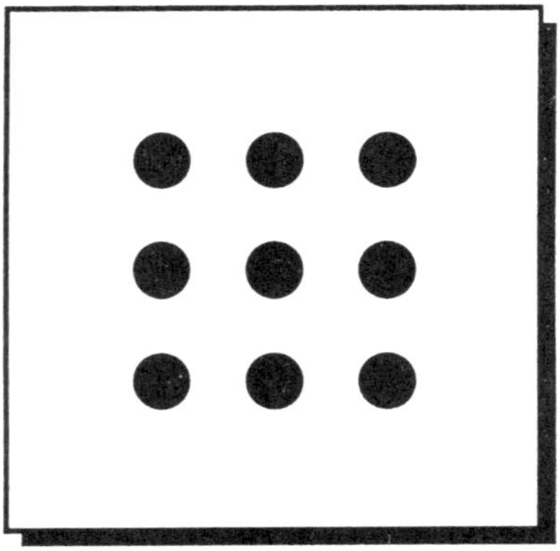

Bevor Sie daran gingen, diese Aufgabe zu lösen, haben Sie sicherlich bestimmte Dinge stillschweigend vorausgesetzt, wodurch die Zahl möglicher Lösungen beträchtlich eingeschränkt wurde. Viele Leute nehmen zum Beispiel an, daß die Linien nicht über das durch die Punkte vorgegebene Quadrat hinausgehen dürfen. Da dies jedoch nicht ausdrücklich zur Auflage gemacht wurde, steht es Ihnen frei, sich über diese Einschränkung hinwegzusetzen und die Aufgabe beispielsweise so zu lösen:

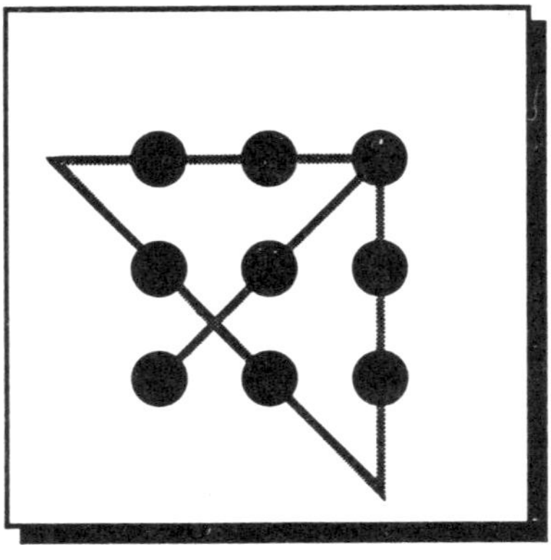

Wenn Sie sich von derartigen unbegründeten, rein spekulativen Voraussetzungen wie den nun folgenden freimachen, werden Sie zahlreiche weitere Lösungsmöglichkeiten finden:

- UNBEGRÜNDET EINENGENDE VORAUSSETZUNG: *Die Linien müssen durch den Mittelpunkt der Punkte verlaufen.* — Wenn Sie die Linien so ziehen, daß Sie die neun Punkte gerade eben berühren, finden Sie sogar eine Lösung mit nur drei Strichen.

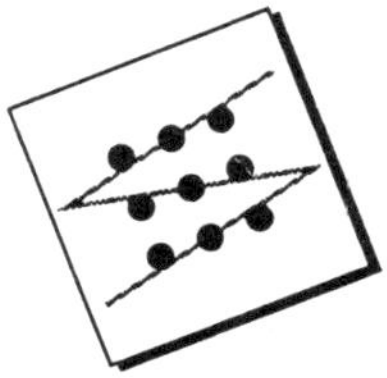

- UNBEGRÜNDET EINENGENDE VORAUSSETZUNG: *Die Linien müssen dünn sein:* — Verbinden Sie die Punkte mit einem einzigen dicken Strich, und Sie haben das Problem gelöst.

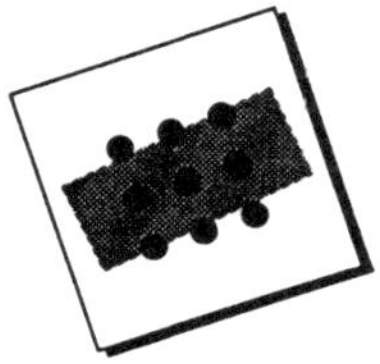

- UNBEGRÜNDET EINENGENDE VORAUSSETZUNG: *Sie dürfen das Papier nicht knicken.* — Falten Sie das Blatt so, daß sich jeweils drei Punkte berühren. Auch so benötigen Sie nur einen Strich, um alle Punkte miteinander zu verbinden.

- UNBEGRÜNDET EINENGENDE VORAUSSETZUNG: *Das Papier muß flach sein.* — Rollen Sie das Papier zu einem Rohr. Nun können Sie die Punkte mit einer Spirale verbinden. Auf der gekrümmten Fläche ist die Linie gerade.

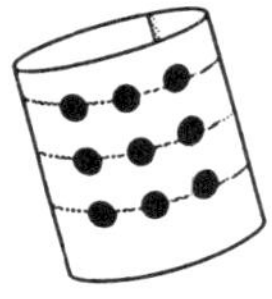

- UNBEGRÜNDET EINENGENDE VORAUSSETZUNG: *Sie dürfen das Papier nicht beschädigen.* — Schneiden Sie die Punkte aus, legen Sie sie aufeinander und spießen Sie sie mit Ihrem Stift auf: Sie haben alle Punkte miteinander verbunden.

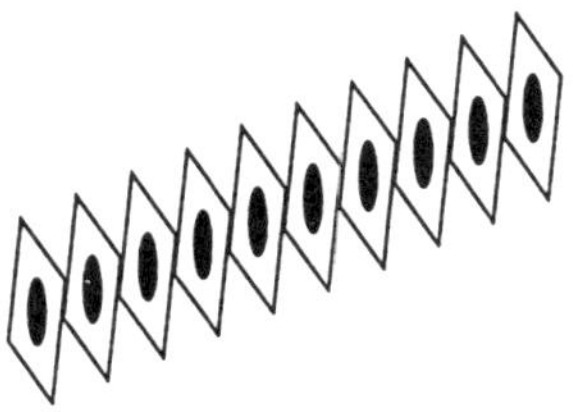

● UNBEGRÜNDET EINENGENDE VORAUSSETZUNG: *Die Linien dürfen nicht über das Blatt hinausgehen.* — Wenn die Linie lang genug ist, geht sie einmal um die ganze Erde und kommt auf der anderen Seite wieder zu Ihrem Blatt zurück. Eine Linie, die zweimal den Erdball umkreist, löst das Problem.

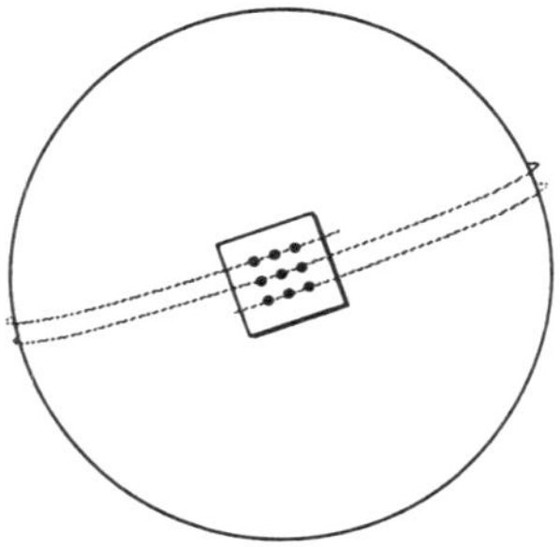

Auch zur Lösung der folgenden Aufgabe müssen Sie sich von einigen selbstauferlegten einschränkenden Voraussetzungen freimachen.

❑ Bilden Sie mit sechs Streichhölzern vier gleichschenklige Dreiecke. Sie dürfen die Hölzchen aber nicht knicken oder brechen.

❑ Bewegen Sie nur eines der vier Streichhölzer, und erzeugen Sie ein Quadrat. Sie dürfen keines der Hölzchen knicken oder brechen.

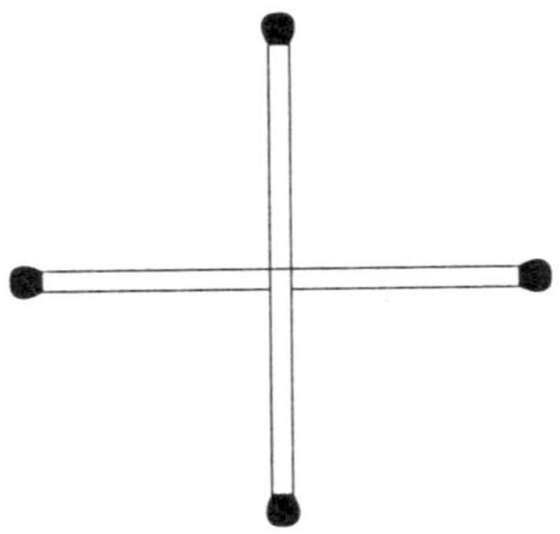

❑ In einem Kloster hängen zwei kostbare Seidenstricke. Ein Dieb, der gleichzeitig auch Akrobat ist, möchte von beiden Stricken soviel wie möglich stehlen. Sie sind jedoch in etwa 1 Meter Entfernung voneinander an einer 9 Meter hohen Zimmerdecke befestigt, und der Dieb weiß, daß er nicht tiefer als 4,5 Meter springen oder fallen darf, wenn er sich nicht alle Knochen brechen will. Da er keine Leiter mitnehmen kann, muß er an den Stricken hinaufklettern. Er überlegt eine Weile, dann weiß er, wie er es schaffen kann. Können Sie sich vorstellen, wie er die Sache anfängt?

## *Spielerisches Denken*

Mir sind die Rätsel am liebsten, auf deren Lösung man durch eine plötzliche Einsicht kommt. Der Mathematiker und Rätselfan MARTIN GARDNER nennt diese Art von Denkaufgaben die »Aha«-Rätsel.

Versuchen Sie sich an den folgenden Gedankenspielchen:

- ❑ Christa ruft ein Taxi. Unterwegs redet sie so lange ununterbrochen auf den Fahrer ein, bis er ihr genervt erklärt, er verstünde kein Wort von dem, was sie sage. Er fügt hinzu, seit sein Hörgerat nicht mehr funktioniere, sei er taub wie eine Wachtel. Christa schweigt den Rest der Fahrt über, doch zuhause angekommen geht ihr auf, daß der Taxifahrer geschwindelt hat. Wie ist Christa darauf gekommen?

- ❑ Eine junge Frau steht in der Schuld eines bösen Geldverleihers. Er bietet ihr an, auf das Geld zu verzichten, wenn sie aus einer Tüte mit zwei Pralinen die weiße herausholen könne. Erwische sie aber die schwarze, müsse sie ihn heiraten. Die junge Frau weiß allerdings, daß der Geldverleiher in Wirklichkeit zwei schwarze Pralinen in die Tüte gesteckt hat. Wie zieht sie sich aus der Affäre?

- ❑ Frank liegt in der Koje eines vor Anker liegenden Ozeandampfers und schläft. Mittags steht das Wasser sechs Meter unter dem Bullauge. Die Flut steigt aber um einen Meter pro Stunde. Wie lange dauert es, bis das Wasser das Bullauge erreicht hat?

- ❑ Zwei Bahngleise verlaufen bis zu einem Tunnel parallel zueinander. Für zwei Züge ist der Tunnel jedoch zu eng, deshalb gehen hier die Gleise ineinander über. Eines Nachmittags fährt ein Zug von Süden in den Tunnel ein, und ein anderer Zug von Norden. Beide Züge fahren mit Höchstgeschwindigkeit und in entgegengesetzte Richtungen, und doch stoßen sie nicht zusammen. Wie ist das möglich?

- ❑ Ein Auto fährt mit 120 Stundenkilometern in eine Rechtskurve. Welches Rad wird am wenigsten belastet?

- ☐ Ein Biologe entdeckt eine neue Art von Bakterien, die sich einmal pro Stunde teilen. Aus zwei Bakterien werden also in der nächsten Stunde vier usw. Der Forscher legt um neun Uhr morgens acht Bakterien in eine Petrischale. Um Mitternacht ist das Gefäß vollständig mit Bakterien angefüllt. Um wieviel Uhr war der Behälter genau viertelvoll?

- ☐ Ein Mann küßt seine Frau, bevor er zur Arbeit geht. Er schließt die Wohnungstür, steigt in den Aufzug, drückt auf den Knopf zum Erdgeschoß und weiß im selben Augenblick, daß seine Frau gerade gestorben ist. Was ist geschehen?

- ☐ Ein Seemann betritt ein Restaurant, setzt sich an einen Tisch und bestellt Albatros. Als das Essen kommt, nimmt er nur einen Bissen, verläßt das Lokal, zieht eine Pistole aus der Tasche und erschießt sich. Warum?

- ☐ Eine Frau wird wegen Mordes verhaftet. Sie wird vor Gericht für schuldig befunden und zum Tode verurteilt. Der Urteilsspruch kann jedoch nie vollstreckt werden. Warum nicht?

- ☐ Eine Frau betritt ein Zimmer und holt sich ein Glas Wasser. Nachdem sie das Wasser getrunken hat, hält sie eine halbe Minute lang den Atem an. Aus den Augenwinkeln sieht sie im Spiegel einen Mann hinter sich stehen, der ein Messer in der erhobenen Hand hält und gerade zustechen will. Sie schreit, der Mann läßt das Messer sinken, und beide fangen an zu lachen. Wie erklären Sie sich das Verhalten der beiden?

- ☐ Der Kreis in der untenstehenden Zeichnung ist genauso groß wie ein Einmarkstück. Wenn er ein Loch wäre, könnten Sie also problemlos eine Mark hindurchstecken. Wie man schon mit bloßem Auge sieht, passen zwei Mark nicht durch das Loch. Wie bekommen Sie fünf Mark durch, ohne das Papier zu zerreißen?

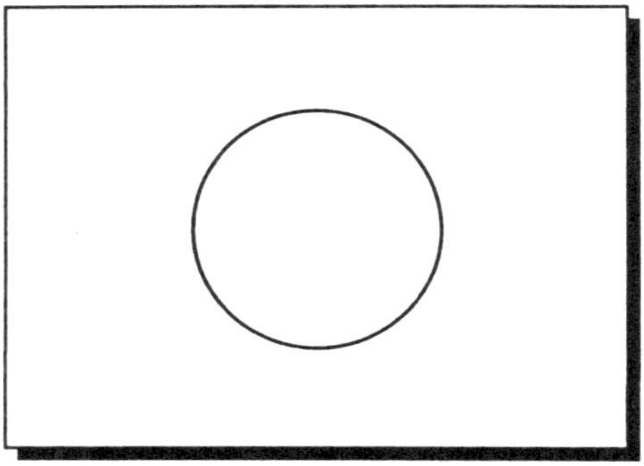

# *Tips für Ihre Problemlösungsübungen*

Für den geistigen Athleten sind Probleme gewissermaßen geistige Hürden. Sie fordern unsere Fähigkeiten heraus und sind letztlich für die Leistungsfähigkeit unseres Geistes verantwortlich. Wir wachsen mit unseren Aufgaben.

**Tip eins:**
Bevor Sie daran gehen, eine Aufgabe zu lösen, überzeugen Sie sich davon, daß Sie genau wissen, worin das Problem besteht. Fragen Sie sich, wie die Lösung in etwa aussehen wird.

**Tip zwei:**
Ordnen Sie alle sachbezogenen Informationen, die Ihnen jeweils zur Verfügung stehen, klar und übersichtlich an. Versuchen Sie, die Aufgabe zu vereinfachen, indem Sie das Wesentliche mit eigenen Worten wiedergeben. Zerlegen Sie das Problem in seine einzelnen Komponenten.

**Tip drei:**
›Manipulieren‹ Sie die gegebenen Informationen: Zeichnen Sie das Problem auf, vergleichen Sie es mit anderen Problemen, überprüfen Sie Ihre beschränkenden Voraussetzungen, seien Sie willens, in verschiedene Richtungen zu blicken. Versuchen Sie also einfach, geschickt im dunkeln zu tappen.

*»Die reine Formulierung eines Problems*
*ist oftmals weit wichtiger als seine Lösung.*
*Neue Fragen aufzuwerfen, neue Möglichkeiten zu finden,*
*alte Probleme aus einem neuen Blickwinkel zu betrachten,*
*erfordert schöpferische Vorstellungskraft*
*und macht die wirklichen Fortschritte in der*
*Wissenschaft aus.«*

Albert Einstein, Physiker

SIEBTE STATION

# Geistiges Spiel

## *Herumalbern*

# *Ein bißchen verrückt*

*Lehnen Sie sich einige Augenblicke lang zurück.*
*Sehen Sie sich im Zimmer um, in dem Sie sich gerade befinden.*

*Sammeln Sie Ihre geistige Energie*
*und halten Sie mit aller Ihnen zu Gebote stehenden Kraft*
*Ihre Möbel davon ab, Sie auszulachen.*

# *Spiel und Spaß*

*»Intelligenz ist die Fähigkeit,*
*viele Gesichtspunkte in Betracht zu ziehen,*
*ohne vollständig überzuschnappen.«*
DOUGLAS ADAMS, Schriftsteller

Der Regisseur STEVEN SPIELBERG steckte mitten in den Vorbereitungen zu seinem Film *»Unheimliche Begegnung der dritten Art«*, als er auf einmal merkte, daß er dringend eine Verschnaufpause nötig hatte. Es war spät in der Nacht, und er beschloß, auf den Gipfel des Hollywood Hill zu fahren und auf das hellerleuchtete Los Angeles hinabzuschauen. Dort angekommen, stieg er, ohne sich etwas dabei zu denken, auf das Dach seines Autos und machte einen Kopfstand. Was er aus dieser Perspektive sah, inspirierte ihn zum Entwurf des großen Raumschiffs im späteren Film, dessen Unterseite ja tatsächlich an eine auf dem Kopf stehende ›Wolkenkratzerlandschaft‹ erinnert.

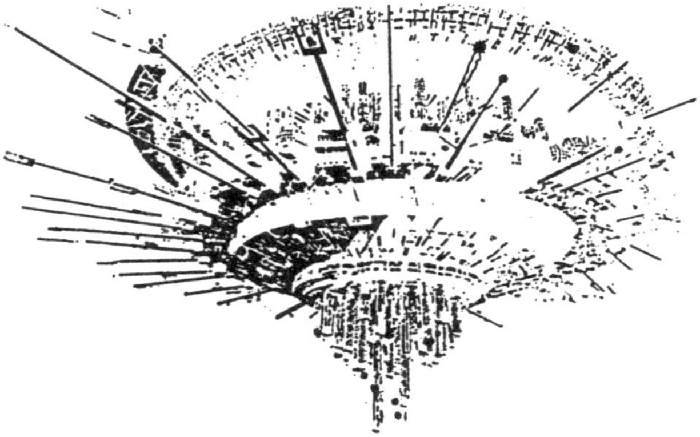

Sehr oft stellen sich gerade dann neue Ideen ein, wenn man einfach nur ausspannt oder sich in irgendeiner Weise spielerisch betätigt. Machen Sie es sich zur Gewohnheit, hin und wieder Ihre Arbeit ohne einen besonderen Anlaß zu unterbrechen. Wenn Sie es am allerwenigsten erwarten, werden Ihnen plötzlich, wie herbeigezaubert, ganz ausgezeichnete Einfälle kommen. Hier folgen nun einige Übungen, die Ihren Geist zu ungewohnten Denkweisen animieren sollen.

# *Wenn das Wörtchen wenn nicht wär'*

Eine lustige Methode, die eigenen Gedankengänge in neue Bahnen zu leiten, besteht darin, die Frage »Was wäre, wenn ...« mit einem hypothetischen Sachverhalt zu verknüpfen.

- **Was wäre, wenn der Himmel immer dunkel gewesen wäre?**
  Wie hätten sich die Menschen dann wohl entwickelt? Wäre unser Gehörsinn weiter entwickelt als unser Sehvermögen? Würden wir anstelle von visuellen Bildern Klangbilder erhalten? Wenn ja, welcher Art wären diese Bilder? Würden Farben

in der Mode eine geringere Rolle spielen als die schallreflektierenden Eigenschaften unserer Kleidung? Wenn das Echolot unser ausgeprägtester Sinn wäre, wie würden wohl die Bücher aussehen? Wie würden wir schließlich die Wolken entdecken, die Atome oder auch nur die Farbe Rot?

- **Was wäre, wenn die Zeit rückwärts liefe?**
Würde sich unser Sinn für Gut und Böse ins Gegenteil verkehren? Feuerwehrmänner wären plötzlich Schufte, weil sie sich einem Gebäude näherten, es erst mit Wasser überschwemmten, anschließend zusähen, wie es in Flammen aufgeht, und dann so schnell wie möglich wegführen. Der Brandstifter jedoch wäre ein Wohltäter, weil er sich, sobald die Feuerwehr verschwunden wäre, dem Brand näherte, zusähe, wie die Flammen allmählich kleiner werden, bis sie schließlich in Benzin ertränken, das er wiederum in seinen Kanister fließen ließe. Dann würde er das Feuer in Form eines Streichholzes in seine Tasche packen und das Benzin zur Tankstelle zurückbringen. Dort würde es im Tanklaster zur Raffinerie und von dort zurück in die Erde gebracht werden — wo es ja auch hingehört.

- **Was wäre, wenn wir uns länger konzentrieren könnten?**
Wenn wir uns zwei Stunden statt zwei Minuten ununterbrochen konzentrieren könnten, würden dann die Werbespots im Fernsehen länger sein? Würde uns TOLSTOIS *»Krieg und Frieden«* zu kurz vorkommen? Wären wir eher oder weniger dazu bereit, uns mit langweiligen Leuten zu unterhalten?

- **Was wäre, wenn wir sechshundert Jahre alt würden?**
Mit wieviel Jahren würden die Menschen wohl Kinder bekommen? Hätte diese hohe Lebensdauer irgendwelche Auswirkungen auf unsere Versicherungsbeiträge oder die Bevölkerungszuwachsrate? Wären die Menschen wohl eher oder weniger dazu bereit, Fallschirm zu springen oder andere Risiken einzugehen? Hätten wir ein größeres Interesse an langfristiger Finanzplanung?

- **Was wäre, wenn es anstelle von zwei plötzlich drei Geschlechter gäbe?**
Wie würde sich die Familienstruktur verändern? Wie würden dann die einschlägigen Bars aussehen? Würde die geschlechtsspezifische Diskriminierung eher ab- oder zunehmen? Welche Art von Kleidung würde das dritte Geschlecht wohl tragen? Welches Geschlecht wäre das stärkste?

- **Was wäre, wenn Humor unter Strafe stünde?**
Wäre es ein größeres Vergehen, einen schlechten als einen guten Witz zu erzählen? Würden die Menschen ihren Sinn für Humor verlieren? Gäbe es wohl im Untergrund Schulen, in denen man lernen könnte, witzig zu sein? Würde Lachen als eine Art von Krankheit angesehen werden?

- **Was wäre, wenn wir jeden Schmerz, den wir anderen Lebewesen zufügen, am eigenen Leib spürten?**
  Würde es dann immer noch Kriege geben? Gäbe es dann immer noch Pferderennen? Würden die meisten Menschen Vegetarier werden? Wäre der Angelsport dann eine Sache der Vergangenheit? Auf welche Weise könnten die Menschen dann ihre Aggressionen abreagieren?

Wir können unsere Gedankengänge auch leicht in eine andere Richtung lenken, indem wir versuchen, uns emotional in eine für uns eigentlich nicht erfahrbare Situation zu versetzen.

- Wie fühlt es sich an, dem anderen Geschlecht anzugehören?
- Wie fühlt es sich an, ein Schmetterling zu sein, der davon träumt, ein Philosoph zu sein?
- Wie fühlt es sich an, eine Gehirnzelle zu sein?
- Wie fühlt es sich an, ein Proteinmolekül in einer DNS-Spirale zu sein?
- Wie fühlt es sich an, ein Proton zu sein?
- Wie fühlt es sich an, der letzte Satz eines großartigen Romans zu sein?
- Wie fühlt es sich an, der Indische Ozean zu sein?
- Wie fühlt es sich an, eine Taube auf dem Arc de Triomphe zu sein?
- Wie fühlt es sich an, ein Hurrikan zu sein?
- Wie fühlt es sich an, eine Zigarette zu sein?
- Wie fühlt es sich an, unglücklich geliebt zu haben?
- Wie fühlt es sich an, eine Schlange zu sein, die ihren Schwanz auffrißt?
- Wie fühlt es sich an, ein Halluzinogen zu sein?
- Wie fühlt es sich an, ein weiter offener Platz zu sein?
- Wie fühlt es sich an, die Ewigkeit zu sein?
- Wie fühlt es sich an, Gott zu sein?

# *Geistige Manipulation*

Die unten abgebildete Figur wird NECKER-Würfel genannt. Im neunzehnten Jahrhundert wurde sie von Psychologen zur Demonstration einer optischen Inversion benutzt. An diesem Würfel läßt sich nämlich sehr gut zeigen, wie sehr unsere Wahrnehmungen von unseren Gedanken beeinflußt werden. Wenn Sie die Figur betrachten, so sehen Sie den Würfel entweder in die eine oder in die andere Richtung weisen: Das am weitesten links liegende Quadrat scheint also entweder die Vorderseite oder die Rückseite des Würfels zu bilden. Wenn Sie länger hinschauen, werden Sie sehen, wie sich der Würfel verlagert — mit einem Mal scheint er in die andere Richtung zu weisen. Betrachten Sie nun den Neckerschen Würfel eine Zeitlang und achten Sie darauf, wie sich die Perspektive des Würfels verändert.

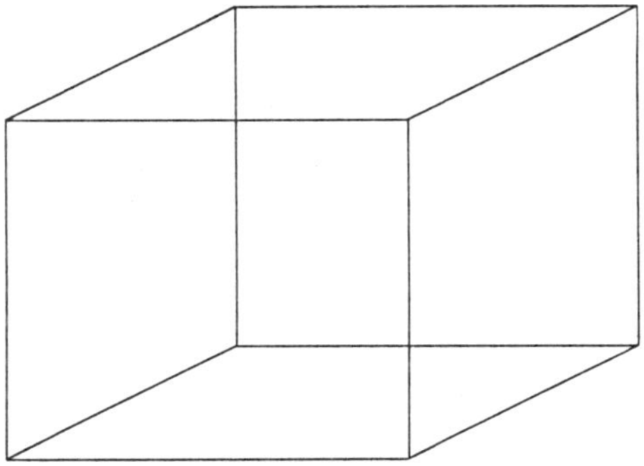

Beschäftigen Sie sich nun eingehender mit dem Necker-Würfel und versuchen Sie herauszubekommen, wie Sie ihn nach Wunsch verändern können. Lassen Sie ihn erst in der einen und dann in der anderen Perspektive erscheinen. Schalten Sie abwechselnd hin und her. Wenn Sie die Technik beherrschen, lassen Sie die Figur erst zweidimensional, dann zu einem von links und anschließend zu einem von rechts gesehenen Würfel werden. Und wenn Sie danach noch Lust haben, versuchen Sie ihn *gleichzeitig* von links und von rechts zu sehen. Genießen Sie das Gefühl, beide Ansichten zur selben Zeit wahrnehmen zu können. Was müssen Sie in Ihrem Kopf vorgehen lassen, um das zu erreichen?

# *Das Möbius-Band*

*Es sprach ein Computer aus Brighton:*
*Ein Möbius-Band hat keine zwei Seiten.*
*Doch das Tollste dabei:*
*Schneidest du's mal entzwei,*
*Bleibt's am Stück — das kann keiner bestreiten.*

ANONYM

Eine der elegantesten mathematischen Entdeckungen aller Zeiten ist das MÖBIUSsche Band. Es entsteht, wenn man die beiden Enden eines langen Streifens so miteinander verbindet, daß ursprünglich diagonal gegenüberliegende Ecken zusammenfallen. Nehmen Sie also ein schmales Stück Papier und kleben Sie die beiden Enden mit einer halben Drehung zusammen. Wenn Sie nun den Streifen genau in der Mitte längs durchschneiden, dann erhalten Sie wiederum einen einzelnen, doppelt so langen Papierstreifen mit einer zweifach in sich gedrehten Schleife.

Eine noch erstaunlichere Wirkung erzielt man, wenn man nicht längs der Mittellinie, sondern bei einem Drittel der Bandbreite einen Streifen abschneidet. Sie erhalten nun zwei ineinanderhängende Bänder: Eines ist so lang wie Ihr ursprüngliches Möbiussches Band, hat aber nur ein Drittel seiner Breite; das andere ist doppelt so lang und zweimal in sich gedreht.

Das Prinzip des Möbiusschen Bandes ist erwiesenermaßen auch praktisch anwendbar. So nimmt ein Möbius-Magnetband Klänge auf beiden Seiten auf und läuft daher doppelt so lang wie gewöhnliche Bänder. Möbius-Fließbänder nutzen sich, da sie nur eine Fläche haben, auf ›beiden‹ Seiten völlig gleichmäßig ab.

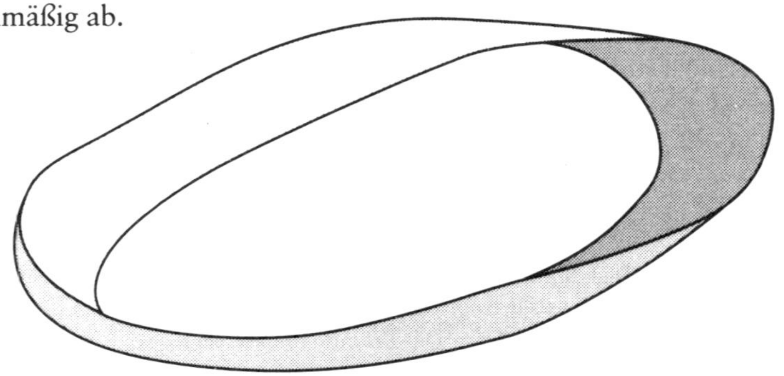

# *Der unvergleichliche Nasreddin Hodscha*

Im gesamten östlichen Mittelmeerraum gehören die kurzen Anekdoten, die sich um den unlogischen, aber weisen NASREDDIN HODSCHA oder — wie er auch genannt wird — MULLAH NASREDDIN ranken, zu den allgemein bekanntesten Quellen des Bizarren und Paradoxen. Zunächst scheinen diese Geschichten jeglichen Sinnes zu entbehren. Wenn man sie jedoch eine Zeitlang im Geist bewahrt, sie ein wenig dreht und wendet, kann man vielleicht einige feine und kluge Lehren daraus ziehen. Wir alle sollten versuchen, unsere eigene Quelle des Unlogischen ausfindig zu machen.

- Nasreddin Hodscha trug einmal ein gerade gekauftes Stück Leber nach Hause. In der anderen Hand hielt er ein Rezept für Leberpastete, das ihm ein Freund gegeben hatte. Plötzlich stürzte ein Habicht vom Himmel herab, riß ihm die Leber aus der Hand und flog davon. »Du Dummkopf!« schrie der Hodscha hinter ihm her. »Du hast vielleicht das Fleisch — ich aber habe immer noch das Rezept!«
- Einmal wanderte Nasreddin Hodscha um Mitternacht durch die Straßen der Stadt. Ein Wachmann fragte ihn: »Was machst du denn hier so spät in der Nacht, Mullah?« Nasreddin antwortete: »Mein Schlaf ist verschwunden, und ich bin auf der Suche nach ihm.«
- Nasreddins Frau platzte in das Zimmer des Hodscha und schrie: »Nasreddin, dein Esel ist verschwunden!« Der Hodscha blickte auf und entgegnete ruhig: »Was für ein Glück, daß ich nicht gerade auf ihm saß, sonst wäre ich jetzt auch verschwunden!«
- Ein Mönch sagte zu Nasreddin Hodscha: »Ich bin so abgeklärt, daß ich niemals an mich, sondern immer nur an andere denke.« Nasreddin erwiderte: »Ich bin so objektiv, daß ich mich so betrachten kann, als ob ich jemand anderes *wäre;* so kann ich es mir leisten, immer an mich selbst zu denken.«
- Als einmal die Mitglieder des Schiedsgerichts in eine andere Stadt gerufen wurden, fungierte Nasreddin für die Dauer ihrer Abwesenheit als Richter. Eines Tages kam ein Fremder ins Gerichtsgebäude und rief: »Ich bin in einen Hinterhalt geraten und ausgeraubt worden! Kurz vor diesem Dorf hat mir jemand meine Kleider, mein Schwert und sogar meine Stiefel gestohlen. Der Dieb muß aus diesem Dorf stammen. Ich verlange Gerechtigkeit!« Der Hodscha betrachtete den Mann eine kleine Weile und fragte dann: »Wie ich sehe, hat er dir dein Unterhemd aber nicht gestohlen, oder?« Der Fremde blickte verwundert drein und sag-

te: »Nein, hat er nicht.« Nasreddin Hodscha dachte einen Augenblick nach und meinte darauf: »In diesem Fall kann der Dieb nicht aus unserem Dorf stammen. Hier werden die Dinge gründlich erledigt. Ich bin für deinen Fall nicht zuständig.«

# *Gehirnspalter*

Der Zen-Buddhismus bedient sich des gezielten Unsinns, um die Begrenztheit des rationalen (und auch anderer Arten des) Denkens zu zeigen. Zen kann man als eine religiöse Schule bezeichnen, die ohne Schriften etwas lehrt, das jenseits von Worten liegt. Die Lehren und Praktiken des Zen sind darauf gerichtet, den Menschen zur Erkenntnis seines eigenen wahren Wesens und schließlich zur Erleuchtung zu führen. Eines der herkömmlichen Schulungsmittel des Zen ist das *Koan,* ein Paradoxon, das nicht mit dem Verstand zu lösen ist. Der Schüler wird mit einer anderen Wirklichkeitsebene konfrontiert, und es bedarf eines Sprunges auf eine andere Ebene des Begreifens, um die Lösung zu finden.

- Ein Mann, der über ein Feld ging, begegnete einem hungrigen Tiger. Er lief schnell zu einem Abgrund, hielt sich an einer freischwebenden Wurzel fest und ließ sich so weit über den Abgrund hinunterhängen, daß der Tiger ihn nicht mehr erreichen konnte. Zitternd schaute der Mann in den Abgrund und erblickte einen zweiten Tiger, der dort unten auf ihn wartete. Seine einzige Rettung war die Wurzel. Zwei Mäuse, eine weiß, die andere schwarz, begannen die Wurzel durchzunagen. Während der Mann beobachtete, wie die Wurzel an dieser Stelle immer dünner und dünner wurde, erblickte er neben sich eine reife Erdbeere. Er hielt sich nur noch mit einer Hand an der Wurzel fest und pflückte mit der anderen die Frucht. Wie süß sie schmeckte!
- Zwei Zenschüler betrachteten eine Fahne, die im Wind flatterte und diskutierten darüber. »Es ist die Fahne, die sich bewegt«, sagte der eine. »Nein, du hast unrecht«, sagte der andere. »Es ist der Wind, der sich bewegt.« Ein Meister, der den Streit mitangehört hatte, näherte sich den Schülern und sagte: »Ihr habt beide unrecht. Es ist euer Geist, der sich bewegt.«
- Ein berühmter Zenmeister kam in die Stadt. Er trug eine leinene Tasche auf der Schulter. Zwei Zenschüler, denen die Schlichtheit des Mannes aufgefallen war, näherten sich ihm und stellten ihm einige Fragen: »Was ist die Bedeutung des Zen?« fragte einer. Der Mann ließ zur Antwort seine Tasche augenblicklich zu Boden fallen. »Was«, so fragte der andere, »ist dann die Verwirklichung des Zen?« Der Mann hob sofort seine Tasche wieder auf, legte sie auf seine Schulter und ging seiner Wege.

# *Interessante Gedanken*

*»Gedankenarm — ein traurig Los!*
*Viel lieber doch gedankenlos.«*

Paul Heyse, deutscher Dichter, 19. Jahrhundert

Behalten Sie immer einen kleinen Vorrat an Gedanken oder Einfällen im Kopf, die Sie aus Ihrem geistigen Trott hinauskatapultieren. Gedanken über Alltäglichkeiten — ob das nun Witze, Aphorismen, Sprüche, Paradoxa oder seltsame Erklärungen sind — haben die unterschiedlichsten Ursprünge. Halten Sie nach Sätzen Ausschau, die Ihnen Einsichten gewähren — selbst wenn Sie nicht ganz sicher sind, welcher Art diese Einsichten sind.

Der Science-Fiction-Schriftsteller Stanislav Lem beherrscht die Kunst, das Offensichtliche tiefsinnig klingen zu lassen. Hier folgen nun einige seiner Beobachtungen:

- Zuweilen muß man schweigen, um sich Gehör zu verschaffen.
- Der Ausgang ist gewöhnlich dort, wo der Eingang war.
- Auf jedem Gipfel befindet man sich am Rande eines Abgrunds.
- Die erste Bedingung für die Unsterblichkeit ist der Tod.
- Dunkle Fenster sind oft ein klarer Beweis.
- Manchmal läßt die Glocke den Glöckner schwingen.
- Hinter jeder Ecke warten neue Richtungen.
- In dem Augenblick, da ich meinen Mangel an Talent erkenne, bin ich genial.
- Ein müdes Ausrufezeichen ist ein Fragezeichen.
- Ein leerer Briefumschlag, der versiegelt ist, enthält ein Geheimnis.
- Selbst seine Unwissenheit ist enzyklopädisch.
- Denke, bevor du denkst!

# *Einfach erstaunlich*

Finden Sie den Weg vom Start bis zum Ziel. Folgen Sie der durch einen Pfeil vorgeschriebenen Richtung, bis Sie zum nächsten Pfeil gelangen. Bei einem Doppelpfeil können Sie zwischen zwei Richtungen wählen.

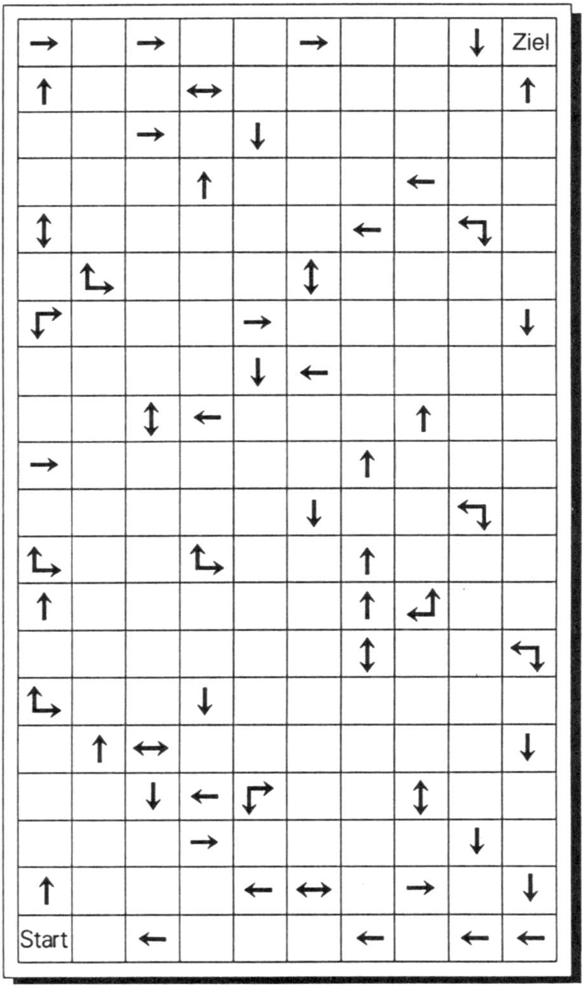

# *Teufelskreise*

*»Dieses Buch enthält keine Fehler,*
*außer diesem hier.«*
DER LEKTOR

Ein Paradoxon ist eine Aussage, die sich selbst widerspricht. Eines der frühesten und wahrscheinlich besten Beispiele für eine solche Antinomie stammt von EUBULIDES, einem griechischen Philosophen des vierten Jahrhunderts v. Chr. Bei ihm heißt es: »Der Kreter Epiminides sagt, alle Kreter seien Lügner.« Wenn er die Wahrheit sagt, so lügt er. Wenn er aber lügt, sagt er die Wahrheit. Spricht Epiminides nun die Wahrheit, oder ist er ein Lügner?

Ein anderer griechischer Philosoph, ZENON von Elea, der etwa hundert Jahre vor Eubulides lebte, war berühmt für seine Argumente gegen die Möglichkeit der Bewegung und für seine Paradoxa der Unbegrenztheit. Ein berühmtes Beispiel für die letzteren ist das Halbierungsparadoxon. Wenn ein Kaninchen eine Meile laufen soll, muß es erst einmal die Hälfte der Entfernung, also eine halbe Meile laufen; darauf muß es die Hälfte der restlichen halben Meile zurücklegen, also eine Viertelmeile und so weiter ad infinitum. Das Kaninchen muß eine unendliche Reihe endlicher Entfernungen durchlaufen. Da aber per definitionem eine unendliche Reihe kein Ende hat, kann das Kaninchen auch nie das Ende der Meile erreichen.

*»Was Platon gleich sagen wird, ist falsch.«*
SOKRATES

*»Sokrates hat gerade die Wahrheit gesagt.«*
PLATON

# *Die Russellsche Antinomie*

Man weiß, daß der Philosoph Bertrand Russell eine starke Abneigung gegen Paradoxa hatte und daß er lange darüber nachdachte, wie sie logisch aufzulösen seien. Dabei fiel ihm selbst ein inzwischen nach ihm benanntes Paradoxon ein. Er bewies folgendermaßen, daß die Annahme der Existenz einer Menge aller Mengen, die sich selbst nicht als Element enthalten, zu einem Widerspruch führt:

Eine Menge ist eine Zusammenfassung von Einzelelementen. So ist also beispielsweise ein Teelöffel Element einer ›Menge-aller-Teelöffel‹. Die Menge-aller-Teelöffel ist aber selbst kein Teelöffel und deshalb auch nicht in sich enthalten. Die Menge aller Mengen ist selbst eine Menge. Also ist die Menge-aller-Mengen auch in sich selbst enthalten. Die Menge-aller-Teelöffel ist Element der Menge-aller-Mengen-die-nicht-in-sich-selbst-enthalten-sind. Ist die Menge-aller-Mengen-die-nicht-in-sich-selbst-enthalten-sind in sich selbst enthalten? Wenn sie in sich selbst enthalten ist, dann fällt sie nicht unter die Definition einer Menge, die sich nicht selbst enthält, und ist also auch nicht in sich selbst enthalten. Wenn sie aber nicht in sich selbst enthalten ist, dann fällt sie unter die genannte Definition und muß also in sich selbst enthalten sein. Jede Möglichkeit führt zu ihrem Gegenteil.

Russell grübelte tagelang über dieses Paradoxon nach. Er schrieb: »Jeden Morgen setzte ich mich vor ein leeres Blatt Papier. Von einer kurzen Essenspause abgesehen, starrte ich den ganzen Tag lang auf dieses leere Blatt. Es erschien mir sehr wahrscheinlich, daß ich den Rest meines Lebens damit zubringen würde, auf ein leeres Blatt Papier zu starren.«

Können Sie sich eine klare Vorstellung von der Russellschen Antinomie machen? Können Sie sie aufzeichnen? Können Sie sich vorstellen, warum dieses Paradoxon wichtig sein könnte?

# *Ableger*

Der Mathematiker John Conway erfand ein faszinierendes und leicht erlernbares Spiel, das er Ableger nannte. Hierbei werden auf einem Blatt Papier sechzehn Punkte so angeordnet, daß sie ein quadratisches Raster von vier mal vier Punkten bilden. Zwei Spieler verbinden abwechselnd je zwei Punkte durch eine gerade oder gebogene Linie miteinander. Auf diese Linie wird ein neuer Punkt gesetzt. Die Striche dürfen sich nicht überschneiden, und maximal drei Linien dürfen einen Punkt berühren. Gewonnen hat derjenige, der den letzten Zug machen kann.

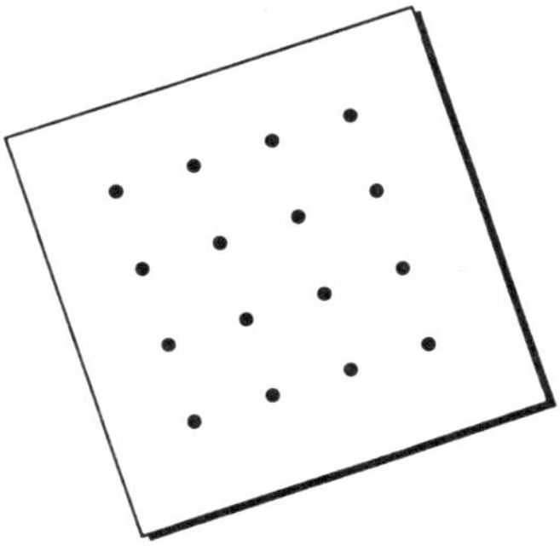

Bei diesem Spiel entstehen zahlreiche interessante und hübsche Muster. Während manche Leute kurze, dicke Striche ziehen, zeichnen andere eher lange, fließende Linien. Manche holen weit aus, andere halten sich eng an die Punkte. So kann das Ableger-Spiel ebenso zu einem ästhetischen Spiel wie zu einem Kampfplatz für den Intellekt werden.

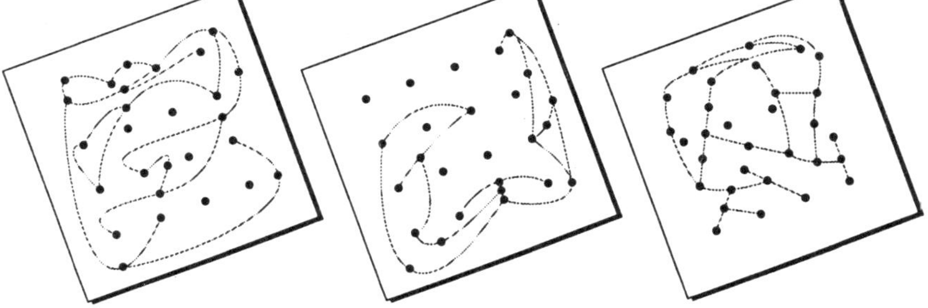

# Go

Go ist ein sehr altes, ursprünglich chinesisches Brettspiel, das Mönche im siebten Jahrhundert in Japan einführten. Seine Spielregeln sind denkbar einfach. Zwei Spieler, schwarz und weiß, setzen abwechselnd je einen Stein auf einen beliebigen freien Schnittpunkt des Go-Brettes, das aus neunzehn waagerechten und neunzehn senkrechten Linien besteht. Der ›schwarze‹ Spieler besitzt 181 und der ›weiße‹ Spieler 180 Steine. Hat der Gegner einen Stein oder auch mehrere umzingelt, so darf er sie vom Brett nehmen. Ziel des Spiels ist es, so viele Gebiete wie möglich zu erobern. Jeder Gefangene und jeder Gebietspunkt zählt einen Gutpunkt. Keine Rolle spielt hingegen, wie viele Steine dazu verwendet wurden.

Go ist ein leicht erlernbares, aber schwer zu meisterndes Spiel, bei dem man am besten seine visuelle Vorstellungskraft einsetzt. Go-Meister sprechen von Spielpositionen in Begriffen wie ›lebende Gruppen‹, ›tote Gruppen‹, ›Initiative‹, ›Atempausen‹, ›starke und schwache Formen‹, ›Kommunikationslinien‹ und ›Armeen, die Finger nach feindlichen Territorien ausstrekken‹.

Das Go-Spiel fordert viele verschiedene Fähigkeiten des Geistes, angefangen bei den visuellen Strategien der Eröffnungszüge bis hin zu den logisch wohlüberlegten Taktiken des weiteren Spiels. Tatsächlich benutzten Samu-

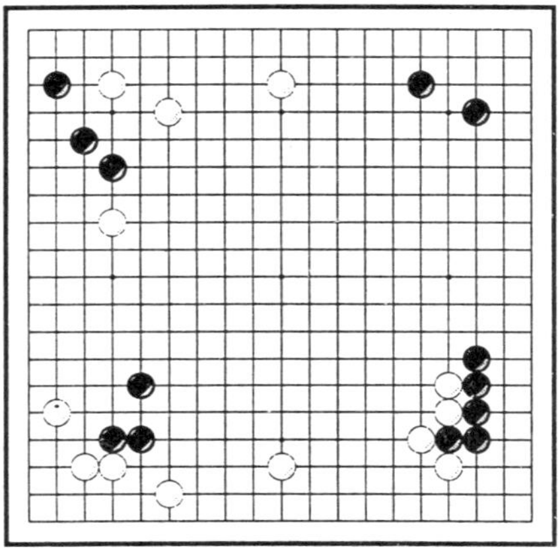

rais im siebzehnten Jahrhundert das Go, um die praktische Kriegführung zu lehren. Heutzutage wird das Spiel in Japan, China und Korea aus ästhetischen Gründen gespielt und weil man an ihm lernt, Initiative zu entwickeln, Opfer zu bringen und Risiken einzugehen.

## *Tips für das geistige Spiel*

Der geistige Athlet weiß, daß Humor die Laune hebt und den Geist erfrischt. Machen Sie es sich zur Gewohnheit, die Rolle des Hofnarren zu spielen.

**Tip eins:**
Betrachten Sie immer wieder einmal die Dinge andersherum. Stehen Sie auf, beugen Sie sich vor und schauen Sie zwischen Ihren Beinen hindurch. Sie sehen die Dinge nun nicht nur aus einer anderen Perspektive, Sie lassen auch eine gesunde Dosis Blut in Ihr Gehirn fließen.

**Tip zwei:**
Suchen Sie nach Ideen oder Vorstellungen, die bizarr, ungewöhnlich, schockierend, abwegig, grotesk, tiefsinnig oder komisch sind. Behalten Sie einige davon im Kopf und ziehen Sie sie hervor, wann immer Sie sie brauchen.

**Tip drei:**
Wenn Sie sich ziemlich unter Druck fühlen, wenn Sie die Dinge zu ernst nehmen oder geistig steckengeblieben sind, dann machen Sie eine Pause.

*»Es gibt einige Dinge, die so ernst sind,*
*daß man über sie lachen muß.«*

NIELS BOHR, Physiker

ACHTE STATION

# SALTO RÜCKWÄRTS

## *Gedächtnismuskeln*

# *Ein Blick zurück*

*Nehmen Sie sich einige Minuten Zeit, um die folgenden
Gedächtnisübungen durchzuführen.
Achten Sie dabei auf die Beschaffenheit Ihrer Erinnerungen.*

*Wie klar und deutlich sind sie?
Wie schnell erscheinen sie?*

*Lassen Sie Ihren Erinnerungen Zeit,
in Ihrem Geist vollständig Gestalt anzunehmen.*

*Erinnern Sie sich daran, wie Sie das letzte Mal schwimmen waren.
Erinnern Sie sich an den Namen
Ihres ersten Klassenlehrers
beziehungsweise Ihrer ersten Klassenlehrerin.
Rufen Sie sich ins Gedächtnis zurück, wovon das zweite Kapitel
dieses Buches handelt.
Erinnern Sie sich an den Namen der Hauptstadt von Kanada.
Erinnern Sie sich an den Geruch von Knoblauch.
Erinnern Sie sich an die Antwort auf die Frage:
Warum ist der Himmel blau?
Erinnern Sie sich daran,
was Sie an Ihrem zwölften Geburtstag taten.
Erinnern Sie sich an eine Zeit, in der Ihr Gedächtnis gut funktionierte.
Rufen Sie sich ins Gedächtnis zurück, was die Wurzel der Zahl Sechzehn ist.
Rufen Sie sich ins Gedächtnis zurück, was Sie gestern anhatten.
Erinnern Sie sich an die Form eines Eichenblattes.
Rufen Sie sich eine sehr frühe Erinnerung ins Gedächtnis zurück.
Erinnern Sie sich an den Augenblick, da Sie mit dieser Übung
begonnen haben.*

# *Im Lauf der Zeit*

*»Das Gedächtnis ist das Schatzhaus
und der Wächter aller Dinge.«*
CICERO

Eines der frühesten Erlebnisse, deren sich der Kinderpsychologe JEAN PIAGET entsinnen kann, ist, wie er einmal als Kleinkind beinahe entführt worden wäre. Piaget erinnert sich deutlich daran, daß er von zwei Männern überfallen und von seinem Kindermädchen zu einem Auto getragen wurde. Das Kindermädchen konnte die Männer in die Flucht schlagen und mit ihm im Auto entkommen. Zur Belohnung bekam sie von Piagets Eltern eine goldene Uhr geschenkt. Fünfundzwanzig Jahre später gestand die Frau, daß sie die ganze Entführungsgeschichte nur erfunden hatte; sie hatte gehofft, für ihre ›Heldentat‹ mit einer Gehaltserhöhung belohnt zu werden. Piaget konnte sich also lebhaft an ein Ereignis erinnern, das in Wirklichkeit niemals stattgefunden hatte!

Kognitive Psychologen sind der Ansicht, daß Erinnerungen nicht die objektiven Eindrücke früherer Geschehnisse, sondern vielmehr deren nachträgliche *Rekonstruktionen* wiedergeben. Weil Piaget so oft von seiner Entführung hatte erzählen hören, waren die Bilder in seinem Geist lebendig geworden und vermittelten ihm nun den Eindruck, die Begebenheit habe tatsächlich stattgefunden.

Wenn Sie versuchen, sich ins Gedächtnis zurückzurufen, wie Sie das letzte Mal schwimmen waren, werden Sie wahrscheinlich sich selbst im Wasser sehen. Andererseits ist es unmittelbar einsichtig, daß Sie das tatsächliche Ereignis bestimmt nicht so erlebt haben, ja normalerweise gar nicht so erleben *können.* Wenn Sie schwimmen, erfahren Sie vielmehr das Gefühl der Schwerelosigkeit, die Nässe und Kälte des Wassers, die Spritzer auf Ihrem Gesicht und in Ihren Augen, Ihre Körperwegungen und dergleichen mehr. In Ihrer Vorstellung erleben Sie die Sache aber aus einem anderen Blickwinkel: Wir erinnern uns an das, was wir uns selbst von dem jeweiligen Ereignis erzählen.

Warum erinnern wir uns manchmal an bestimmte Dinge und zu einem anderen Zeitpunkt wiederum nicht? Warum scheinen einige Erinnerungen nach und nach zu verblassen, ihren ursprünglichen Geschmack zu verlieren, andere hingegen zeit unseres Lebens so lebhaft wie am ersten Tag zu bleiben? Warum können wir uns an die Hauptfiguren eines Romans erinnern, den wir vor fünf Jahren gelesen haben — nicht jedoch an den Namen eines Menschen, den wir erst gestern kennengelernt haben?

## *Die Anatomie des Gedächtnisses*

Die Psychologen unterscheiden drei verschiedene Gedächtnisstufen. Damit Sie diese Stufen an sich selbst erfahren können, betrachten Sie nun bitte die folgenden Buchstaben:

*O I C U R M T*

Schauen Sie sich die Buchstaben noch einmal an. Schließen Sie diesmal direkt danach die Augen. Sie werden ein Nachbild der Buchstabenformen sehen. Auch wenn dieses Nachbild nur einen kurzen Augenblick lang anhält — allerhöchstens eine Sekunde —, spielt es doch für den Erinnerungsprozeß eine nicht unwesentliche Rolle. Direkt nachdem Sie etwas sehen, hören oder fühlen, klingt Ihre Wahrnehmung einen kurzen Moment lang nach. Visuelle Bilder halten am kürzesten an, gehörte Bilder schon etwas länger, und die übrigen Wahrnehmungen können mehrere Sekunden lang andauern. Dieses Verweilen bezeichnet man als *sensorisches Register* oder als *Echogedächtnis*. Diese Gedächtnisstufe dient hauptsächlich dazu, Kontinuität in unsere Wahrnehmungen zu bringen: Schließlich verschwindet die Welt nicht plötzlich, wenn wir mit den Augen zwinkern.

Betrachten Sie nun noch einmal die obigen Buchstaben. Behalten Sie sie aber diesmal im Kopf, indem Sie sie zunächst einmal laut aussprechen und sich dann ihre Form vorstellen. Wenn Sie dies tun, benutzen Sie Ihr *Kurzzeitgedächtnis*, auf das Ihr Bewußtsein am leichtesten zugreifen kann. Anders als das Echogedächtnis, das ganz automatisch und unwillkürlich funktioniert, kann das Kurzzeitgedächtnis willentlich eingesetzt werden.

Das *Langzeitgedächtnis* schließlich, der bei weitem größte Teil unseres Erinnerungsapparates, ist unser ständiger Informationsspeicher. Es bewahrt konkrete Erinnerungen auf, wie beispielsweise an den ersten Schultag, aber auch das Wissen, wo man wohnt, die Sprache, die man spricht, und abstrakte Erinnerungen, wie beispielsweise unsere persönlichen Wertvorstellungen. Ohne das Langzeitgedächtnis würden wir ständig auf der schmalen Kante der Gegenwart leben, als ob wir ununterbrochen gerade aus einem Traum erwachten.

Hier also nun noch einmal die drei Gedächtnisstufen:

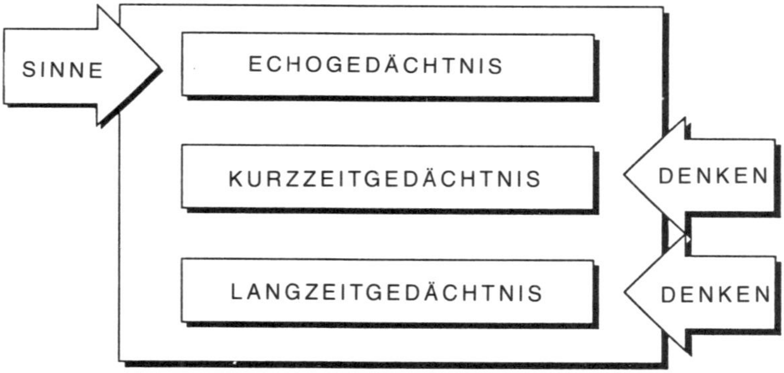


Will man etwas für immer im Gedächtnis behalten, muß man es alle drei Stufen durchlaufen lassen. Zwar werden manche für uns gefühlsmäßig oder auch sonst besonders bedeutungsvolle Ereignisse ganz von selbst vom Kurzzeit- ins Langzeitgedächtnis ›überführt‹, doch in der Regel ist dies nicht der Fall. Wir können die Leistung unseres Gedächtnisses indes erheblich steigern, indem wir lernen, Informationen bewußt von einer Stufe zur nächsten weiterzuleiten.

Einfache Informationen, wie Wörter, Namen, Zahlen, sowie daraus zusammengesetzte komplexere, wie Listen, Einkaufszettel und dergleichen, müssen im Kurzzeitgedächtnis *verschlüsselt* werden. Je eingehender wir uns gedanklich mit einer bestimmten Sache beschäftigen, desto eher können wir sie ›indizieren‹ und uns später anhand zahlreicher Assoziationen an sie erinnern. Je mehr Muster, bestimmte Charakteristika, Bilder, Assoziationen und Bedeutungsinhalte wir finden, desto reicher und zugänglicher werden unsere Erinnerungen.

*»Es geht nicht darum, wie man es herausnimmt,*
*sondern wie man es hineintut.«*

LINDA PERIGO MOORE, Schriftstellerin

# *Ein Blick für das Wesentliche*

*»Zu verlangen, daß einer alles,*
*was er je gelesen, behalten hätte,*
*ist wie verlangen, daß er alles,*
*was er je gegessen hätte, noch bei sich trüge.«*
ARTHUR SCHOPENHAUER, Philosoph, 19. Jahrhundert

Wir neigen dazu, uns an das zu erinnern, was uns wichtig ist. Deshalb kann sich ein Modeschöpfer alle Farbschattierungen, ein Bankier die Wechselkurse und ein Astronom sämtliche Sternbilder einprägen. Um unser Erinnerungsvermögen zu steigern, können wir uns diesen Umstand zunutze machen und bei jeder anstehenden Sache entscheiden, ob sie tatsächlich bedeutsam ist oder nicht. Ist uns eine Information wirklich wichtig, werden wir ihr ganz natürlich größere Aufmerksamkeit schenken. Wir motivieren uns also selbst, diese bestimmte Sache in Erinnerung zu behalten.

Selbstverständlich können wir nicht immer im voraus wissen, ob etwas künftig einmal für uns wichtig sein wird und wir uns deshalb besser daran erinnern sollten. Meistens jedoch können wir schon entscheiden, ob wir eine bestimmte Information später noch einmal benötigen werden oder nicht. Folgende drei Fragen könnten Ihnen grundsätzlich als Entscheidungshilfe dienen:

- ❑ **Fragen Sie sich:** »Was würde geschehen, wenn ich mich daran nicht mehr erinnern könnte? Würde es wirklich etwas ausmachen?« Ist die Antwort »nein«, dann können Sie die Sache getrost vergessen.

- ❑ **Fragen Sie sich:** »Wie bald werde ich diese Information wohl wieder benötigen?« Wenn Sie sie schon nach kurzer Zeit wieder brauchen, wird sie auch einen größeren Eindruck hinterlassen.

- ❑ **Fragen Sie sich:** »Hängt irgend etwas anderes davon ab, daß ich mir diese Information einpräge?« Die wirkliche Bedeutung einer Information erkennt man erst, wenn man sie an anderen Informationen mißt.

Zunächst bestimmen Sie also einmal, wie wichtig etwas relativ gesehen ist; dann entscheiden Sie, ob Sie es vergessen können oder es sich einprägen wollen. Sind Sie zu dem Schluß gekommen, daß etwas wirklich Ihren Geist bereichert oder Sie stark beeindruckt, dann setzen Sie es ganz oben auf die Liste der ›dauerhaft abzuspeichernden‹ Informationen. Indem Sie einer Sache eine solche Priorität einräumen, widmen Sie ihr ganz automatisch auch mehr Aufmerksamkeit.

Bringen Sie Ihre Gedächtnismuskeln in Form, indem Sie die Gewohnheit entwickeln, sich auf alles zu konzentrieren, was Sie tun, lesen, hören, sehen, empfinden oder schmecken. Wenn Sie beispielsweise das nächste Mal nach Hause kommen, nehmen Sie bewußt wahr, wo Sie die Schlüssel hinlegen, anstatt sie wie bisher gedankenlos irgendwohin zu werfen. Legen Sie sie auf den Tisch, und schauen Sie sich dabei um: Sehen Sie die Oberfläche, auf die Sie den Schlüsselbund legen. Fragen Sie sich, ob sie dunkel oder hell ist. Ist sie glatt oder rauh? Ist sie hoch, niedrig oder keins von beidem? Betrachten Sie die Schlüssel. Liegen sie fächerartig ausgebreitet oder aufeinandergehäuft da? Stellen Sie sich die Schlüssel im Geiste vor. Berühren Sie sie und ebenso die Oberfläche, auf der sie liegen. Wie fühlen sie sich an? Spannen Sie alle Ihre Sinne ein. Können Sie etwas riechen? Ist die Luft warm oder kühl? Sie können im voraus nie wissen, welche Assoziationen Ihre Erinnerung schließlich auslösen werden. Anfangs benötigen Sie vielleicht einige Sekunden, um einen vollständigen Eindruck zu erhalten. Später schaffen Sie es in einem einzigen Augenblick.

Verfahren Sie in gleicher Weise bei Ihrer nächsten Unterhaltung. Wir vergessen hauptsächlich deshalb soviel, weil wir nur höchst selten genau zuhören. Entweder schweift unser Geist nach kürzester Zeit ab, oder aber wir konzentrieren uns nur auf die Worte, die wir selbst sagen wollen. Ein guter Zuhörer richtet seine Aufmerksamkeit auf das, was sein Gesprächspartner tatsächlich sagt. Denken Sie daran: »Die besten Unterhaltungen sind die, bei denen es um Gedanken und nicht um Worte geht.«

Auch mit Namen ist es nicht anders. Wenn Sie jemanden kennenlernen und sich seinen/ihren Namen einprägen wollen, dann mobilisieren Sie all Ihre Sinne. Achten Sie auf den Klang des Namens. Hört er sich hart an, wie zum Beispiel Gregor oder Karl? Oder weich und sanft wie Daniela und Manuel? Ist der Name lang wie Jennifer? Oder kurz und knapp wie Jan? Sprechen Sie den Namen aus — »Hallo, Frank!« oder »Sie heißen Martin?« — und hören Sie, wie Sie das Wort aussprechen und wie es klingt.

Fragen Sie sich, ob der Name zu der jeweiligen Person paßt. Sehen Sie genau hin. Wirkt sie stark und kräftig, schwach und zerbrechlich, hart oder weich? Wie ist der Körper beschaffen? Achten Sie auf die Haarfarbe, die Augen und den Teint. Lauschen Sie dem Klang ihrer Stimme ebenso wie vorher dem Namen. Wenn Sie der Person die Hand geben, achten Sie darauf, wie sich das anfühlt. Können Sie ein Parfüm oder Aftershave riechen? Verbinden Sie Ihren Eindruck von diesem Menschen mit dem Klang seines Namens. Jan ist groß und kräftig mit einem festen Händedruck und einer sanften, melodischen Stimme. Christine ist die kleine, dunkelhaarige Frau mit dem rundlichen Körper.

**Timo?**

**Klaus?** **Hermann?**

**Gregor?**

**Michael?** **Uwe?**

**Rainer?** **Sebastian?**

**Erwin?** **Florian?**

**Horst?** **Gert?**

**Stefan?** **Toni?**

**Mario?** **Raphael?**

**Berti?** **Erik?**

**Günther?** **Bruno?**

**Friedrich?** **Schorsch?** **Alarich?**

**TIP:** Wenn Sie sich an eine Person erinnern möchten, dann schenken Sie ihr Beachtung.

# *Eselsbrücken*

*»Dieses grauenvolle Erlebnis«, fuhr der König fort,*
*»werde ich nie und nimmer vergessen.«*
*»Da irrst du«, sagte die Königin,*
*»falls du es nicht sogleich aufnotierst.«*

Lewis Carroll,
englischer Mathematiker und Schriftsteller, 19. Jahrhundert

Können Sie sich noch an die Buchstabenfolge erinnern, die Sie einige Seiten vorher betrachten sollten? Wenn Sie einfach versucht haben, sie auswendig zu lernen, können Sie sich jetzt wahrscheinlich nicht mehr auf sie besinnen. Haben Sie jedoch nach einer Eselsbrücke gesucht, einem Muster, das Ihnen die Erinnerung leichtmacht, dann könnten Sie sich beispielsweise einen Satz wie den folgenden gemerkt haben: »Opa Ist Chemiker Und Reitet Mit Tina.« Diesen Satz werden Sie längst nicht so schnell vergessen wie eine unzusammenhängende Buchstabenfolge.

Im Jahre 1968 befaßte sich Alexander Luria, ein kognitiver Psychologe, eingehend mit dem bemerkenswerten Gedächtnis eines russischen Journalisten, den er S. nannte. Nur mit Hilfe seiner Vorstellungskraft und visueller Assoziationen konnte S. mühelos erstaunlich lange Listen von Zahlen und Namen im Kopf behalten. Um sich beispielsweise eine Einkaufsliste zu merken, stellte er sich vor, er liefe eine Straße entlang und plazierte jeden zu kaufenden Gegenstand an eine bestimmten Stelle. So legte er also zum Beispiel die Eier unter eine Straßenlaterne, einen Liter Milch in einen Springbrunnen und die Butter auf einen Baum. Um sich die Gegenstände ins Gedächtnis zurückzurufen, brauchte er nur im Geiste die Straße noch einmal entlangzulaufen, die Umgebung zu betrachten und aufzuzählen, was er sah. Er machte seltsamerweise nur dann Fehler, wenn er einen Gegenstand irgendwo hingelegt hatte, wo er nicht leicht zu sehen war — also beispielsweise die Eier vor eine weiße Wand oder eine Flasche Bier in den Schatten eines Hauses.

Dies ist eine schon lange bekannte Erinnerungstechnik. Zunächst versuchen Sie, sich eine vertraute Umgebung möglichst lebhaft vorzustellen: Die Straße, in der Sie wohnen, den Weg zu Ihrer Arbeit, Ihre Küche oder Ihr Schlafzimmer. Nun legen Sie die Dinge, an die Sie sich erinnern wollen, an bestimmte Stellen in diesem visualisierten Raum. Angenommen, Sie müßten Milch, Eier, Artischocken, Steaks und Wein kaufen, so würden Sie im Geiste eine Sache nach der anderen im Zimmer oder auf der Straße verteilen: Sie legen etwa die Milch an das Fußende Ihres Bettes, die Eier auf Ihre Kommode, eine riesige Artischocke auf das Telefon und so weiter. Versuchen Sie, sich die Gegenstände möglichst groß und auffallend vorzustellen. Je bizarrer das Bild aussieht, desto besser werden Sie sich alle Einzelheiten einprägen.

Mit Hilfe einer ähnlichen Technik können Sie sich auch eine Liste abstrakter Begriffe oder Gegenstände merken. Nehmen wir an, Sie müßten eine Rede oder Ansprache ohne Konzept halten. Die beste Art, sich die Hauptgedanken Ihres Vortrags einzuprägen, wäre dann, sie in visuelle Bilder konkreter Gegenstände zu ›übersetzen‹. Wenn Sie also beispielsweise zunächst über Profit reden müssen, so visualisieren Sie Geldsäcke, ein Füllhorn, Dagobert Duck oder was immer Ihnen sonst dazu einfällt. Müssen Sie anschließend über das Verteilernetz reden, so stellen Sie sich vielleicht einen Lastwagen oder eine Eisenbahn vor. Soll dann die Notwendigkeit personeller Veränderungen im Management der Firma angesprochen werden, so stellen Sie sich einen auf dem Kopf stehenden Manager vor. Wenn es dann an den Entwurf Ihrer Rede geht, ordnen Sie diese visuellen Gegenstände einfach in der richtigen Reihenfolge an. So sehen Sie etwa die folgende Szene: Ein Geldsack wird von einer Lokomotive fortgeschoben, an der ein auf dem Kopf stehender Manager hängt, und so weiter. Mit Hilfe solcher einprägsamen Bilder werden Sie dann Ihre Rede, genau wie vorgesehen, problemlos halten können.

# *Gedächtnisübungen*

## ❑ Können Sie sich ins Gedächtnis zurückrufen ...

— was Sie vor fünf Minuten gedacht haben?
— was Sie vor ungefähr einer Stunde gedacht haben?
— was Sie gestern um diese Uhrzeit gemacht haben?
— was Sie an den letzten drei Tagen zum Frühstück gegessen haben?
— wie Sie am letzten Wochenende angezogen waren?

## ❑ Lehnen Sie sich zurück:

— Was sind Ihre frühesten Erinnerungen?
— Woran können Sie sich sehr deutlich erinnern?
— Woran können Sie sich kaum noch erinnern?
— Für welche Dinge haben Sie ein gutes Gedächtnis?
— Für welche Dinge haben Sie ein schlechtes Gedächtnis?

## ❑ Kurzzeitgedächtnis

Eine Übung für zwei: Setzen Sie sich Ihrem Partner gegenüber, wählen Sie willkürlich einen Satz aus einem Buch aus und lesen Sie ihn einmal leise durch. Sehen Sie darauf Ihrem Partner direkt in die Augen und wiederholen Sie den Satz aus dem Gedächtnis. Der Mitspieler spricht den Satz nach. Wenn er (oder sie) einen Fehler macht, so wiederholen Sie die Worte noch einmal. Kann Ihr Gegenüber den Satz richtig nachsprechen, so wählen Sie den nächsten aus. Nehmen Sie zunächst kurze, dann immer längere und schwierigere Sätze. Vertauschen Sie regelmäßig die Rollen.

## ❑ Eßtischbild

Wenn Sie das nächste Mal in ein Restaurant essen gehen, dann ›photographieren‹ Sie im Geiste Ihren Eßtisch. Stellen Sie dazu eine imaginäre visuelle Verbindung zwischen den einzelnen Gegenständen auf dem Tisch her. Lassen Sie also beispielsweise den Salzstreuer so auf Ihren Teller fallen, daß dieser sich überschlägt und gegen das Weinglas stößt, das daraufhin gegen eine Vase fällt, die ebenfalls umkippt. Die Blumen liegen nun in der Soßenterrine, während das Wasser auf die Tischdecke rinnt — und so weiter.

## ❑ Reflexionen

Erinnern Sie sich an etwas, das Sie niemals vergessen wollten.

## ❑ Visuelles Gedächtnis

Betrachten Sie eine Minute lang die unten abgebildeten Figuren und zeichnen Sie sie dann so genau wie möglich aus dem Gedächtnis nach.

## ❑ Tägliche Erinnerungsübung — von außen

Visualisieren Sie jeden Abend, bevor Sie einschlafen, die Ereignisse des zu Ende gegangenen Tages. Stellen Sie sich alles, was Sie seit dem Aufstehen erlebt haben, bildlich vor. Sehen Sie es jedoch gewissermaßen aus der Sicht einer versteckten Kamera, die Sie den ganzen Tag über begleitet hat.

## ❑ Tägliche Erinnerungsübung — von innen

Visualisieren Sie in den letzten Augenblicken vor dem Einschlafen die Ereignisse des Tages. Sehen Sie diesmal aber nicht durch die versteckte Kamera, sondern mit Ihren eigenen Augen.

## ❑ Tägliche Erinnerungsübung — mit allen Sinnen

Versuchen Sie sich vor dem Schlafengehen an alles zu erinnern, was Sie während des ganzen Tages gehört haben. Rufen Sie sich anschließend alles ins Gedächtnis zurück, was Sie gerochen, geschmeckt und gefühlt haben.

## ❑ Eine Erinnerung ins Gedächtnis zurückrufen

Verbringen Sie einige Minuten mit einer eingehenden Untersuchung Ihrer Schuhe. Machen Sie sich bewußt, daß Sie durch diese Handlung ein Erinnerungsbild oder Engramm erzeugen. Rufen Sie sich zehn Minuten später ins Gedächtnis zurück, wie Sie die Schuhe untersucht haben. Wie fühlt sich das an? Worin besteht der Unterschied zwischen der tatsächlichen Handlung und der Erinnerung? Fünf Minuten später besinnen Sie sich auf die Erinnerung an die Schuhinspektion. Hat sie sich verändert? Fünf Minuten später rufen Sie sich dann die Erinnerung an die Erinnerung an die Schuhinspektion ins Gedächtnis zurück.

## ❑ Erinnerungen an die Zukunft

Wählen Sie eine einfache Handlung aus, wie etwa Schnürsenkel zubinden, die Nase kratzen oder die Beine strecken, und beschließen Sie, diese Handlung zu einem bestimmten Zeitpunkt des Tages auszuführen. Nehmen Sie sich also beispielsweise vor, um 18 Uhr Ihre Brille zu putzen. Was könnte Sie diesen Vorsatz vergessen lassen?

## ❑ Reimwörter

Prägen Sie sich die folgende Liste von Zahlen und Merkwörtern ein:

Eins ist der Heinz
Zwei ist ein Ei
Drei ist der Brei
Vier ist das Bier
Fünf sind die Strümpf'

Sechs ist die Hex'
Sieben sind die Rüben
Acht ist die Nacht
Neun ist die Scheun'
Zehn sind Zeh'n.

Mit Hilfe dieser Liste können Sie sich zehn Dinge verhältnismäßig leicht merken. Nehmen wir an, Sie bräuchten zehn Werkzeuge aus einem Baumarkt. Sie geben nun das erste Werkzeug, also beispielsweise einen Hammer, im Geiste Ihrem imaginären Heinz, das zweite, einen Schraubenzieher, stecken Sie in das Ei und so weiter, bis Sie jedem Werkzeug das Reimwort einer Zahl zugeordnet haben. Rufen Sie sich anschließend Ihre Werkzeuge ins Gedächtnis zurück, indem Sie die Reimwörter der Reihe nach im Geiste abrufen. Prägen Sie sich zur Übung die folgende Wortliste ein und sagen Sie sie morgen beim Mittagessen auf:

Hammer
Schraubenzieher
Säge
Wasserwaage
Spachtel

Nägel
Dichtungsringe
Draht
Glühbirnen
Sandpapier.

Wenn Sie das nächste Mal ungefähr zehn Dinge einkaufen müssen, dann sparen Sie Papier und wenden Sie die Reimwortmethode an!

# *Die Gegenwart*

*»Kannst du dich daran erinnern, wie es war, sich letzten Dienstag zu erinnern?«*

Ludwig Wittgenstein, österreichischer Philosoph

Unser Erinnerungsvermögen vermittelt uns das Gefühl, in den Kontext einer eigenen Geschichte und eines bestimmten Lebensweges eingebunden zu sein. Unsere alltäglichen Gedanken setzen sich aus Plänen, Erwartungen und Erinnerungen zusammen, die uns ein Gefühl von Kohärenz vermitteln.

Wie wichtig das Gedächtnis ist, wird besonders an Menschen deutlich, die ein sehr mangelhaftes oder gar kein Erinnerungsvermögen haben. Ein klassisches Beispiel ist Herr H. M. Nach einer Gehirnoperation konnte dieser Mann überhaupt keine neuen Informationen im Gedächtnis speichern. Seine früheren Erinnerungen — an seine Familie, Freunde und sein Zuhause — funktionierten noch, aber er war nicht imstande, Krankenschwestern selbst nach mehrmaligem Sehen wiederzuerkennen oder sich auch nur den Weg zum Badezimmer zu merken.

H. M. verglich seine Erfahrung der Gegenwart mit dem Gefühl, ununterbrochen gerade aus einem Traum zu erwachen. Wenn er sich für einen Augenblick ablenken ließ, wußte er nicht mehr, wo er sich befand, was er tat oder welcher Wochentag gerade war.

Es lohnt sich sicherlich herauszufinden, wie und in welchem Ausmaß unsere Gedanken unserem geistigen Leben Zusammenhang und Kontinuität verleihen. Erinnerungen scheinen ›hinter‹ uns zu liegen. Wir blicken vom Hier-und-Jetzt in die Vergangenheit ›zurück‹ und bekommen ein Gefühl für den Zeitablauf. Erwartungen und Pläne scheinen andererseits ›vor‹ der Gegenwart zu liegen, und wir schauen ›nach vorne‹, als ob wir auf dieses Ziel zuwanderten.

Alle diese Eindrücke sind jedoch letztlich nur eine Methode, unsere Erfahrungen zu ›katalogisieren‹. Alle unsere Erfahrungen geschehen im gegenwärtigen Augenblick. Absolut jeder Gedanke — ob er sich nun auf die Zukunft oder auf die Vergangenheit bezieht — wird im Jetzt erfahren.

Sie können sich mit diesem verwirrenden Aspekt von Bewußtsein und Zeit leichter vertraut machen, indem Sie nun die folgende Übung durchführen.

# *Vergangenheits-, Gegenwarts-, Zukunftsgedanken*

*Entspannen Sie einige Minuten lang*
*Ihren Körper und Ihren Geist.*

*Erlauben Sie Ihrem Atem, sich zu verlangsamen*
*und ruhig und gleichmäßig zu fließen.*

*Sobald Sie sich erfrischt fühlen,*
*richten Sie Ihre Aufmerksamkeit auf Ihre Gedanken.*

*Erkennen Sie, daß sich einige Ihrer Gedanken*
*auf die Vergangenheit,*
*einige auf die Gegenwart*
*und einige auf die Zukunft beziehen.*

*Achten Sie eine Zeitlang*
*auf diese Vergangenheits-Gegenwarts-Zukunftsbezogenheit.*

*Erkennen Sie, daß Ihnen dieser Richtungswechsel Ihrer Gedanken,*
*dieses abwechselnde Voraus- und Zurückblicken,*
*das Gefühl vermittelt, ›irgendwohin zu gehen‹,*
*von der Vergangenheit in die Zukunft zu reisen.*

*Versuchen Sie nun durch ein kleines Experiment,*
*die Zeitunterschiede auszugleichen.*
*Wählen Sie einen bestimmten Gedanken,*
*also beispielsweise das Bild eines künftigen oder vergangenen Ereignisses,*
*und verändern Sie nun die Zeitverhältnisse.*

*Visualisieren Sie also sich selbst in der Zukunft,*
*wie Sie in die Gegenwart zurückschauen —*
*oder aber wie Sie sich in der Vergangenheit aufhalten*
*und nach vorne in die Gegenwart blicken.*

*In welcher Weise verändert sich durch diese Übung*
*Ihre Empfindung von der Gegenwart?*

# *Tips für Ihre Erinnerungsübungen*

Unser Erinnerungsvermögen ist nicht nur das, womit wir uns erinnern, sondern auch das, womit wir vergessen. Halten Sie Ihre Gedächtnismuskeln elastisch, indem Sie Ihre Konzentrationsfähigkeit steigern.

**Tip eins:**
Achten Sie nur auf das, was Sie sich einprägen wollen. Versuchen Sie nicht, alles im Gedächtnis zu behalten. Wählen Sie nur solche Informationen aus, die Sie sich wirklich merken wollen oder müssen, und vergessen Sie getrost alle übrigen.

**Tip zwei:**
Setzen Sie alles, woran Sie sich erinnern wollen, in einen geistigen Zusammenhang. Sehen Sie die Gesamtheit, nicht nur die Teile. Wenn Sie sich eine Information einprägen wollen, so konzentrieren Sie sich auf ihre Bedeutung.

**Tip drei:**
Bauen Sie sich Eselsbrücken! Setzen Sie das zu erinnernde Material in Bilder, Vorstellungen oder Geschichten um. Auf diese Weise wird es leichter in Ihr Langzeitgedächtnis aufgenommen. Damit Sie sich besser erinnern können, sollten Sie Ihre eigenen Erinnerungstechniken entwickeln.

**Tip vier:**
Trainieren Sie von Zeit zu Zeit Ihre Gedächtnismuskeln, um Ihr Erinnerungsvermögen leistungsfähig zu halten. Fragen Sie sich in regelmäßigen Abständen, an welche vergangenen Ereignisse oder Informationen Sie sich erinnern wollen oder müssen. An welche Lektionen (im weitesten Sinne), die Sie gestern und heute gelernt haben, möchten Sie sich morgen noch erinnern?

*»Das, woran wir uns erinnern, können wir ändern.*
*Das, was wir vergessen, bleiben wir für immer.«*

RICHARD SHELTON, Schriftsteller

NEUNTE STATION

# Geistige Flexibilität

## *Analyse und Synthese*

# *Unterschiedliche Blickwinkel*

*Betrachten Sie die folgende Zeichnung.*
*Versuchen Sie zu erkennen, daß das komplizierte Muster*
*aus einfacheren Formen aufgebaut ist.*

# Geisthochsprung

*»Alle Menschen sehen dieselben Dinge,*
*doch sie fassen sie nicht in derselben Weise auf.*
*Intelligenz ist die Zunge, die sie unterscheidet und schmeckt.«*

THOMAS TRAHERNE,
englischer Schriftsteller, 17. Jahrhundert

Es gibt zwei geistige Fähigkeiten, die wir kontinuierlich einsetzen müssen, um die uns umgebende, unübersichtliche Vielfalt an Bildern, Klängen, Tastempfindungen, Gerüchen und Geschmäcken sichten und einordnen zu können: die zur Analyse und die zur Synthese. Die Analyse ist derjenige Vorgang, durch den man große Ideen, Vorstellungen oder Theorien in ihre Komponenten zerlegt. Wenn Sie eine Beziehung zwischen zwei Menschen, das Risiko in einer beruflichen Unternehmung oder den Verlauf eines Fußballspieles analysieren, dann untersuchen Sie das jeweilige komplexe Thema, indem Sie es in mehrere kleine begriffliche Teile aufsplittern. Das Gegenstück zur Analyse, die Synthese, ist der Vorgang, durch den man mehrere kleine Informationseinheiten zu einer Gesamtheit zusammensetzt. Um beispielsweise ein genaues Bild von den wirtschaftlichen Verhältnissen eines Landes, von der Funktionsweise der Schwerkraft oder Ihrem Ziel im Leben zu erhalten, sammeln Sie alle Informationsteilchen, die Sie finden können, und decken Muster, Beziehungen und Ursachen auf; alles zusammen macht dann Ihr späteres Gesamtbild aus.

Betrachten Sie nun das Bild noch einmal. Was können Sie tun, um es zu verstehen? Zunächst zerlegen Sie es in seine Bestandteile, indem Sie sich nacheinander auf jeweils eine Form konzentrieren — zuerst auf die Sterne, dann die Dreiecke, dann die Sechsecke und schließlich die Fünfecke. Erkennen Sie, wie alle diese Figuren zusammenpassen. Suchen Sie sich nun eine Linie aus und verfolgen Sie ihren Verlauf durch das ganze Muster. Achten Sie darauf, wie sie Ränder und Umrisse bildet. Versuchen Sie jetzt, eine dem Muster zugrunde liegende Struktur zu erkennen. Wo wiederholen sich Formen? Können Sie das Muster nun selbst aufbauen?

Das Leben kann außerordentlich komplex und chaotisch sein. Um uns trotzdem darin zurechtfinden zu können, ordnen wir alle Dinge bestimmten Kategorien zu und klammern gewissermaßen unsere Erfahrungen im Geiste ein.

# Geistige Zergliederung

**Übung:** Beschreiben Sie Ihr Aussehen.

Die Analyse ist die systematische Untersuchung eines Gegenstands oder Sachverhalts hinsichtlich aller einzelnen Komponenten oder Faktoren, die ihn bestimmen. Um also beispielsweise Ihr Aussehen beschreiben zu können, müssen Sie Ihren Körper in Einzelteile zerlegen und jeden Teil gesondert betrachten und charakterisieren. Zunächst einmal könnten Sie einige allgemeine Merkmale Ihres Körpers beschreiben, so zum Beispiel Größe, Figur, Proportionen und dergleichen mehr. Dann konzentrieren Sie sich auf Details wie auf die Farbe Ihrer Haare, Haut und Augen, die Form Ihrer Hände, Ihres Gesichts, die Höhe Ihrer Stirn, die Form Ihrer Nase, Ihrer Lippen, Ihres Kinns. Damit diese Einzelbeschreibungen nicht eine unzusammenhängende Anhäufung von Aussagen bleiben, müssen sie bereits im Kopf differenziert und geordnet werden.

Wenn fünf Personen Ihr Aussehen beschreiben sollten, würden Sie wahrscheinlich fünf unterschiedliche Porträts erhalten. Jeder Mensch interpretiert das, was er sieht, auf seine eigene Art und Weise und nach seinem ganz persönlichen Maßstab. Der eine empfindet eine Nase als lang, ein anderer als gebogen, ein anderer als gekrümmt. Aus diesem Grund sind Augenzeugenberichte auch oft so widersprüchlich.

Viele Fertigkeiten und Tätigkeiten — wie, um nur einige zu nennen, Vögel beobachten, Kochen, Kräuter oder Pilze sammeln — basieren auf der Kunst der Klassifizierung. Der geschulte Geist weiß, wonach er schauen und was er ignorieren muß. Ein Laie sieht einen Baum und sagt »Baum«. Der Kenner sieht denselben Baum, nimmt aber die Form seiner Blätter, die Farbe seiner Rinde, seine allgemeine Erscheinung wahr und erkennt sofort, wie er heißt, wie alt er ungefähr ist und ob er krank oder gesund ist.

Leider neigen wir dazu, es uns in der Wahl unserer Kategorien allzuleicht zu machen. Aus Bequemlichkeit behalten wir die kindliche Verfahrensweise bei, alle Dinge in solche, die wir mögen, und solche, die wir nicht mögen, einzuteilen, ohne uns jemals eingehender mit ihnen zu befassen. Wir sehen in der Regel alles unter einem einzigen Gesichtspunkt und entwickeln deshalb auch unverrückbare Meinungen und Glaubenssätze. Wir verstricken uns so sehr in unser geistiges Muster, daß wir nicht mehr erkennen, in welchem Ausmaß unser Geist für unsere Erfahrungen verantwortlich ist. Ändern Sie Ihre Geisteshaltung und Sie bereichern Ihre Erfahrungen.

Trainieren Sie Ihre Fähigkeit zur Analyse, indem Sie Ihr privates Klassifikationssystem um neue Kategorien erweitern. Sehen Sie sich im Zimmer um und wählen Sie einen Gegenstand aus — also beispielsweise einen Stuhl. Betrachten Sie diesen Stuhl und unterteilen Sie das, was Sie sehen, in fünf Kategorien:

*Herkunft*
*Material*
*Geschichte*
*Gegenwärtiger Gebrauch*
*Zukunft*

Wenn Sie sich mit der *Herkunft* des Stuhles befassen, erkennen Sie vielleicht Details, die darauf schließen lassen, wie er angefertigt wurde. Achten Sie auf das *Material,* dann können Sie sich Gedanken über die Holzart, die Metall- oder Kunststoffsorte machen, aus der er besteht. Was seine *Geschichte* angeht, so finden Sie vielleicht irgendwelche Hinweise auf einen früheren Besitzer oder frühere Benutzung — wie beispielsweise Farbkleckse, Scharten, Löcher im Bezug oder auch Brandflecken. Hinsichtlich des *gegenwärtigen Gebrauchs* wäre zum Beispiel eine philosophische Betrachtung denkbar: Sie könnten darüber nachsinnen, zu wieviel verschiedenen Zwecken ein Stuhl bisweilen herhalten muß. Stellen Sie sich schließlich vor, was in *Zukunft* wohl aus Ihrem Stuhl werden wird. Versuchen Sie aus Ihren bisherigen Erfahrungen und Lebensumständen sein weiteres ›Schicksal‹ zu erschließen.

Mit Hilfe dieser Übung werden Sie erkennen, daß selbst die alltäglichsten, gewohntesten Dinge wie alte ausgediente Schuhe, Bügelbretter oder Bürgersteige außerordentlich faszinierend sein können. Die Kategorien Ihres Denkens bestimmen Ihre Beobachtungen, und Ihre Beobachtungen wiederum lassen Sie neue Kategorien finden, in die Ihre Wahrnehmungen aufgegliedert werden.

# *Muster entdecken*

*»Etwas wirklich zu wissen bedeutet,
dessen Ursachen zu kennen.«*

FRANCIS BACON,
englischer Philosoph, 17. Jahrhundert

**Übung:** Wie lautet der nächste Buchstabe in der folgenden Reihe:

**E Z D V F S S . . . ?**

Intelligenz ist zu einem großen Teil die Fähigkeit, Muster ausfindig zu machen. Durch jahrelanges Experimentieren mit Pflanzen fand der Vererbungsforscher GREGOR MENDEL (1822 bis 1884) heraus, nach welchen Gesetzmäßigkeiten sich dominante und rezessive Merkmale vererben. Die nach ihm benannten Regeln bilden die Grundlage der modernen Genforschung. Der Naturforscher CHARLES DARWIN (1809 bis 1882) erkannte physiologische sowie Verhaltensmuster bei Tieren und konnte daraus seine spätere Entwicklungs- und Selektionstheorie ableiten. Der amerikanische Astronom EDWARD POWELL HUBBLE (1889 bis 1953) entdeckte einen Zusammenhang zwischen der Entfernung von Galaxien und der Geschwindigkeit, mit der sie vor uns ›zurückweichen‹. Daraus schloß er, daß sich das Universum kontinuierlich ausdehnt. Der russische Chemiker DIMITRI MENDELEJEW (1834 bis 1907) entdeckte eine Beziehung zwischen chemischen Elementen und entwickelte daraufhin sein Periodensystem, aufgrund dessen er noch unbekannte chemische Elemente sowie deren Atomgewicht und chemische Eigenschaften voraussagte.

Um das obige Buchstabenrätsel lösen zu können, müssen Sie eine all diesen Buchstaben gemeinsame Eigenschaft entdecken. Sie könnten also beispielsweise zunächst einmal überprüfen, welchen Platz sie im Alphabet einnehmen; dann könnten Sie ihre Form genauer untersuchen. Vielleicht fragen Sie sich aber auch, ob sie nicht in Wirklichkeit für eine andere Reihe stehen.

Und nun fällt es Ihnen wie Schuppen von den Augen, und Sie erkennen das Muster: Die obige Reihe setzt sich aus den Anfangsbuchstaben der Zahlwörter Eins, Zwei, Drei, Vier, Fünf, Sechs, Sieben zusammen. Der nächste Buchstabe in der Folge wäre also A für Acht.

**Übung:** Betrachten Sie die folgenden geometrischen Figuren, und fragen Sie sich, welche von ihnen sich in grundsätzlicher Hinsicht von den übrigen unterscheidet.

Sie haben völlig recht, wenn Sie den Kreis ausgesucht haben: Er ist die einzige Form, die keine gerade Linie aufweist. Sie könnten allerdings ebensogut auch das Quadrat gewählt haben, da es die einzige Figur mit vier rechten Winkeln ist. Doch auch das Dreieck ist ein Unikum, da es als einziges nicht symmetrisch ist. Der abgerundete Keil wäre ebenfalls richtig gewesen, da er die einzige Form sowohl mit geraden als auch mit gebogenen Linien ist. Die letzte Figur schließlich ist die einzige, bei der ›etwas fehlt‹. Mit anderen Worten: Jede der obigen Formen unterscheidet sich hinsichtlich eines bestimmten Merkmals grundsätzlich von allen anderen. In diesem Sinne haben sie alle eine Eigenschaft gemeinsam und sind sich somit alle ähnlich.

Wie gesagt, benutzen wir unsere Intelligenz zum großen Teil dazu, Muster zu erkennen. Diese Fähigkeit ermöglicht es uns, Gesichter wiederzuerkennen, zu wissen, ob wir Bach oder Wagner lauschen, oder den Gang eines Freundes von dem eines Unbekannten zu unterscheiden. Unser Hang zur Meinungsbildung und Verallgemeinerung ist letztlich auch nur Ausdruck dieses Zwanges, die Welt zu einem Muster zu machen.

**TIP:** Die richtige Antwort hängt davon ab, wonach wir Ausschau halten.

# *Analyseübungen*

## ❑ Teilung

Auf wie viele Weisen können Sie ein Quadrat in vier identische Stücke teilen? Schaffen Sie es, zehn verschiedene Wege zu finden?

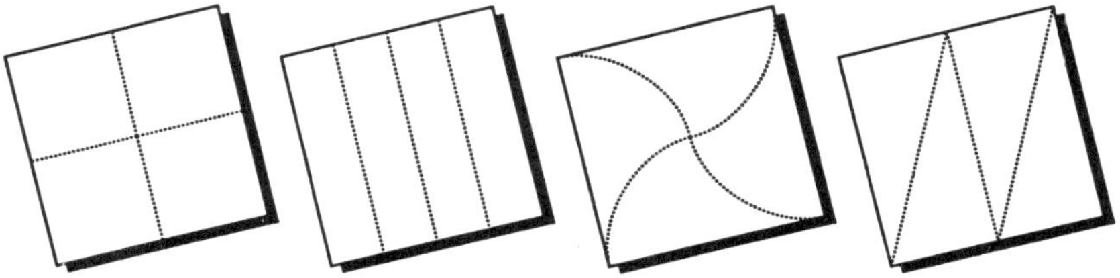

## ❑ Kritiker

Wenn Sie ein Kritiker wären, nach welchen Kriterien würden Sie die Qualität einer Schallplattenaufnahme beurteilen? Berücksichtigen Sie dabei die wesentlichen Faktoren: die Spieltechnik, die Aufnahmequalität, das Arrangement, den Text, die musikalische Originalität. Nach welchen Kriterien würden Sie die folgenden Dinge beurteilen?

| | |
|---|---|
| Filme | Fernsehwerbung |
| moderne Kunst | Weißwein |
| Mode | Kartoffelchips |
| Autos | Smaragde |

## ❑ Selektive Aufmerksamkeit

Wenn Sie das nächste Mal einer Sinfonie lauschen, dann versuchen Sie, sich auf ein bestimmtes Instrument zu konzentrieren. Versuchen Sie während des gesamten Stückes, Ihre Aufmerksamkeit nur auf dieses eine Instrument gerichtet zu halten.

Analysieren Sie heute beim Abendbrot, was Sie essen. Rechnen Sie alle Speisen in Kalorien um. Versuchen Sie, jede einzelne Komponente herauszuschmecken, zu riechen, zu sehen und zu fühlen. Denken Sie über den Ursprung jeder Zutat nach und verfolgen Sie ihren langen Weg zurück. Wie vielen Menschen haben Sie es wohl zu verdanken, daß alle diese Speisen nun auf Ihrem Teller liegen?

Nach wieviel verschiedenen Kriterien können Sie den menschlichen Körper analysieren? Berücksichtigen Sie seine Funktionen, Organe, Organisationsebenen und seine Entwicklung.

## ❑ Kategorien

In wie viele unterschiedliche Kategorien können Sie die folgenden Begriffe aufspalten?

**Nahrungsmittel:** Früchte, Fleisch, Proteine, Kohlehydrate …
**Wissenschaft:** Physik, Paläontologie, Chemie …
**Musik:** Rock, Klassik, Instrumente, gefühlsmäßige Wirkung …
**Gesetz:** Gerichtshöfe, Richter, Polizei, Urteile …

## ❑ Der Reihe nach

Ein weiterer Aspekt der Analyse ist das Aufteilen einer umfassenden komplexen Handlung in eine Reihe einfacherer Tätigkeiten. Schreiben Sie auf, wie viele Einzelschritte Sie ausführen müßten, um die folgenden Projekte durchzuführen. Listen Sie auch mögliche Alternativen auf, falls die Dinge nicht nach Plan laufen sollten:

— Einen Computer kaufen und benutzen lernen
— Viel Geld bei einer Grundstückspekulation verdienen
— Einen Seehund halten und abrichten
— Nach Timbuktu reisen
— Fließend Persisch sprechen lernen
— Beleuchter für eine Rockband werden
— Ihre Wohnung neu streichen
— Ein Jagdmesser herstellen
— Ihr Haus oder Ihre Wohnung neu verkabeln
— Ein neues Badezimmer einbauen
— Eine Impfkampagne in einem Land der Dritten Welt organisieren
— Eine Zeitung gründen
— Die Inneneinrichtung eines französischen Restaurants entwerfen.

## ❑ Proportionen

— Zu welchem Prozentsatz ist Ihr Körper fest, flüssig, gasförmig?
— Wieviel Zeit verbringen Sie am Tag, ohne einen Menschen zu sehen?
— Wieviel von Ihrer Zeit verbringen Sie mit essen, schlafen, ausruhen, arbeiten, spielen, tagträumen?
— Wie viele Tage im Jahr sind sonnig, bewölkt, regnerisch?
— Wieviel von Ihrem Geld geben Sie für langfristige Ziele aus? Für Ihre Freizeit? Für Geschenke?
— Wieviel Zeit verbringen Sie im Schneidersitz?
— Wie viele von den Büchern, die Sie lesen, sind Romane? Wissenschaftliche Werke? Sachbücher? Theaterstücke?

# Standpunkte

*Damit Ihre Interpretationen flexibler ausfallen, werden Sie sich nun darin üben, Situationen von unterschiedlichen Standpunkten aus zu beurteilen. Stellen Sie sich die folgenden Szenen vor und schlüpfen Sie dabei in die Haut anderer Menschen.*

❑ Ihr sechzehnjähriger Sohn hat Ihnen gerade gebeichtet, daß er Probleme mit Drogen hat. Überdenken Sie zunächst diese Situation aus der Sicht Ihres Sohnes; dann aus Ihrer eigenen Sicht (also der eines Elternteils), danach aus der Sicht des besten Freundes Ihres Sohnes, seines Lehrers, seiner jüngeren Schwester und schließlich seines Drogenlieferanten.

❑ Eine arbeitslose alleinstehende Mutter, die ihre unzureichende Sozialhilfe mittels gelegentlicher Ladendiebstähle aufstockt, wird mit einem Diamantkollier erwischt. Sehen Sie die Situation zunächst aus der Sicht der Mutter, dann aus der des Polizisten, der sie verhaftet, aus der des Ladenbesitzers und schließlich aus der Sicht des schulpflichtigen Sohnes. Wie würden Sie die Situation beurteilen, wenn die Mutter statt des Kolliers einen Laib Brot gestohlen hätte? Eine Brieftasche?

❑ Ein Unternehmen wird bestreikt. Sehen Sie die Situation zunächst aus der Sicht des Streikkomitees. Dann aus der Sicht des Firmenvorstandes, des Firmeninhabers, der Streikbrecher.

❑ Sie sehen eine Gruppe von Hare-Krischna-Anhängern singend und tanzend durch die Hauptstraße ziehen. Was empfinden Sie dabei? Was würde ein jugendliches Mitglied der Sekte empfinden? Die Eltern des jugendlichen Mitglieds? Das Sektenoberhaupt?

❑ Sie sehen, wie jemand eine leere Schokoladenpackung vor einem Laden auf den Bürgersteig fallen läßt. Versetzen Sie sich in die Gefühle eines Straßenkehrers (wenn die Leute immer den Mülleimer benutzen würden, wäre der Straßenkehrer dann arbeitslos?), dann in die Lage des Ladenbesitzers und schließlich in die des Schokoladenherstellers.

❑ Sie sehen, wie sich eine alte Frau abmüht, in einen Bus zu steigen. Betrachten Sie die Situation aus der Sicht des Busfahrers. Dann aus der Sicht der alten Frau und schließlich aus der einer unter Zeitdruck stehenden jungen Dame, die sich hinter der alten Frau befindet.

# *Schätzungen*

*Ein anderer wesentlicher Aspekt des analytischen Denkens ist die Fähigkeit zu schätzen, wie groß oder klein, schnell oder langsam etwas ist. Welch große Rolle diese Fähigkeit im alltäglichen Leben spielt, können Sie aus den folgenden Übungen ersehen. Versuchen Sie, möglichst genaue Schätzungen zu machen.*

❑ **Zeit:**
- Wieviel Zeit benötigen Sie zum Geschirrspülen?
- Wieviel Zeit benötigen Sie zum Tanken?
- Wieviel Zeit benötigen Sie zum Lesen dieses Buches?
- Wieviel Zeit benötigen Sie zum Streichen Ihres Wohnzimmers?
- Wieviel Zeit benötigen Sie zum Duschen?
- Wieviel Zeit benötigen Sie morgens, um sich ausgehfertig zu machen — vom Augenblick des Aufstehens bis zum Verlassen der Wohnung?

❑ **Entfernung:**
- Wie weit ist es bis zu Ihrem linken Zeigefinger?
- Wie weit ist es bis zum nächsten Atomkraftwerk?
- Wie weit kommen Sie mit zehn Schritten?
- Wie weit ist es nach Indien?

❑ **Gewicht:**
- Wie schwer ist ein durchschnittlicher Grashalm?
- Wie viele Hühnereier wiegen ein Auto auf?
- Wie schwer ist die Luft in Ihrem Zimmer?
- Wie schwer ist Ihr Kopf? Ihr linker Arm? Wie schwer sind Ihre Beine?
- Wieviel Wasser verbrauchen Sie in einem Jahr? Wieviel Zucker? Wieviel Salz?

❑ **Ausmaße:**
- Wie groß sind die einzelnen Zimmer Ihrer Wohnung oder Ihres Hauses?
- Wie groß ist Ihr Küchentisch, sind Ihre Stühle, Ihre Fenster?
- Wie sind die Körpermaße Ihres Partners, bzw. Ihrer Partnerin — also Größe, Gewicht, Kleidergröße und so weiter? Schätzen Sie die Maße dreier Ihnen bekannter Personen. Wie groß ist ein Blutkörperchen, ein Kohlenstoffatom, die Sonne, eine DNS-Spirale, ein Computerchip, ein Virus, ein Brontosaurus, ein Spiralnebel?

# Syntheseübung

## ❑ Stimmt das?

Überdenken Sie die folgenden Aussagen. Nehmen Sie zunächst an, daß sie wahr sind, und liefern Sie drei plausible Erklärungen dafür. Nehmen Sie dann an, daß sie nicht stimmen, und liefern Sie dafür ebenfalls drei Begründungen.

— An Samstagen geschehen mehr Morde als an allen übrigen Wochentagen.
— Die Stellung der Planeten im Augenblick Ihrer Geburt beeinflußt Ihr Schicksal.
— Die Menschen stammen vom Affen ab.
— Fernsehen ist Kaugummi für die Augen.
— Alle Menschen haben unter den richtigen Umständen übersinnliche Fähigkeiten.
— Fleischessen ist schlecht.
— Es ist gesund, negative Emotionen zu unterdrücken.

## ❑ Umschalten

Im allgemeinen stufen wir Erfahrungen als ›gut‹ oder ›schlecht‹ ein und reagieren deshalb in den entsprechenden Situationen in vorhersagbarer Weise. Versuchen Sie bei den folgenden Situationen nun einmal genau das Gegenteil von dem zu denken, was Sie normalerweise in diesem Fall gedacht hätten.

— Sie sind gefeuert worden. Zählen Sie fünf für Sie positive Auswirkungen dieser Situation auf.
— Sie haben eine Million Mark gewonnen. Zählen Sie fünf für Sie negative Auswirkungen dieses Ereignisses auf.
— Sie haben einen wichtigen Termin verpaßt. Was könnte Gutes für Sie daraus erwachsen?
— Sie haben durch einen Fernsehauftritt Berühmtheit erlangt. Welche Nachteile erwachsen Ihnen daraus?

## ❑ Bestimmen Sie die nächste Zahl oder den nächsten Buchstaben in den folgenden Reihen:

— A E F H I K L M ...?
— J30 J31 A31 S30 O31 N30 ...?
— 98 34 14 10 ...?
— 3 1 4 1 5 9 2 6 5 3 ...?
— Q W E R T ...?

- ❑ **Da im Prozeß der Synthese Einzelinformationen zu einem Gesamtbild zusammengefügt werden, können Sie diese Fähigkeit sehr gut dadurch steigern, daß Sie versuchen, möglichst viele Fakten auf einmal im Kopf zu behalten. Versuchen Sie die folgenden Aufgaben zu lösen, indem Sie im Geiste die gegebenen Informationen in die richtige Beziehung zueinander setzen.**
  - Moni und Toni sind gleichaltrig. Moni ist älter als Loni, die wiederum älter ist als Vroni. Erni ist älter als Vroni, aber jünger als Moni und Loni. Toni ist jünger als Heini. Ordnen Sie die jungen Leute nach der Reihenfolge ihres Alters.
  - Thomas ist doppelt so alt, wie Michael sein wird, wenn Harald so alt ist wie Thomas jetzt.
    Wer ist der Älteste?
    Wer ist der Jüngste?
    Wer liegt altersmäßig dazwischen?
  - Thomas, Michael und Harald gehen bei der Mental-Olympiade im Weltergewicht alle drei gleich gut aus einem Wettkampf hervor. Damit nun doch ein Sieger ermittelt werden kann, werden ihnen die Augen verbunden. Der Kampfrichter erklärt: »Wir setzen Ihnen jetzt entweder einen roten oder einen weißen Hut auf den Kopf. Wenn Sie sehen, daß einer der beiden anderen einen roten Hut trägt, müssen Sie die Hand heben. Anschließend müssen Sie herausfinden, welche Farbe Ihr eigener Hut hat.« Als ihnen die Augenbinden abgenommen werden, heben alle drei Männer die Hand. Nach einigen Minuten steht Harald auf und sagt: »Ich trage einen roten Hut.« Wie hat er das herausbekommen?
  - Wenn anderthalb Hühner anderthalb Eier in anderthalb Tagen legen, wievieleinhalb Hühner, die um einhalb besser legen, werden in anderthalb Wochen zehneinhalb Eier legen?
- ❑ **Alternative Erklärungen**

  Eine gute Methode, Ihre Synthesemuskeln in Form zu bringen, ist, eine Reihe von Hypothesen über gegenwärtige Ereignisse aufzustellen. Nehmen wir zum Beispiel an, in dieser Woche hätte Ihr Telefon noch kein einziges Mal geklingelt. Sie könnten nun die Hypothesen aufstellen, daß sich Ihre Telefonnummer ohne Ihr Wissen geändert hat, daß alle Ihre Freunde krank oder verreist sind oder daß sie in Arbeit ersticken. Verfahren Sie mit den folgenden Situationen analog.
  - Auf Ihrer Arbeitsstelle nimmt plötzlich jemand ungewöhnliches Interesse an Ihnen.
  - In Ihrer Nachbarschaft ist es an diesem Morgen auffallend ruhig.
  - Ihre Beine sind heute steif.
  - Sie haben ungewöhnlich gut geschlafen.

# *Nach Beweisen suchen*

**Übung:** Jemand erklärt Ihnen, daß die hellgrauen Karten Kreise auf der Rückseite haben. Vor Ihnen liegen vier Karten, zwei sind aufgedeckt, zwei nicht. Wie viele Karten müssen Sie mindestens umdrehen, um herauszufinden, ob die obige Behauptung stimmt oder nicht?

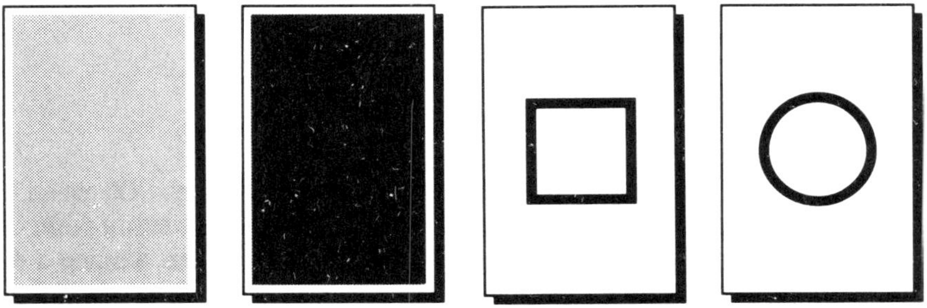

Die richtige Antwort lautet: zwei. Drehen Sie zunächst die hellgraue Karte um. Befindet sich auf ihrer Rückseite ein Kreis, dann stimmt die Behauptung. Wenn nicht, ist sie falsch. Doch dieser Beweis ist noch nicht ausreichend. Drehen Sie nun die Karte mit dem Quadrat um. Ist ihre Rückseite hellgrau, ist die obige Aussage falsch, weil Sie dann eine hellgraue Karte ohne Kreis haben. Ist sie aber schwarz oder andersfarbig, so ist die Richtigkeit der obigen Behauptung bewiesen.

Dieser einfache Kartentrick verdeutlicht, wie sehr wir in der Regel dazu neigen, uns mit Beweisen zufriedenzugeben, welche die aufgestellte Behauptung *bestätigen.* Wir drehen also die hellgraue Karte um und begnügen uns mit diesem Ergebnis. Wir können auch die Karte mit dem Kreis umdrehen, obwohl sie keinen Beweis liefern kann: Sie könnte sowohl eine hellgraue als auch eine schwarze Rückseite haben, ohne daß im letzteren Fall die Behauptung widerlegt wäre. Schließlich wird nirgendwo gesagt, daß schwarze Karten nicht auch Kreise haben dürfen.

In vielen Bereichen unseres Lebens verfahren wir auf dieselbe Weise: Wir versuchen nur, unsere Annahmen zu bestätigen, nicht aber, sie zu widerlegen. Sind wir Mitglied einer politischen Gruppierung, sehen wir in der Regel immer nur das Positive an dieser Partei. Menschen, die an Parapsychologie und übersinnliche Phänomene glauben, können in den seltensten Fällen unterscheiden, ob etwas auf tatsächliche übersinnliche Fähigkeiten oder Scharlatanerie zurückzuführen ist. Der Hauptgrund für ein solches Verhalten liegt in dem ureigensten Wunsch begründet, die Welt so zu sehen, wie wir sie sehen wollen.

Ein guter Wissenschaftler *glaubt* nicht, er *prüft*. Er stellt Fragen über den Gegenstand seines Interesses, untersucht ihn eingehend und stellt dann eine Hypothese auf. Beschäftigt er sich beispielsweise mit der Frage, warum die Dinosaurier ausgestorben sind, so könnte er folgendes behaupten: Die riesigen Echsen starben aus, weil irgendwann in kürzestem Zeitraum ungewöhnlich viele und große Meteoriten auf die Erde fielen. An diese Hypothese könnte er ein Experiment anschließen und dessen Ausgang vorhersagen. Er könnte aber auch beispielsweise erklären, daß ein solcher Meteoritenregen zahlreiche Krater nachprüfbar gleichen Alters hinterlassen haben müßte, und begibt sich daraufhin auf die Suche danach. Er könnte auch schließen, daß überall auf der Erde noch ziemlich viel Meteorgestein zu finden sein müßte. Entdeckt er tatsächlich Krater oder Meteorgestein, wird seine Hypothese schon beträchtlich glaubwürdiger. Findet sich aber weder das eine noch das andere, muß er versuchen, seine Theorie entsprechend zu modifizieren.

Eine Hypothese kann sich niemals als wahr erweisen. Sie kann lediglich gestützt oder widerlegt werden. Paßt eine Beobachtung auf eine Hypothese, dann erhält diese mehr Gewicht. Mit jedem weiteren Indiz läßt sie sich mehr dazu verwenden, bestimmte Phänomene zu erklären. Wenn jedoch einzelne Beobachtungen die Hypothese widerlegen, dann muß sie entweder ganz und gar verworfen oder aber neu formuliert werden. Eine solche modifizierte Hypothese muß man nun wiederum prüfen. Auf diese Weise mehrt sich unser Wissen.

Diese wissenschaftliche Verfahrensweise läßt sich in den verschiedensten Fällen anwenden. Nehmen wir einmal an, Sie wollten herausfinden, ob es stimmt, daß ein roter Sonnenuntergang gutes Wetter ankündigt. Also beobachten Sie die nächsten roten Sonnenuntergänge und passen auf, wie das Wetter am darauffolgenden Tag ist. Wie würden Sie nun überprüfen, ob selbstlose Taten belohnt werden — oder ob Sie durch geistige Übungen kreativer werden — oder ob Telepathie tatsächlich funktioniert? Denken Sie sich Experimente aus, um diese Hypothesen zu testen. Wenn Sie dabei möglichst objektiv bleiben und gegebenenfalls auch bereit sind, ein Scheitern des Versuches anzuerkennen, dann gehen Sie wissenschaftlich an die Sache heran.

**TIP:** Prüfen Sie Ihre Glaubenssätze. Fragen Sie sich, welche Beweise Ihre Haltung untermauern beziehungsweise widerlegen könnten.

# *Tips für Ihre Analyse- und Syntheseübungen*

Die Fähigkeiten zur Analyse und zur Synthese sind gewissermaßen komplementäre geistige Muskeln. Die Analyse splittert Dinge auf, die Synthese fügt sie zusammen. Gemeinsam sorgen sie für die geistige Artikulation und für präzise Gedankenabläufe.

**Tip eins:**
Machen Sie es sich zur Gewohnheit, darauf zu achten, wie Sie Ihre Erfahrungen einordnen. Nach welchen Kriterien bewerten Sie Ihre Beobachtungen?

**Tip zwei:**
Finden Sie heraus, nach welchem Muster Sie gewöhnlich die Welt ›ordnen‹. Schalten Sie auf verschiedene Standpunkte um. Versetzen Sie sich in die Lage anderer Menschen, indem Sie versuchen, die Dinge mit deren Augen zu sehen.

**Tip drei:**
Bedienen Sie sich — wann immer möglich — der wissenschaftlichen Methode. Glauben Sie nicht immer alles unbesehen: Überprüfen Sie nach Möglichkeit jede Behauptung und passen Sie gegebenenfalls auch bereitwillig Ihre Meinung neu gefundenen Beweisen an.

*»Auch noch so viele Experimente können nicht beweisen,*
*daß ich recht habe;*
*ein einziges Experiment kann beweisen,*
*daß ich unrecht habe.«*

Albert Einstein, Physiker

ZEHNTE STATION

# Geistige Balanceakte

*Entscheidungen treffen*

# *Kopf oder Zahl*

*Sie wandern an einem Strand entlang*
*und finden plötzlich eine halb im Sand vergrabene*
*prunkvolle Flasche.*

*Sie heben die Flasche auf und ziehen den Stöpsel heraus.*
*Da strömt plötzlich Rauch aus der Öffnung und verdichtet sich*
*zu einem magischen Wesen:*
*einem Geist.*

*Anders als vergleichbare Geister*
*gewährt dieser Ihnen nicht drei Wünsche —*
*er läßt Ihnen dreimal die Wahl.*

*Erstens:*
*Sie können fünf Jahre länger leben.*
*Diese fünf Jahre werden allerdings einem Menschen Ihrer Wahl*
*von dessen Lebensdauer abgezogen.*
*Würden Sie diese fünf Jahre annehmen?*

*Zweitens:*
*Sie können fünfzigtausend Mark bekommen,*
*wenn Sie sich eine Tätowierung von der Größe eines Geldscheines*
*machen lassen.*
*Würden Sie das Angebot akzeptieren?*
*Wenn ja, wo würden Sie die Tätowierung anbringen lassen*
*und welches Motiv würden Sie dafür wählen?*

*Drittens:*
*Sie dürfen sich eine neue Fähigkeit oder Eigenschaft wünschen.*
*Was würden Sie wählen?*

# *Die Anatomie der Wahl*

*»Das stärkste Prinzip des Wachstums liegt in der menschlichen Wahl.«*
GEORGE ELIOT,
englische Schriftstellerin, 19. Jahrhundert

Wie viele Entscheidungen treffen Sie pro Tag? Zehn? Zwanzig? Hundert? Tausend? Beinahe in jedem Augenblick müssen Sie sich für oder gegen etwas entscheiden. Ihre Sitzhaltung, jeder Satz, den Sie sagen, Ihre Reaktionen auf Freunde oder Familienmitglieder — sie alle beruhen, wenngleich in Gewohnheiten und Routine eingebettet, auf einer von Ihnen getroffenen Wahl. Bewußte, als solche erkennbare Entscheidungen sind weniger häufig zu treffen. Welche Kleider Sie kaufen, welches Programm Sie sich anschauen oder welches Gemüse Sie essen wollen, entscheiden Sie nur gelegentlich. Beide Arten von Entscheidung bestimmen Ihren Charakter — oder wie es der Unternehmensberater JOHN ARNOLD ausdrückt: »Was Sie wählen, ist das, was Sie sind.«

In vielen Fällen — so auch bei der obigen Übung — hängt eine Wahl nicht von logischer Überlegung oder Vernunftgründen ab. Die Kopf-oder-Zahl-Übung sollte Ihnen dabei helfen, mit schweren Entscheidungen fertig zu werden. Haben Sie alle möglichen Alternativen erwogen? Haben Sie rein gefühlsmäßig gewählt? Haben Sie einen plötzlichen Entschluß gefaßt?

Um eine kluge Wahl zu treffen, sollte man sämtliche Möglichkeiten nach einem System überprüfen, das sowohl die rationalen als auch die emotionalen Faktoren berücksichtigt. Bei all unseren Entscheidungen sollten unsere Gefühle, Glaubenssätze, Wertvorstellungen und unsere persönliche Einstellung eine wesentliche Rolle spielen.

Der Vorgang des Entscheidens hilft Ihnen dabei, von dem, was gegenwärtig geschieht, zu dem zu gelangen, was Sie geschehen lassen wollen. Wann immer Sie bemerken, daß zwischen Ihrer gegenwärtigen und der von Ihnen angestrebten Position ein wirklicher Unterschied besteht — zum Beispiel in Ihrem Beruf, in einer Beziehung, in Ihrer Freizeit — haben Sie die Möglichkeit, zu wählen. Die folgenden Abschnitte, die Ihnen dabei helfen sollen, schwere Entscheidungen richtig zu treffen, basieren auf den von JOHN ARNOLD vorgeschlagenen »sieben Bausteinen«.

# *Was bezwecken Sie?*

*»Es spielt keine Rolle, wie Sie dorthin kommen,*
*wenn Sie nicht wissen, wohin Sie gehen.«*

Die fliegenden Karamazov-Brüder, Akrobaten

Nur zu oft wird der erste und wichtigste Teil des Entscheidungsprozesses vernachlässigt. Um eine kluge Entscheidung zu treffen, müssen wir nämlich wissen, was wir eigentlich wollen. Wir müssen uns ein Ziel setzen.

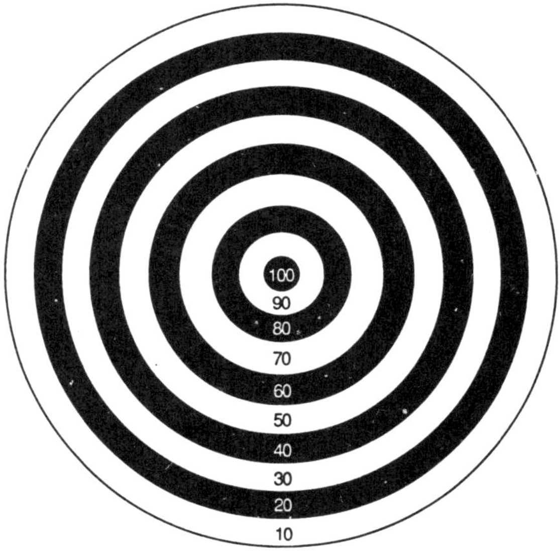


Ohne ein klares Ziel vor Augen könnten wir unser ganzes Leben damit zubringen, über das falsche Problem nachzugrübeln. Geben Sie in einem einzigen präzisen Satz den Zweck des von Ihnen zu treffenden Entschlusses an:

*Wie kann ich mein Ziel ________________ am besten erreichen?*

Nehmen wir folgenden Fall an: Ein völlig überlasteter Manager kann sich nie einen freien Abend gönnen, weil er immer die halbe Nacht benötigt, um sein Arbeitspensum zu bewältigen. Er ist sich völlig darüber im klaren, daß er ein solches Leben auf die Dauer nicht durchhält. Er muß also eine Entscheidung treffen.

Er könnte beschließen, einen Assistenten einzustellen. Dadurch würde zwar sein Leben leichter werden, doch er käme dem erstrebenswerteren Ziel nicht näher, überflüssige Arbeit zu vermeiden. Er könnte auf Wege sinnen, einen Teil seiner Arbeit überhaupt unerledigt zu lassen; dann verfehlte er aber das wesentlichere Ziel, effektiver zu arbeiten. Er könnte sich schließlich überlegen, ob es nicht irgendwie machbar wäre, schneller zu arbeiten — aber damit würde er die Möglichkeit, Arbeit zu delegieren, außer acht lassen.

Eine Zielsetzung — also die genaue Definition dessen, was es zu entscheiden gilt — sollte inhaltlich so weit wie möglich gefaßt werden. Andernfalls könnte die Entscheidung am Wesentlichen vorbeigehen oder könnten die Lösungsmöglichkeiten unnötig eingeschränkt werden. Wenn der Manager sich das ganz allgemeine Ziel stecken würde, die anstehende Arbeit auf die denkbar beste Weise zu erledigen, so hätte er die größten Aussichten, das Problem tatsächlich zu seiner Zufriedenheit zu lösen.

Denken Sie über die folgenden Beispiele von Zielsetzungen nach:

- Ein Teenager hat Akne. Geht es ihm lediglich darum, die Pickel loszuwerden, dann konzentriert er sich nur auf dieses begrenzte Problem. Wenn es ihm jedoch darum zu tun ist, sich so attraktiv wie möglich zu machen, so öffnet er sich einer ganzen Reihe von zusätzlichen Möglichkeiten: Er könnte sich besser kleiden, sich einen guten Haarschnitt zulegen und gegebenenfalls abnehmen.

- Ein leitender Angestellter bekommt eine gute Stelle angeboten und muß sich nun zwischen seinem bisherigen und dem neuen Job entscheiden. Eine gute Zielsetzung könnte darin bestehen, die Kriterien zu finden, nach denen er die zwei Jobs sinnvoll gegeneinander abwägen kann. Er könnte diese Situation aber auch als eine Gelegenheit ansehen, darüber nachzudenken, ob eine grundsätzlich andere Beschäftigung ihm nicht vielleicht mehr liegen würde.

- Ein nicht motorisierter Werbefachmann erhält eine gutbezahlte Anstellung; sein neuer Arbeitsplatz befindet sich allerdings ziemlich weit von seiner Wohnung entfernt. Er beschließt daraufhin, sich ein Auto zu kaufen, überlegt es sich dann jedoch noch einmal. Anstatt sich damit zu befassen, welche Automarke er wählen soll, versucht er, die beste Transportmöglichkeit überhaupt herauszufinden. Er zieht öffentliche Verkehrsmittel, Fahrgemeinschaften, Taxi, Leasing und Fahrrad in Erwägung. Mit dieser weit gesteckten Zielsetzung öffnen sich ihm eine ganze Menge mehr Möglichkeiten.

- Karl und Georg sind in einer Sache unterschiedlicher Meinung. Karl überlegt sich nun verschiedene mögliche Handlungsweisen: Er könnte Georg in Grund und Boden reden. Er könnte einfach stur auf seinem Standpunkt beharren. Er könnte sich aber auch überlegen, wie er und Georg am besten eine Einigung erzielen.
- Ein Ehepaar möchte Wohnzimmer und Eßzimmer bis Weihnachten renovieren. Als sie jedoch erkennen, daß die Zeit dazu nicht mehr ausreicht, stecken sie sich ein anderes Ziel: Sie überlegen sich, wie sie am besten die beiden Zimmer bis Weihnachten so hübsch wie möglich machen können.

Wenn Sie sich zunächst einmal Gedanken darüber machen, was Sie mit Ihrer späteren Entscheidung erreichen wollen, und sich dann erst mögliche Alternativen überlegen, wird Ihr Entschluß wesentlich effektiver ausfallen. Wenden Sie diese Methode auf jede Art von Entscheidung an — ob es sich dabei nun um Ihre häuslichen Finanzen dreht, um die Wahl einer Freizeitbeschäftigung oder um Ihr Verhältnis zu Ihrem Lebensgefährten.

Eine inhaltlich weit gefaßte Zielsetzung erleichtert es uns außerdem, zwischen Mittel und Zweck zu unterscheiden. Der Zweck ist das letztliche Ziel, das erwünschte Endergebnis, das angestrebte Resultat. Die Mittel lassen uns dieses Ziel erreichen. Sie sind die konkreten Maßnahmen, mit deren Hilfe wir das Gewünschte schließlich bekommen. Je nach Zielsetzung kann ein und dieselbe Sache sowohl Mittel als auch Zweck sein. Beispielsweise kann ein Job ein Mittel sein, um persönliche Erfüllung und finanzielle Sicherheit zu erlangen; er kann aber auch der Zweck einer Arbeitssuche sein.

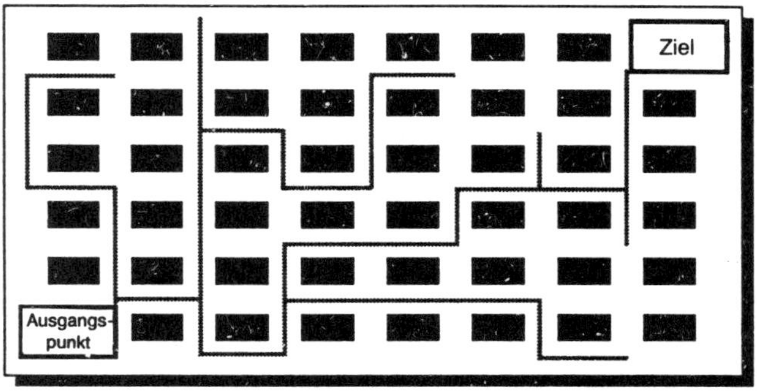


**TIP:** Stehen Sie vor einer schwierigen Entscheidung, so fragen Sie sich, was letztlich dabei herauskommen soll. Wenn Sie kein Ziel vor Augen haben, wenn Sie nicht wissen, was der Zweck dieser Entscheidung ist, dann können Sie sich noch bis zum Sankt Nimmerleinstag über die Mittel den Kopf zerbrechen.

# *Kriterien aufstellen*

Damit Sie tatsächlich den besten Weg zu Ihrem Ziel einschlagen, müssen Sie sich zunächst einmal dreierlei bewußtmachen. Fragen Sie sich:

- ❑ Was will ich erreichen?
- ❑ Was will ich bewahren?
- ❑ Was will ich vermeiden?

Anhand Ihrer Antworten auf diese Fragen können Sie den relativen Wert verschiedener Alternativen beurteilen, und Sie werden auf diese Weise sicherlich zur bestmöglichen Entscheidung gelangen. Nehmen wir beispielsweise an, Ihr Ziel wäre, ein Auto zu kaufen, und Sie müßten sich nun für ein bestimmtes Fabrikat entscheiden. Wenn Sie sich an die drei obigen Kriterien halten, könnte Ihre Entscheidungstabelle etwa so aussehen:

- **Erreichen:** Ein zuverlässiges Auto, das nur geringe Reparaturkosten verursacht, mit einer möglichst langen Garantiezeit. Einen sportlichen Wagen, nach dem sich alle Leute umdrehen. Einen bequemen und geräumigen Wagen. Ein Auto mit guter Straßenlage, einem starken Motor und allem Komfort.
- **Bewahren:** Meine Ersparnisse — ich brauche also einen preisgünstigen Wagen. Meinen gegenwärtigen Lebensstandard — also möglichst niedrige laufende Kosten, folglich ein Auto mit geringem Benzinverbrauch, niedrigen Versicherungsraten und gutem Wiederverkaufswert.
- **Vermeiden:** Teure Reparaturen. Ersatzteile sollten erschwinglich und leicht zu erhalten sein. Das Auto sollte als zuverlässig gelten.

Da diese Kriterien die Grundlage für Ihre Entscheidung bilden, sollten sie möglichst gut überlegt und detailliert beantwortet werden. Sie könnten sich beispielsweise auch eine obere Preisgrenze von, sagen wir, 30.000,— DM setzen. Sie könnten die Farbe eingrenzen. Sie könnten weiterhin bestimmen, daß Sie kein Auto kaufen wollen, das mehr als zehn Liter auf hundert Kilometer verbraucht. Vielleicht legen Sie besonderen Wert auf ein auffälliges Modell. Die Auswahl könnte auch dadurch spezifiziert werden, daß es wenigstens ein Viersitzer sein soll. Bei diesem Schritt definieren Sie also Ihr Ziel gemäß Ihren Vorstellungen.

Überprüfen Sie nun, ob Ihre Kriterien sich in irgendwelchen Punkten widersprechen. Wollen Sie ein Luxusauto für weniger als 10.000,— DM? Möchten Sie einen Wagen, der zwar sehr schnell ist, aber sehr wenig Benzin verbraucht? Möchten Sie einen schicken Sportwagen, der gleichzeitig auch ein Kombi ist?

Haben Sie sich schließlich für bestimmte Kriterien oder Oberbegriffe entschieden, dann ordnen Sie sie nach ihrer relativen Wichtigkeit. Geben Sie jedem von ihnen eine Zahl von Eins bis Zehn, wobei Zehn das wichtigste und Eins das unbedeutendste Kriterium für den Autokauf sein soll. Spielt also die Leistung die wesentlichste Rolle für Sie, dann geben Sie ihr die Zahl Zehn. Ist der Preis nicht ganz so wichtig, erhält er etwa die Acht. Erscheinen Ihnen die Reparaturkosten nur halb so wesentlich wie die Leistung, so geben Sie hier die Zahl Fünf. Und so weiter.

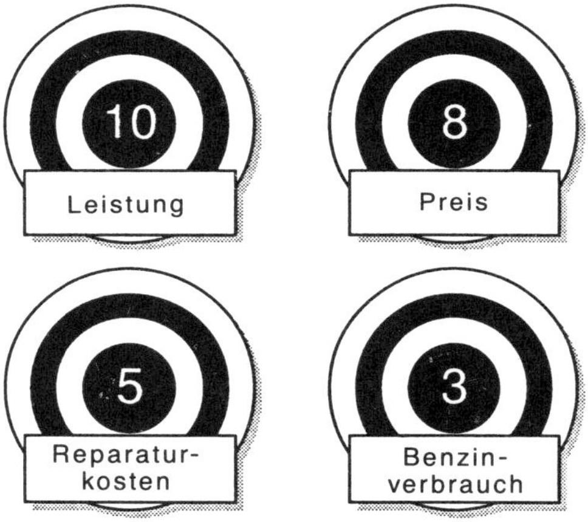


In diesem Teil des Entscheidungsprozesses bestimmen Sie also, was Ihnen beim Autokauf wichtig und was Ihnen nicht so wichtig ist. Wählen Sie wenigstens eine unerläßliche Bedingung, ein Kriterium, das so wichtig ist, daß es unbedingt berücksichtigt werden muß. Es erhält die Zahl Zehn. Alle übrigen Kriterien werden entsprechend der Bedeutung, die sie für Sie haben, mit den Zahlen Neun bis Eins belegt. Durch Nachdenken, Abwägen, Ordnen und Prüfen kommen Sie vielleicht zu dem Schluß, daß Ihnen der Preis doch wichtiger ist als die Alufelgen, oder daß die lange Garantiezeit eine größere Rolle spielt als die Klimaanlage.

Das Ergebnis Ihrer Überlegungen sollte eine Liste mit Stichwörtern sein, die Ihr Ziel und damit das, was Sie wirklich wollen, möglichst genau definieren.

# *Nach Alternativen suchen*

Nachdem wir nun unsere Kriterien bestimmt haben — also was wir erreichen, bewahren und vermeiden wollen — sollten wir uns über den nächsten Schritt auf dem Weg zum Ziel Gedanken machen. Finden Sie heraus, wie Sie Ihren Kriterien möglichst gerecht werden können.

Grenzen Sie Ihr Ziel anhand Ihrer Kriterien ein, und Sie werden Alternativen finden. Fragen Sie sich also im Falle des Autokaufs beispielsweise: Welches Auto kostet weniger als 30.000,— DM, ist sportlich und doch geräumig, hat eine Fünfjahres-Garantie und ist in Knallrot erhältlich? Mit dieser genauen ›Zielbeschreibung‹ im Sinn können Sie nun darangehen, die einschlägigen Zeitungen, Anzeigen oder Prospekte durchzuschauen und eine Liste von Autos zu erstellen, die wenigstens teilweise auf Ihre Definition passen.

Wenn Sie ein Haus kaufen wollen, so haben Sie vielleicht vorher beschlossen, daß es bezugsfertig sein, nicht in der Nähe eines Atomkraftwerkes oder einer viel befahrenen Straße stehen und einen Garten haben soll; auch möchten Sie mindestens sechs Zimmer sowie Zentralheizung haben, und es soll nicht mehr als 300.000,— DM kosten. Suchen Sie dagegen nach einem befriedigenden Job, so könnten Ihre Kriterien die Nähe zur Wohnung, eine gute technische Ausstattung Ihres Arbeitsplatzes, eine Arbeitszeit von höchstens 40 Wochenstunden und ein Gehalt von 5.000,— DM pro Monat sein. Wollen Sie sich ein Haustier zulegen, so lautet Ihre Zielvorstellung vielleicht: Nicht zu groß, anhänglich, verträglich, leicht zu pflegen und nicht zu laut.

Bieten sich Ihnen nun mehrere Alternativen, so schreiben Sie alle Vor- und Nachteile dieser Möglichkeiten auf. Auf diese Weise können Sie sie leichter gegeneinander abwägen und schließlich eine Wahl treffen.

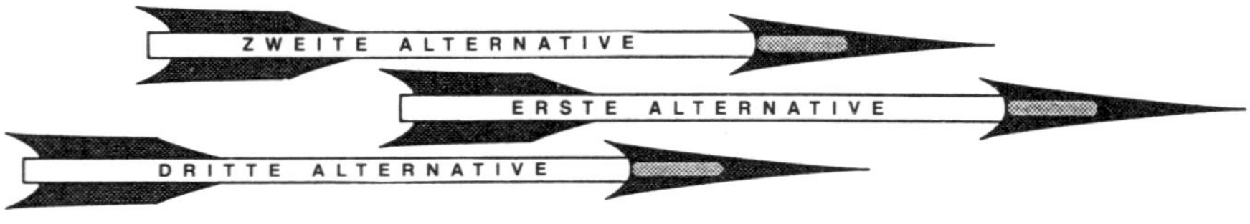


**TIP:** Nur allzuoft treffen wir eine Wahl, bevor wir unsere Kriterien aufgestellt haben. Lassen Sie Ihre Kriterien für Sie entscheiden.

# *Das Abschätzen und Prüfen verschiedener Möglichkeiten*

*»Wer schnell entschlossen, steht auf schwankendem Grund.«*
SOPHOKLES,
griechischer Tragödiendichter, 5. Jahrhundert v. Chr.

*»Wer lange bedenkt, der wählt nicht immer das Beste.«*
JOHANN WOLFGANG GOETHE,
deutscher Klassiker

Sie haben nun also eine Reihe von Alternativen; als nächstes sollten Sie sie gegeneinander abwägen. Natürlich ist es auch möglich, daß Sie gleich auf Anhieb genau das finden, was Ihren Vorstellungen entspricht — also beispielsweise ein Auto, das all Ihren Anforderungen gerecht wird. Doch in der Regel wird es so sein, daß alles seine Vor- und Nachteile hat. Was dann?

Schreiben Sie sich Ihre Kriterien auf. Fügen Sie nun Ihre verschiedenen Möglichkeiten hinzu, messen Sie sie nacheinander an Ihren Kriterien, und vergeben Sie wieder Punkte. Hat also Modell C den geringsten Benzinverbrauch, so geben Sie ihm in dieser Sparte die Note 10. Ist es dafür aber anfällig für Reparaturen, so schreiben Sie unter dem entsprechenden Oberbegriff die Note 6. Ihre Liste könnte dann etwa so aussehen:

| | *Leistung* | *Reparaturen* | *Preis* | *Verbrauch* |
|---|---|---|---|---|
| Modell A | 9 | 6 | 10 | 8 |
| Modell B | 10 | 5 | 7 | 6 |
| Modell C | 9 | 6 | 6 | 10 |
| Modell D | 6 | 10 | 9 | 7 |

Anschließend multiplizieren Sie den zuvor von Ihnen bestimmten Wert des Kriteriums mit der Note, die Sie der jeweiligen Alternative gegeben haben. Wenn Ihnen also beispielsweise das Kriterium »Leistung« am wichtigsten ist, so erhält Modell A dafür neunzig und Modell D sechzig Punkte. So verfahren Sie jetzt mit allen Kriterien und rechnen anschließend die Gesamtpunktzahl jeder Alternative aus. Auf diese Weise sehen Sie, welches Auto Sie kaufen sollten.

| | *Leistung* | *Reparatur* | *Preis* | *Verbrauch* | *Summe* |
|---|---|---|---|---|---|
| Modell A: | 9x10=90 | 6x5=30 | 10x8=80 | 8x3=24 | 224 |
| Modell B: | 10x10=100 | 5x5=25 | 7x8=56 | 6x3=18 | 199 |
| Modell C: | 9x10=90 | 6x5=30 | 6x8=48 | 10x3=30 | 198 |
| Modell D: | 6x10=60 | 10x5=50 | 9x8=72 | 7x3=21 | 203 |

In diesem Falle ging eindeutig Modell A als Sieger aus dem Wettstreit hervor. Jetzt möchten Sie vielleicht überprüfen, ob Ihre Entscheidung wirklich Ihren Wünschen entspricht. Verursacht Ihnen die getroffene Wahl ein ›schlechtes‹ Gefühl, dann haben Sie vielleicht Ihre Kriterien nicht richtig bewertet, oder Sie müssen noch weitere Alternativen ausfindig machen.

Dieses Benotungssystem läßt sich ebenso auf tatsächliche Daten wie auch auf Gefühle anwenden. Sie stufen einfach Ihre Empfindungen danach ein, wie wichtig oder unwichtig sie für Sie sind. So können Sie eine Reihe von Alternativen erhalten, die sowohl Ihren Verstand als auch Ihr Herz zufriedenstellen.

Nachdem Sie schießlich eine Wahl getroffen haben, sollten Sie sich noch ein wenig Zeit nehmen, um nach möglichen Fehlern zu suchen. Fragen Sie sich: »Was könnte dabei schiefgehen?« Fragen Sie sich dann: »Wie könnte ich dem vorbeugen?«

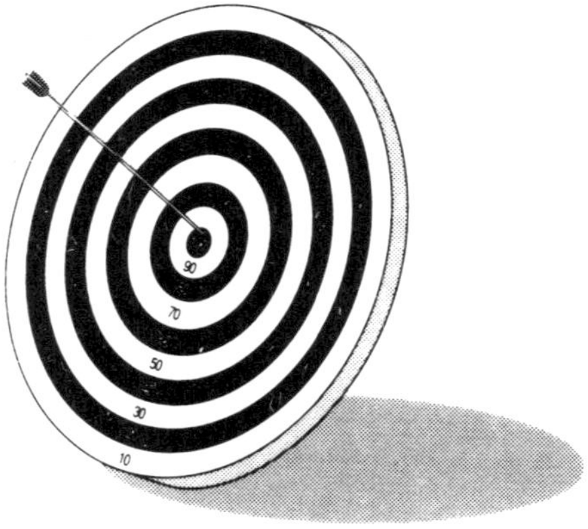


**TIP:** Halten Sie an der auf diese Weise getroffenen Entscheidung fest, es sei denn, Sie erhielten plötzlich neue Informationen oder fänden weitere Alternativen. Ändern Sie nicht noch kurz vor dem Kauf Ihre Meinung.

# *Entscheidungen, Entscheidungen, Entscheidungen …*

### ❑ Entscheidungsaufwärmübungen

- Was war die beste Entscheidung Ihres Lebens? Warum war sie so gut? Wie sind Sie zu dieser Entscheidung gelangt?
- Was war die schlechteste Entscheidung Ihres Lebens? Warum war sie schlecht? Wie sind Sie zu dieser Entscheidung gelangt?
- Was war die schwierigste Entscheidung, die Sie jemals getroffen haben? Warum war sie so schwierig?
- Was war die ungewöhnlichste Entscheidung Ihres Lebens?
- Was war die allerfrüheste Entscheidung Ihres Lebens?

### ❑ Zielübung

Entwickeln Sie für jede der folgenden Aufgaben eine genaue Zielvorstellung. Wie könnte das Resultat dieser Unternehmungen aussehen:

- ein Haus kaufen
- eine Illustrierte lesen
- einen Kilometer joggen
- alle Übungen dieses Buches ausführen
- Lottoscheine kaufen
- eine Schlankheitskur machen
- keine negativen Emotionen herauslassen?

### ❑ Kriterien aufstellen

Stellen Sie die wichtigsten Kriterien für eine gute Wahl bei den folgenden Aktivitäten auf. Was könnten Sie erreichen, bewahren und vermeiden wollen, wenn es darum geht, eines der folgenden Dinge auszuwählen:

- ein Lexikon oder einen Atlas
- eine Schlafcouch
- einen neuen Wintermantel
- einen Roman
- eine Karriere
- einen Partner fürs Leben?

## ❑ Noten verteilen

Nehmen Sie ein Blatt Papier und ordnen Sie die folgenden Kriterien für einen Hauskauf nach der relativen Wichtigkeit, die sie für Sie besitzen: Preis; Hypothekenrate; Nähe zu Schule, Kirche und Geschäften; Straßenlärm; Steuern; Geräumigkeit; Zimmeraufteilung; Zahl und Größe der Badezimmer; Speicherraum; allgemeiner baulicher Zustand; Alter und Zustand des Daches; Heizung; Verputz; Kellergröße; Fußböden; Parkmöglichkeiten; Größe des Gartens.

## ❑ Der Weg dahin ist das halbe Vergnügen

Überlegen Sie, welche Handlungen notwendig sind, um die folgenden Ziele zu erreichen:

— Innerhalb von vier Wochen ein Fußballspiel organisieren.
— Bis Anfang Juni mit PASCAL programmieren können.
— Im nächsten März nach Kenya reisen.
— Bis Weihnachten Wohn- und Schlafzimmer neu tapezieren.

## ❑ Wählen und fühlen

Von Albert Einstein erzählt man sich folgende Geschichte: Jedesmal wenn er vor einer Entscheidung stand, bei der er zwischen zwei Möglichkeiten wählen mußte, holte er eine Münze aus der Tasche, setzte die eine Alternative mit dem Bild, die andere mit der Zahl gleich und warf dann das Geldstück. Sobald er sah, für welche Möglichkeit sich der Zufall entschieden hatte, fragte er sich, was er dabei empfand. Hatte er ein gutes Gefühl, so nahm er die Entscheidung an, war ihm dagegen nicht recht wohl dabei, wählte er die andere Alternative.

### ❑ Überdenken Sie die folgenden hypothetischen Situationen:

— Wenn Sie heute abend sterben müßten, um welche nicht ausgesprochenen Worte täte es Ihnen am meisten leid?
— Wenn man Ihnen eine Million Mark anbieten würde unter der Bedingung, daß Sie das Land auf immer verlassen — was würden Sie tun?
— Würden Sie eine Kuh töten, wenn Sie nichts anderes zu essen hätten?
— Wenn Sie wüßten, daß in fünf Tagen ein Atomkrieg ausbricht, was würden Sie tun?
— Wenn Sie die Wahl hätten, würden Sie dann Ihren genauen Todestag wissen wollen?
— Stellen Sie sich vor, Sie könnten auf eine einzige Frage die richtige Antwort erhalten. Nehmen wir weiter an, Sie könnten jede beliebige Frage über die Vergangenheit, Gegenwart oder Zukunft stellen. Wie würde Ihre Frage lauten?
— Wenn Sie einen Tag und eine Nacht lang das Leben eines anderen Menschen leben könnten, welchen Menschen würden Sie sich aussuchen, und was würden Sie dann tun?
— Wenn Sie einen Tag lang ein bestimmtes Tier sein könnten, welches Tier würden Sie wählen?

### ❑ Risikomuskel

Im nächsten Jahr sollen Sie auf Ihrem Acker eine einzige Nutzpflanze anbauen. Sie haben die Wahl zwischen drei Getreidearten, die jeweils andere klimatische Bedingungen bevorzugen. Es wird im nächsten Jahr drei verschiedene ›Wetterarten‹ geben: gutes, mittleres und schlechtes Wetter. Sie können aber keine konkreten Prognosen anstellen, weil die Wahrscheinlichkeit für alle drei Wetterarten gleich groß ist. Die folgende Tabelle verzeichnet die zu erwartenden Erträge für die verschiedenen Wetterbedingungen.

| | *Gutes Wetter* | *Mittleres Wetter* | *Schlechtes Wetter* |
|---|---|---|---|
| Saat 1 | 24 | 0 | -6 |
| Saat 2 | 12 | 6 | 0 |
| Saat 3 | 6 | 6 | 6 |

Für welche Pflanze würden Sie sich entscheiden? Warum?

### ❑ Mehr Alternativen finden

Das *I-Ging,* das »Buch der Wandlungen«, ist ein altes chinesisches Weisheits- und Orakelbuch. Bei schwierigen Entscheidungen sollten Sie dieses Werk zu Rate ziehen — nicht, um sich weissagen zu lassen, sondern um Ihr Denken in neue Bahnen zu leiten.

### ❑ Bewerten üben

Bewerten Sie die folgenden sieben Figuren gemäß Ihren Vorlieben. Wählen Sie zunächst die Form, die Ihnen am besten gefällt, dann die, die Sie am wenigsten mögen.

Bei den übrigen fünf verfahren Sie genauso: Sie sondern die hübscheste und die häßlichste aus. Bei den restlichen drei Figuren machen Sie es dann ebenso.

### ❑ Die Wurzel des Problems

Wenn Sie das nächste Mal deprimiert sind, dann nehmen Sie sich die Zeit, den Entscheidungsvorgang durchzuspielen. Fragen Sie sich, worin Ihr Problem liegen könnte. Bestimmen Sie eine Zielvorstellung. Definieren Sie Kriterien. Finden Sie heraus, was nötig wäre, damit Sie sich besser fühlen.

# *Unwillkürliche Entscheidungen*

*»Wenn man nicht bekommt, was man will,*
*ist man gezwungen, das zu wollen, was man bekommt.«*

George Bernard Shaw, anglo-irischer Dramatiker

Viele Entscheidungen — den gegenwärtigen Job zu behalten, keinen Sport zu treiben, keine Veränderungen in der Ernährung vorzunehmen, kein Risiko einzugehen — werden meist gerade dadurch getroffen, daß man überhaupt nichts entscheidet. Obgleich diese Null-Entscheidungen also unwillkürlich geschehen, sind sie oftmals genauso wirkungsvoll wie bewußt getroffene Entscheidungen. Sie können zum Beispiel ausschlaggebend dafür sein, daß wir durch das Leben treiben und ein Spielball der Ereignisse werden.

Viele Menschen verbringen in der Tat mehr Zeit damit, Einladungen zu planen, als über ihr Leben nachzudenken. So erscheint es nicht verwunderlich, daß wir in der Regel zu sehr in unsere alltäglichen Probleme eingebunden sind, um das ›große Bild‹, das eigentlich Wesentliche wahrzunehmen.

Einer der wichtigsten Aspekte der geistigen Fitneß sind die persönlichen Ziele, die wir haben und auf die wir hinarbeiten sollten. Ziele bewirken, daß wir unsere Zeit, unsere Energie und unsere Kreativität sinnvoll einsetzen; und indem sie unserem Leben eine Richtung geben, bilden sie auch das Fundament für persönliches Wachstum.

Was möchten Sie im Leben erreichen? Möchten Sie viel Geld haben, eine große Stereoanlage, ein schönes Haus, Ruhm, Ehre, eine große Familie, Glück, ein langes Leben? Sehnen Sie sich nach Abenteuern, Gesundheit, Frieden, Wissen oder nach Liebe, Sicherheit, Aufregung oder Macht? Nehmen Sie sich ein wenig Zeit für die folgende Übung, und Sie werden vielleicht eher wissen, welche Richtung Sie einschlagen möchten.

# *Wunschzettel*

*Nehmen Sie ein Blatt Papier*
*und schreiben Sie Ihre Wünsche auf.*

*Schreiben Sie alles auf,*
*was Sie haben, sehen,*
*tun, sein oder erfahren möchten.*

*Ordnen Sie diese Wünsche in die folgenden Kategorien ein:*

*materielle Wünsche*
*finanzielle Wünsche*
*berufliche Wünsche*
*Wünsche in bezug auf die Freizeit*
*Wünsche in bezug auf zwischenmenschliche Beziehungen*
*Wünsche in bezug auf das persönliche Wachstum.*

*Haben Sie Mut!*
*Schreiben Sie alle Ihre Wünsche auf, selbst die geheimsten,*
*kurz- und langfristige,*
*große und kleine Wünsche.*

*Schreiben Sie so lange weiter,*
*bis Ihnen überhaupt nichts mehr einfällt.*

*Nehmen Sie sich nun ein wenig Zeit,*
*legen Sie ein Blatt Papier vor sich hin*
*und beginnen Sie damit, all Ihre Wünsche festzuhalten.*

Wenn Sie damit fertig sind, beschäftigen Sie sich noch eine kleine Weile mit Ihrem Ergebnis:

- Setzen Sie Prioritäten. Welcher Wunsch ist Ihnen am wichtigsten?
- Seit wann hegen Sie diesen Wunsch?
- Welche Erfahrungen haben dazu beigetragen, daß Sie diesen Wunsch haben? Hätten Sie diese Erfahrungen nicht gemacht, würden Sie dann wohl trotzdem diesen Wunsch haben?

- Wer könnte wollen, daß Sie diesen Wunsch haben?
- Wieviel Befriedigung und Glück haben Sie bisher dadurch empfangen, daß Sie diesen Wunsch hatten?
- Wie gut fühlen Sie sich, wenn Sie Dinge tun, die Sie der Erfüllung des Wunsches näherbringen? Wie schlecht fühlen Sie sich dadurch, daß Sie sich diesen Wunsch noch nicht erfüllt haben? Wieviel Befriedigung wird Ihnen die Erfüllung dieses Wunsches letztlich gewähren?
- Wie würden Sie sich ohne diesen Wunsch fühlen? Wären Sie ein anderer Mensch? Was würden Sie dann tun?
- Steht dieser eine Wunsch in Konflikt mit einem anderen?
- Sind Sie gern die Art von Mensch, die einen solchen Wunsch hat?

Es ist durchaus möglich, daß Sie nach Beantwortung dieser Fragen Ihre Wünsche nun mit anderen Augen betrachten. Vielleicht kommen Ihnen manche jetzt oberflächlich vor, von anderen erkennen Sie, daß sie Ihnen eingeredet wurden, und wieder andere empfinden Sie selbst nach reiflicher Prüfung als wirklich wesentlich. Möglicherweise streichen Sie auch einen Wunsch von Ihrer Liste oder fügen einen anderen hinzu. Es ist auch denkbar, daß Sie verschiedene Wünsche zu einfacheren, allgemeineren zusammenfassen: So könnten Sie sich zum Beispiel wünschen, komme, was da wolle, glücklich zu sein. Vielleicht haben Sie auch herausgefunden, daß Ihr wesentlichster Wunsch darin besteht, herauszufinden, was Sie wirklich wollen. Sie könnten auch den Wunsch haben, entscheiden zu können, was Sie sich wünschen.

Denken Sie, solange Sie wollen, über Ihre Wünsche nach. Schließlich und endlich bestimmen Sie Ihren Kurs im Leben.

Viele Wünsche — wie beispielsweise der Wunsch, attraktiv, mächtig, erfolgreich und weise zu sein — lassen sich auf den einen übergeordneten Wunsch zurückführen, von unseren Mitmenschen Bestätigung zu erhalten. Was haben Sie wirklich davon, wenn Sie von anderen bewundert werden? Vielleicht fühlen Sie sich dadurch in Ihrer Eigenliebe bestätigt. In jedem Fall führt aber der Wunsch nach Bestätigung dazu, daß wir unseren eigenen freien Willen dem Willen anderer Menschen unterordnen.

Wandeln Sie jeden größeren Wunsch in ein Ziel um. Finden Sie dann heraus, wie Sie dieses Ziel am besten verwirklichen können. Was möchten Sie erreichen, bewahren und vermeiden, um diesen Wunsch zu befriedigen? Überlegen Sie sich nach diesen Kriterien Ihre künftige Handlungsweise. Entscheiden Sie, welche Maßnahmen am besten zur Verwirklichung Ihres Wunsches beitragen würden.

Knüpfen Sie schließlich diese Maßnahmen an konkrete Unterziele, und zwar indem Sie jede einzelne von ihnen spezifizieren, meßbar machen und mit einem Termin versehen. Wenn Sie also beispielsweise ein Haus kaufen möchten, dann stecken Sie sich das langfristige Ziel von 300.000,— DM, die Sie innerhalb der nächsten zehn Jahre sparen möchten. Als kurzfristiges Ziel wollen Sie etwa erreichen, ab dem nächsten Januar monatlich 1000,— DM beiseite zu legen, und sich zu diesem Zweck vielleicht noch eine Nebenbeschäftigung suchen. Von jetzt an stellen Sie außerdem einen festen Haushaltsplan auf, überprüfen alle Ihre Ausgaben und suchen sich günstige Einkaufsmöglichkeiten. Ist Ihr Wunsch aber körperliche Leistungsfähigkeit, dann stecken Sie sich als erstes kurzfristiges Ziel, für die nächsten drei Monate dreimal in der Woche zu trainieren. Als langfristiges Ziel könnten Sie planen, bis zum Ende des nächsten Jahres optimal fit zu sein.

Wenn wir irgend etwas an unserem Leben verändern wollen, ist es absolut unerläßlich, daß wir uns ein realistisches Ziel stecken. Läßt sich einer Ihrer Wünsche nicht ohne weiteres in ein Ziel umwandeln, dann sollten Sie überprüfen, ob er Ihnen wirklich so wichtig ist, wie Sie glauben. Stecken Sie sich immer kurz- und langfristige Ziele. Ein Ziel sollte zwar eine Herausforderung sein, aber nicht so schwierig, daß man jeglichen Mut verliert. Stecken Sie sich also realistische — aber auch nicht zu einfache Ziele.

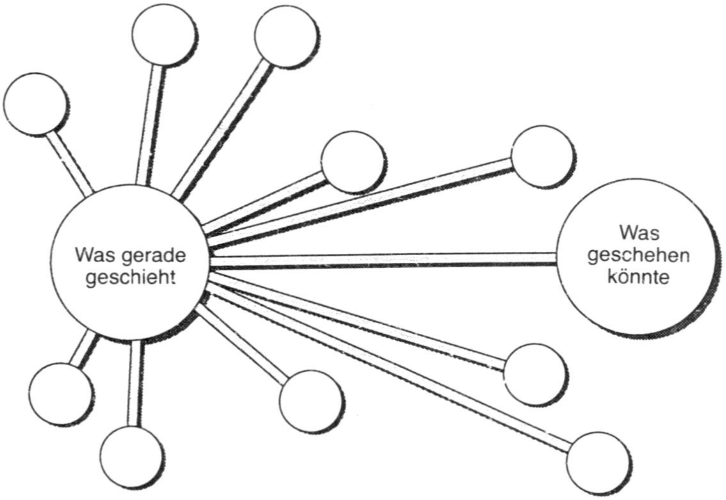


**TIP:** Glück ist kein Ziel, das man erreichen könnte, sondern das Resultat erreichter Ziele.

# *Tips für Ihre Entscheidungen*

Gute Entscheidungen können in hohem Maße zu unserer geistigen Fitneß beitragen. Nehmen Sie sich die Zeit, formal gute Entscheidungen zu treffen. Auf diese Weise werden Ihre Pläne zusammenhängender und Ihre Handlungen wesentlich effektiver werden.

**Tip eins:**
Nehmen Sie Ihre Entscheidungen bewußter wahr. Erkennen Sie, welche Entschlüsse Sie rein gewohnheitsmäßig und welche Sie aufgrund bewußter Analyse aller zur Verfügung stehenden Fakten fassen.

**Tip zwei:**
Verlangt eine Situation eine Entscheidung von Ihnen, dann behalten Sie Ihr Ziel fest im Auge und lassen Sie sich nicht von ihm ablenken. Steuern Sie mit allen Ihren Entscheidungen darauf zu. Vergessen Sie auch nicht, daß ein schlecht definiertes Problem unzählige Lösungen haben kann.

**Tip drei:**
Stellen Sie Kriterien auf, nach denen Sie Ihre Entscheidung fällen. Zerlegen Sie die ›Entscheidungsobjekte‹ in möglichst viele Komponenten, damit Sie leichter Vergleiche anstellen können. Listen Sie die Vor- und Nachteile mehrerer Alternativen auf.

**Tip vier:**
Wenn Sie vor einer schweren Entscheidung stehen, dann befragen Sie Ihre Gedanken und Gefühle. Versuchen Sie sich für eine Alternative zu entscheiden, die sich auch richtig anfühlt. Verlieren Sie nie Ihre großen Ziele aus den Augen. Halten Sie an einmal getroffenen Entscheidungen fest.

*»Das Schönste ist die Gerechtigkeit,*
*das Beste die Gesundheit,*
*das Erfreulichste aber,*
*zu erlangen, was man möchte.«*

ARISTOTELES,
griechischer Philosoph, 4. Jahrhundert v. Chr.

ELFTE STATION

# IMPROVISIEREN

## *Der kreative Akt*

# *Auf der Stelle*

*Nehmen Sie sich ein wenig Zeit,*
*um abzuschalten und sich zu entspannen.*

*Lassen Sie Ihre Aufmerksamkeit frei schweifen.*
*Erlauben Sie ihr, beliebig von einer Sache zur anderen überzugehen.*

*Sobald sich Ihr Geist beruhigt hat*
*und Sie dazu bereit sind,*
*tun Sie irgend etwas Kreatives.*

*Nun los, packen Sie es an.*

*Beginnen Sie jetzt.*

# *Der kreative Prozeß*

*»Kreatives Denken kann einfach in der Erkenntnis bestehen,*
*daß es keine besondere Kunst ist,*
*Dinge so zu tun,*
*wie sie schon immer getan wurden.«*

Roger von Oech, Kreativitätsberater

Die Kreativität ist ein wesentlicher Aspekt der Intelligenz. Sie zu definieren ist jedoch mindestens ebenso schwierig, wie einen Quecksilbertropfen mit den Fingerspitzen zu fassen: Sobald man glaubt, ihn zu haben, teilt er sich in Dutzende weiterer Tröpfchen, die in alle Richtungen davonrollen.

Sind denn nur wirklich originelle Ideen ein Zeichen von Kreativität? Sind wir nur dann schöpferisch, wenn wir etwas künstlerisch und ästhetisch Wertvolles schaffen? Kann Kreativität nicht auch das Resultat sorgfältiger und systematischer Arbeit sein? Wird sie immer von einem Gefühl der Inspiration begleitet, von der Empfindung, daß die jeweilige Idee aus dem Nichts entstanden ist?

Einige Psychologen halten Kreativität lediglich für eine innovative Art, Probleme zu lösen. So gesehen, wäre sie nichts Außergewöhnliches, sondern lediglich die Folge methodischen Denkens. Andere Psychologen sind der Ansicht, Kreativität sei ein stürmischer, unkontrollierbarer Prozeß, der mehr oder weniger aus dem Unbewußten entsteht und große Intuitionssprünge voraussetzt. So gesehen, wäre die Kreativität etwas Mysteriöses und Unberechenbares. Beide Definitionen sind teilweise richtig.

Wir sind dann kreativ, wenn wir eine Idee nicht von jemand anderem übernehmen, sondern selbst ›erzeugen‹. Wir müssen gewissermaßen ihrer Geburt in unserem Kopf beiwohnen. Es spielt dabei jedoch keine ausschlaggebende Rolle, ob diese Idee die Folge eines langwierigen Denkvorganges oder einer plötzlichen Inspiration ist.

Sie können bei der vorigen Übung eine ganze Reihe von Dingen getan haben: Sie könnten beispielsweise einen Kopfstand gemacht haben, Urwaldgeräusche produziert, mit den Fingern einen Rhythmus auf der Tischplatte geklopft oder über die Quantentheorie nachgedacht haben. Sie brauchten keine plötzliche Eingebung, keinen Gedankenblitz, keine Erleuchtung zu haben — Sie sollten sich lediglich darüber Gedanken machen, was Kreativität für Sie bedeutet.

Ein schöpferischer Akt kann ein Problem lösen, einen bestimmten Zweck erfüllen oder ein Bedürfnis befriedigen, das sowohl praktischer als auch emotionaler oder ästhetischer Natur sein kann. Um etwas wirklich Originelles hervorzubringen, sind aber in jedem Fall Können und Fleiß vonnöten, gleichgültig ob man nun Brücken entwirft, ein Rezept erfindet, die Decke der sixtinischen Kapelle bemalt oder seine Autobiographie schreibt. Der Psychologe Abraham Maslow drückt dies so aus: »Eine erstklassige Suppe erfordert mehr Kreativität als ein zweitklassiges Gemälde.«

Den schöpferischen Prozeß kann man in zwei Hauptphasen unterteilen: in die der *Bereitstellung* und die der *Auswertung*. In der *Bereitstellungsphase* erzeugt und manipuliert man neue Ideen. Man sammelt unzusammenhängendes Material, stellt neue Verbindungen her und sucht nach ungewöhnlichen Mustern. Man bedient sich seiner Vorstellungskraft, denkt in spielerischen Bahnen, bricht Regeln und läßt die Ideen im Hinterstübchen seines Kopfes gewissermaßen auf kleiner Flamme gar werden.

In der *Auswertungsphase* sichtet man das gesammelte Material und setzt es gegebenenfalls in die Tat um. Man entscheidet, ob eine Idee tatsächlich zu verwirklichen ist und ob sie den aufgestellten Kriterien gerecht wird. Ist dies der Fall, realisiert man sie. Diese beiden Phasen ergänzen sich gegenseitig: Zunächst erweitert man sein Denken, um Ideen zu erzeugen, anschließend engt man es wieder ein.

Ebenso wie zum Beispiel beim Hochsprung ist auch beim kreativen Denken das richtige Timing von ausschlaggebender Bedeutung. Wenn man während der Bereitstellungsphase versucht, praktisch, kalt und logisch zu denken, engt man seine Möglichkeiten ein, anstatt sie zu erweitern. Denkt man in der Auswertungsphase dagegen zu frei und assoziativ, läßt sich eine Idee vielleicht nicht in die Tat umsetzen, oder es werden möglicherweise wesentliche Mängel übersehen. Es ist außerordentlich wichtig, daß wir erkennen, wann wir uns konzentrieren müssen und wann wir unserer Phantasie freien Lauf lassen können.

*»Kreativität ist zehn Prozent Inspiration und neunzig Prozent Transpiration.«*
THOMAS ALVA EDISON, amerikanischer Erfinder

## *Sehen Sie über die erste richtige Antwort hinaus*

*»Die beste Methode, zu einem guten Einfall zu kommen, ist, viele Einfälle zu haben.«*
LINUS PAULING, amerikanischer Chemiker und Nobelpreisträger

**Übung:** Was ist das?

Unser Denken ist zum großen Teil darauf abgerichtet, auf jede Frage eine einzige richtige Antwort zu finden. Mit dieser Annäherung an die Problemlösung, die uns jahrelang durch Schultests und Prüfungen einprogrammiert wurde, klassifizieren wir alles nach ›ja‹ oder ›nein‹, ›richtig‹ oder ›falsch‹, ›schwarz‹ oder ›weiß‹.

Als Folge dieses eingleisigen Denkens geben wir uns bei der Suche nach neuen Ideen in der Regel mit der erstbesten richtigen Antwort zufrieden.

Diese Lösung, die jedoch keineswegs die *beste* zu sein braucht, unterbindet den Drang, weiterzusuchen. Die Gelegenheit, eine *bessere* Lösung zu finden, ist vertan.

Sie könnten also beispielsweise die obige Zeichnung als zwei Kreise erklären und sich damit zufriedengeben. Sie könnten allerdings auch weitergehen und in der Zeichnung ein Spiegelei sehen oder eine Toilettenpapierrolle von oben, einen Sombrero von oben oder unten, den Augapfel eines Albinos, die Mündung einer Pistole, die Umlaufbahnen des Merkur und der Venus oder die Unteransicht einer Glühbirne.

Wenn Sie also in irgendeiner Weise kreativ tätig werden sollen oder wollen, dann geben Sie sich nicht zu früh zufrieden. Es ist zwar auch dann ohne weiteres möglich, daß Sie neunzehn von zwanzig Ideen in den Papierkorb werfen müssen; doch erinnern Sie sich daran, daß Edison über zweitausend Möglichkeiten gefunden hatte, wie man *keine* Glühbirne herstellen kann. Wenn Sie also nicht weitersuchen, könnte es sein, daß Ihnen eine bessere Lösung entgeht.

**TIP:** Geben Sie sich nicht mit der erstbesten Lösung zufrieden. Suchen Sie weiter.

# *Verbindungen herstellen*

*»Die Fähigkeit, Dinge auf bisweilen merkwürdige,*
*aber faszinierende Weise*
*zueinander in Beziehung zu setzen und sie miteinander*
*zu verknüpfen, bildet die Grundlage*
*jeder kreativen Anwendung des menschlichen Geistes —*
*gleichgültig in welchem Wissenszweig*
*oder auf welchem Gebiet.«*

George J. Seidel, Schriftsteller

**Übung:** Was erhalten Sie, wenn Sie eine Glühbirne mit einem Kugelschreiber kreuzen?

Viele Erfindungen kamen dadurch zustande, daß jemand zwei scheinbar völlig disparate Ideen miteinander kombinierte und sie in etwas vollkommen Neues umwandelte. Der Mainzer Johannes Gutenberg (um 1397 bis

1468) verband die Idee einer Traubenpresse und eines Münzprägestempels miteinander und erfand so eine Druckerpresse mit beweglichen Lettern. Der englische Anatom und Physiologe WILLIAM HARVEY (1578 bis 1657) stellte eine Analogie zwischen einer Wasserpumpe und dem menschlichen Herzen her und entdeckte auf diese Weise den Blutkreislauf. Die Brüder WRIGHT kombinierten die Ideen des Fahrrads, des Vogelflügels und des Motors miteinander und entwickelten daraus Anfang dieses Jahrhunderts das erste Motorflugzeug.

Bei der obigen Übung wären mehrere Resultate möglich. Sie könnten beispielsweise an einen Kugelschreiber mit eingebautem Birnchen gedacht haben, mit dem man auch an dunklen Orten schreiben und sehen kann. Ein weiteres mögliches Ergebnis wäre ein besonderer Kugelschreiber, mit dem man auf Glühbirnen zeichnen und dadurch hübsche Muster auf die Wände projizieren kann. Auch wäre ein Kugelschreiber denkbar, den man in eine Halterung einschraubt und auf diese Weise nachfüllt. Welche weiteren Kreuzungen fallen Ihnen noch ein?

Es ist interessant zu beobachten, in welcher Weise eine solche Verbindung in unserem Kopf zustandekommt. Gerade tappen wir noch im Dunkeln, und im nächsten Augenblick haben wir auch schon eine Idee gefunden. Was geschieht zwischen diesen beiden Momenten? Wir haben ein Aha-Erlebnis. Dieses »Aha«, das wir erfahren, wenn wir eine Verbindung hergestellt und eine Entdeckung gemacht haben, ist dem »Haha« vergleichbar, das wir im Zusammenhang mit etwas Lustigem erleben. Beide Reaktionen äußern sich spontan.

**TIP:** Halten Sie nach Dingen Ausschau, die sich mit Ihren Ideen in Verbindung bringen lassen.

# *Auslösende Wörter*

Stellen Sie sich Ihren Geist als eine riesig große Bibliothek vor. Ihre Erinnerungen, Erfahrungen und Vorstellungen sind die Klassiker, die Romane, Krimis, Komödien, Tragödien, Gedichtbände, Wörterbücher und Lexika, mit denen Sie Regal um Regal vollgestellt haben. Viele von ihnen sind in dunklen Ecken — ganz unten, ganz oben oder irgendwo auf dem Korridor

— versteckt. Sie sind zwar grundsätzlich noch immer verfügbar, aber nicht mehr so leicht zugänglich.

Es gibt mehrere Möglichkeiten, wie wir uns einen besseren Zugriff auf unsere geistige Bibliothek verschaffen können. Die Verwendung bestimmter Wörter, die neue Assoziationen hervorrufen, ist eine solche Methode, bereits in unserem Geist vorhandene Informationen abzurufen und sie in kreativer Weise einzusetzen. Blättern Sie also beispielsweise ein Wörterbuch durch und suchen Sie sich ein Wort aus, das Sie mit der Idee, an der Sie gerade arbeiten, in irgendeiner Weise verbinden können. Sie können aber auch die Augen schließen, das Buch an einer beliebigen Stelle aufschlagen, den Finger blindlings auf ein Wort legen, und nun eine Beziehung zu Ihrem Thema erzwingen.

Gesetzt den Fall, Sie arbeiteten gerade an der Entwicklung eines neuen Brettspieles und Sie wären bei Ihrer Suche auf das folgende Wort gestoßen:

**ENZYM**

Was könnten Sie nun damit anfangen? Ein Enzym ist eine organische Verbindung, die den Stoffwechsel des Organismus steuert. Das Wort könnte Sie an Zellen und Mikroben erinnern, und schon hätten Sie eine Idee für Ihr Spiel: Einige Spieler könnten die Mikroben sein, die versuchen, Zellen anzugreifen, während andere Spieler die Zellen verteidigen müßten. Sie könnten auch an eine einzige große Zelle oder aber an einen vollständigen Organismus denken. Da Sie weiterhin wissen, daß die Enzyme zwar an allen biochemischen Reaktionen beteiligt sind, sich selbst dadurch jedoch nicht verändern, fällt Ihnen vielleicht auch ein Spiel ein, bei dem sich nur die Umgebung eines Spielers, nicht aber dessen eigene Position verändert. Wenn Sie nun in andere Richtungen denken, kommt Ihnen möglicherweise auch das Wort Parfüm, das entfernt ähnlich klingt, in den Sinn. Mit diesem Wort assoziieren Sie dann Blumen — und schon hätten Sie eine weitere Idee für ein Spiel: Die eine Partei versucht, möglichst viele Blumen auszureißen, während die andere ihr Bestes tun muß, um sie wieder einzupflanzen.

Wie könnten Sie die folgenden Begriffe in Ihr Themaspiel einbringen: *Korridor, Prinz, Glühbirne, Wagenrad, Hühnerauge?*

# *Metapher und Gleichnis*

*»Das bei weitem Größte ist,
ein Meister der Metapher zu sein.«*

Aristoteles,
griechischer Philosoph, 4. Jahrhundert v. Chr.

**Übung:** Denken Sie über die folgenden Gleichnisse nach und geben Sie Gründe dafür an, warum sie zutreffen könnten.

- Kreativität ist wie Kuchenbacken.
- Kreativität ist wie in den Schlamm fallen.
- Kreativität ist wie miteinander schlafen.
- Kreativität ist wie einen undichten Wasserhahn reparieren.
- Kreativität ist wie eine Axt schärfen.

Eine andere gute Methode, im Geiste Verbindungen zu knüpfen, ist der Gebrauch von Methaphern und Gleichnissen. Beide vergleichen zwei Dinge miteinander und heben deren Gemeinsamkeiten hervor. Gleichnisse erkennt man leichter, weil sie in der Regel die Wörter *wie* und *gleichsam* oder etwas Ähnliches enthalten. Unsere Sprache ist reich an erstarrten Metaphern — man denke nur an die Stuhl*beine,* die Fett*augen,* den *Schlüssel* zum Erfolg, die *klaren* Gedanken, das *sonnige* Gemüt und die benutzer*freundlichen* Computerprogramme.

Metaphern und Gleichnisse können unsere Gedanken in völlig neue Richtungen lenken. Wenn Sie beispielsweise darüber nachdenken, ob Kreativität tatsächlich dem Kuchenbacken vergleichbar ist, dann könnte Ihnen einfallen, daß man Ideen im richtigen Verhältnis miteinander verrühren, ihnen Zeit zum Aufgehen geben und sie anschließend bei der richtigen Temperatur ›backen‹ sollte.

Machen Sie sich im Geiste jedesmal eine Notiz, wenn Sie ein neues Gleichnis oder eine neue Metapher entdecken — sei es in Gesprächen, Fernsehshows, Filmen, Romanen oder Zeitungsartikeln. Fragen Sie sich dann, ob sie zutreffen oder einen Sinn ergeben. Welchen Eindruck machen sie auf Ihre Sinne, Ihre Gefühle oder Ihren Intellekt? Wenn Sie das nächste Mal einen neuen Zugang zu einem Problem finden müssen oder wollen, versuchen Sie, es in Form eines Gleichnisses oder einer Metapher zu formulieren.

# *Teile und vereine*

Eine andere gute Methode, Ideen zu produzieren, ist die sogenannte ›Attributanalyse‹. Bei dieser Technik fertigt man eine Liste der Besonderheiten, Charakteristika und Parameter der jeweils zur Diskussion stehenden Idee oder Vorstellung an. Anschließend verändert man eines oder mehrere dieser Charakteristika, um dadurch eine neue Idee zu schaffen.

Nehmen wir beispielsweise an, Sie arbeiteten an der Entwicklung einer neuartigen Tasse. In Ihrer Attributliste haben Sie definiert, daß Tassen einen kreisförmigen Grundriß und einen Henkel besitzen, aus einem harten Material bestehen, eine festen Boden haben und geschmacksneutral sein sollten.

Jetzt jedoch ändern Sie die Richtung Ihrer Gedanken. Suchen Sie sich eines dieser Attribute heraus und ändern Sie es in irgendeiner Weise. Geben Sie also zum Beispiel Ihrer Tasse zwei statt nur einen Henkel, so daß man sie von beiden Seiten aufnehmen kann. Befestigen Sie allerdings den Henkel in der Tasse, so würden Sie sich nie mehr den Mund verbrennen, weil Sie dann zwangsläufig bereits mit den Fingern die Temperatur der Flüssigkeit testeten. Für Leute, die oft dicke Handschuhe tragen (denken Sie etwa an Preisboxer oder Hockeyspieler), wäre es dagegen sehr praktisch, wenn der Henkel so groß wie die ganze Tasse wäre.

Indem Sie also einzelne Attribute verändern, schaffen Sie eine Tasse, die ganz bestimmten Zwecken dient. Eine Tasse mit spitzem Boden eignete sich etwa besonders für Picknicks am Strand: Sie würde nicht mehr umfallen. Ein weicher, klebriger Boden wäre ideal für Fahrten auf stürmischem Meer, da die Tasse dann nicht von den Tischen rutschen könnte. Für Leute, die zuviel Kaffee trinken, könnten Sie ein Loch auf halber Höhe der Tasse anbringen. Für Menschen, die ihren Kaffee gerne süß trinken, könnten Sie die Innenseite der Tasse mit Süßstoff beschichten. Für all diejenigen, die nicht viel Platz haben, wären stapelbare quadratische Tassen von Nutzen, und so weiter und so weiter.

**TIP:** Ändern Sie nie mehr als einen Aspekt einer Idee auf einmal.

# *Aus dem Kontext*

**Übung:** Denken Sie sich zwanzig verschiedene mögliche Verwendungen einer Büroklammer aus.

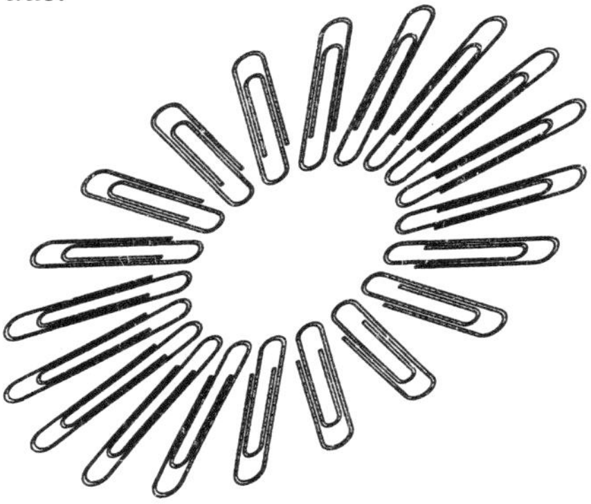

Dinge erhalten ihre Bedeutung aus dem Zusammenhang, in den sie gestellt werden. Eine Büroklammer dient zum Beispiel in der Regel dazu, Briefe, Notizen und andere Schriftstücke zusammenzuhalten. In einer Werkstatt könnte sie jedoch die Funktion von Draht übernehmen und zwei lose Kabel miteinander verbinden. Auch könnte man mit ihr eine zerbrochene Brille wieder notdürftig reparieren. Ein Dieb könnte damit ein Schloß knacken. Mit ein wenig Haushaltstuch umwickelt, könnte sie auch dazu dienen, das Innere eines Schweizer Taschenmessers zu reinigen.

Indem man eine Sache in einen anderen Kontext stellt, erweitert man ihre Verwendungsmöglichkeiten. Auf einer Reise kann man ein Handtuch beispielsweise zum Kopfkissen, Sonnen-, Sicht- und Windschutz, Geschirrtuch, Beutel, Hemd oder Rückenkratzer umfunktionieren.

*»Machen Sie es sich zur Gewohnheit, nach neuartigen*
*und interessanten Ideen Ausschau zu halten,*
*die andere bereits mit Erfolg verwendet haben.*
*Ihre Idee braucht lediglich in bezug auf das bestimmte*
*Problem, an dem Sie gerade arbeiten und auf das sie*
*zugeschnitten werden soll, neuartig zu sein.«*

THOMAS ALVA EDISON, amerikanischer Erfinder

# *Offen sein*

*»Kreativität läßt sich nicht willentlich oder gar durch Opfergaben ›abrufen‹. Sie scheint sich tatsächlich dann am ehesten einzustellen, wenn der Geist entspannt ist und die Phantasie frei umherschweifen kann.«*

MORRIS KLINE, Mathematiker

Der griechischen Mythologie zufolge waren es die neun Musen, Töchter des ZEUS, die den Künstlern ihre kreativen Ideen einhauchten. Das Wort Inspiration ist eine Ableitung des lateinischen Verbums *inspirare,* das unter anderem ›auf etwas blasen oder wehen, etwas einhauchen‹ bedeutet.

Obwohl es Ihnen vielleicht nicht bewußt ist, beschäftigt sich Ihr Geist ständig damit, Informationen zu verarbeiten, zu ordnen, zu sortieren und wieder umzusortieren. Kommt eine Verbindung zwischen zwei Informationen zustande, so zieht sie sich wie ein elektrischer Funke durch Ihr gesamtes geistiges System.

Wenn Sie intensiv an einem Projekt arbeiten und irgendwann spüren, daß Sie einen frischen Schwung geistiger Energie benötigen, dann sollten Sie eine Pause einlegen. Beschäftigen Sie sich eine Weile mit etwas völlig anderem. Gehen Sie spazieren, hören Sie Musik, lesen Sie Zeitung oder gehen Sie einkaufen. Auf diese Weise geben Sie Ihrem Unterbewußtsein Zeit, an Ihrem Projekt weiterzuarbeiten; Ihrem bewußten Geist gönnen Sie dagegen die Ruhe, die er benötigt, um die Idee anschließend weiterzuentwickeln.

Zuweilen, wenn unser Unterbewußtsein schalten und walten kann, wie es will — also beispielsweise im Traum —, sind die Verbindungen, die es knüpft, sehr viel aufschlußreicher und interessanter als die unseres bewußten Geistes. Willentliches Denken kann durch eintönige Muster eingeengt werden, es verliert seine Frische und Spontaneität. Die nun folgende Übung zeigt Ihnen einen Weg, wie Sie die Kreativität Ihres Unterbewußtseins aktiv für Sie arbeiten lassen können.

# *Kreatives Nicht-Denken*

*Setzen Sie sich auf Ihren Lieblingssessel*
*und nehmen Sie eine bequeme Haltung ein.*

*Lassen Sie Ihren Geist still*
*und Ihre Aufmerksamkeit empfänglich werden.*

*Denken Sie nun einige Augenblicke kreativ darüber nach,*
*wie Sie sich selbst attraktiver machen könnten.*

*Lassen Sie fünf Minuten lang nur dieses eine Problem*
*Ihren Geist beschäftigen,*
*— ohne allerdings über etwaige Lösungen nachzudenken.*

*Sobald Sie doch über Antworten nachzudenken beginnen,*
*wehren Sie diese Gedanken ab.*
*Vielleicht verspüren Sie auch den Drang,*
*in irgendeiner von einem Gedanken angeregten Richtung weiterzuforschen —*
*geben Sie ihm nicht nach.*
*Behalten Sie die Frage im Kopf,*
*suchen Sie aber nicht in der üblichen Weise nach Antworten.*
*Seien Sie in diesem Punkt rigoros.*

*Streben Sie einen reinen Geisteszustand des Fragens an.*

*Vielleicht erscheint Ihnen diese Übung anfangs sehr schwer;*
*wenn Sie jedoch alle zunächst auftauchenden Antworten zurückweisen*
*und in bislang nicht gewohnten Bahnen denken,*
*dann zwingen Sie sich selbst dazu, irgend etwas wirklich Neues zu entdecken.*

*Sie beschäftigen mit dieser Übung Bereiche Ihres Geistes, die Sie*
*wahrscheinlich bislang nicht sehr oft benutzt haben.*

*Denken Sie daran, daß die Natur das Leere verabscheut.*

# *Improvisationsübungen*

## ❑ Fragen zum Aufwärmen

— Was war Ihre letzte kreative Idee?
— Wann haben Sie zum letztenmal eine kreative Idee in die Tat umgesetzt?
— Was waren die fünf kreativsten Dinge, die Sie je getan haben? Denken Sie bis in Ihre Kindheit zurück!
— Welcher Art war das letzte kreative Risiko, das Sie eingegangen sind? Worum ging es dabei? Was hätte schlimmstenfalls passieren können? Was wäre der bestmögliche Ausgang gewesen?

## ❑ Geistbeugen

— Sie erhalten eine Kerze, Streichhölzer und eine Schachtel mit Reißzwecken. Nun sollen Sie die Kerze an einer hölzernen Tür so befestigen, daß sie ordentlich brennen kann und genug Licht zum Lesen spendet. Achten Sie, während Sie nun denken, darauf, woher Ihre Ideen kommen.
— Auf wie viele verschiedene Arten und Weisen kann man die Höhe eines Gebäudes mit einem Barometer messen?
— Sie bewerben sich für eine Stellung als Direktor einer Werbeagentur. Am Morgen Ihres Einstellungsgespräches wollen Sie irgendwo an der Straße, die der Präsident der Firma gewöhnlich fährt, eine kreative Botschaft anbringen. Wie könnte sie lauten? Wie würden Sie sie anbringen, damit sie der Präsident auch sicher zu Gesicht bekommt?
— Sie werden gefragt, wie man ein Tischtennisbällchen aus einem engen Zylinder herausbekommt, der auf dem Boden festgeschraubt ist. Sie wissen, daß die gewöhnliche Antwort auf diese Frage lautet: Man gießt so viel Wasser in den Zylinder, daß das Bällchen nach oben schwimmt. Sie möchten jedoch eine andere Lösung finden. Wie würden Sie die Sache anfangen und welche Hilfsmittel bräuchten Sie dazu?

## ❑ Praktische Kreativität

Wählen Sie eine Tätigkeit, die Sie regelmäßig ausführen — wie beispielsweise Kochen, Tagebuchschreiben, den Hund ausführen —, und entwickeln Sie eine Methode, sie kreativer zu gestalten.

## ❑ Metaphorische Muskeln

Fügen Sie Ihnen passend erscheinende Wörter in die folgenden Leerstellen ein und vollenden Sie damit die Gleichnisse und Metaphern:

— Wasser ist für ein Schiff wie ... für das Geschäft.
— Eine Blume paßt zur Freude wie ... zum Ärger.
— Ein Wasserhahn ist für ... wie ... für die Freiheit.
— Mein Haus ist ...
— Mein Mann/meine Frau ist ...
— Wahrheit ist ...
— Macht ist ...
— Denken ist ...
— Glück ist ...
— Mein Job ist ...
— Angst ist ...
— Liebe ist ...
— Ideale sind ...
— Erfolg ist ...
— Leben ist ...

## ❑ Synthesemuskeln

Die ›Vertauschung‹ von Wahrnehmungen ist eine interessante Art und Weise, in die spielerisch-kreativen Bereiche unseres Geistes einzudringen: Schmecken Sie also Geräusche, hören Sie Farben, riechen Sie Empfindungen und so weiter. Versuchen Sie es mit den folgenden Wahrnehmungen:

— Wie riecht das Wort ›teilnehmen‹?
— Wie fühlt sich die Zahl Sieben an?
— Wie schmeckt die Farbe Blau?
— Wie sieht die Idee der Freiheit aus?
— Welche Form hat Mittwoch?
— Wie schmeckt Freude?

## ❑ Wie würden Sie

— einen Gruppensport mit zwei Bällen entwickeln?
— den menschlichen Körper neu gestalten?
— das menschliche Gesicht neu gestalten?
— ein Haus ohne gerade Wände konstruieren?

## ❑ Alltagskreativität

— Bringen Sie jeden Tag Ihren Körper in eine Lage, in die Sie ihn Ihres Wissens noch nie zuvor gebracht haben.
— Erfinden Sie jeden Tag ein neues Wort mit dazugehöriger Bedeutung.
— Denken Sie jeden Tag einen neuen Gedanken.
— Führen Sie jeden Tag eine geistige Übung aus.
— Versuchen Sie einen Monat lang, jeden Tag Ihre Zähne auf eine andere Weise zu putzen.

### ❑ Spontanzeichnen

Nehmen Sie einen Stift und ein Blatt Papier zur Hand und beginnen Sie zu kritzeln. Denken Sie nicht darüber nach, was daraus werden soll, pressen Sie einfach den Stift aufs Papier und erlauben Sie ihm zu zeichnen. Kümmern Sie sich nicht um das Ergebnis, lassen Sie es einfach werden, wie es will. Zeichnen Sie auf diese Weise wenigstens fünfzehn Blätter voll.

### ❑ Traum-Programmieren

Träume können eine wahre Quelle der Kreativität und Vorstellungskraft sein. Wenn Sie über irgendeine bestimmte Sache nachdenken wollen, dann behalten Sie, kurz bevor Sie einschlafen, ein Bild davon in Ihrem Geiste. Sehen Sie das Bild aber nicht direkt vor Ihren Augen; stellen Sie sich vielmehr vor, wie es im Hintergrund wartet, bis Sie eingeschlafen sind, um dann völlig zu erscheinen. Wenn Sie dann am nächsten Morgen aufwachen, rufen Sie sich in Erinnerung zurück, worüber Sie im Traum nachgedacht haben, und schreiben Sie es sofort auf. Legen Sie sich für solche Fälle direkt neben das Bett Papier und Stift zurecht.

### ❑ Zwei-Minuten-Kreativität

Sehr oft sind wir dann besonders kreativ, wenn wir gezwungen sind, uns aus dem Stegreif etwas einfallen zu lassen. Nichts lockert uns mehr auf, als wenn wir in kurzer Zeit viel erledigen müssen. Sie haben für jede der folgenden Übungen je zwei Minuten Zeit.

- Stellen Sie mit diesem Buch so viele verschiedene Dinge wie möglich an.
- Bringen Sie Ihre Hand in möglichst viele verschiedene Positionen.
- Sprechen Sie das Wort ›Abend‹ in möglichst vielen verschiedenen Weisen aus.
- In der folgenden Zeichnung sehen Sie drei Figuren. Zeichnen Sie zwei Minuten lang aus diesen Formen so viele Muster wie möglich.

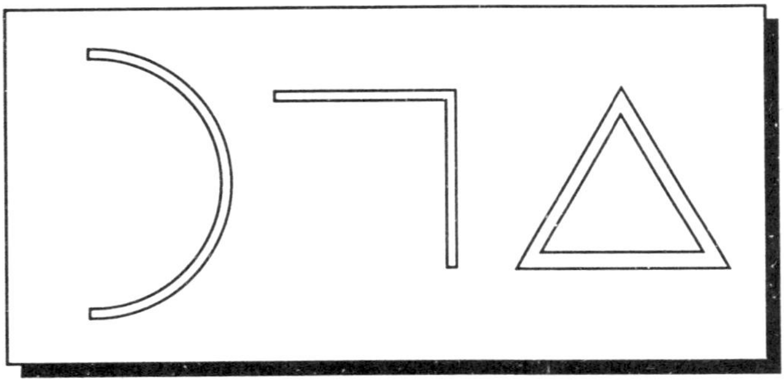

# *Tips für Ihre Kreativitätsübungen*

Die Kreativität ist für unsere Erfindungen und produktiven Gedanken verantwortlich. Sie ist das Ziel, das der Künstler in uns mit dem Mentaltraining letztlich erreichen möchte.

**Tip eins:**
Schauen Sie über Ihre erste richtige Antwort hinaus. Machen Sie es sich zur Gewohnheit, immer noch ein wenig weiter zu suchen und ein wenig tiefer zu graben.

**Tip zwei:**
Stellen Sie Verbindungen her. Verwenden Sie Metaphern, Gleichnisse und Analogien, um neue Ideen zu erzeugen. Achten Sie auf Material, das außerhalb Ihres gewohnten Interessenbereiches liegt.

**Tip drei:**
Gehen Sie kreative Risiken ein. Wenn Sie wirklich originelle — das heißt, für Sie originelle — Ideen haben wollen, dann müssen Sie aus Ihrem gewöhnlichen Handlungsrahmen hinaustreten. Erforschen Sie das Unbekannte und versuchen Sie es mit etwas Neuem. Haben Sie keine Angst vor einer geistigen Safari.

**Tip vier:**
Neue Einsichten, Inspirationen und kreative Gedankensprünge können sich zu jeder Zeit und an jedem Ort ›einstellen‹ — unter der Dusche, beim Essen, beim Aufwachen. Sehr oft verschwinden sie allerdings ebenso überraschend, wie sie aufgetaucht sind. Deshalb sollten Sie immer Papier und Bleistift griffbereit haben, um Ihre Inspirationen schriftlich oder graphisch festzuhalten.

*»Wenn er's nicht erhofft,*
*das Unerhoffte wird er nicht finden,*
*da es unaufspürbar ist und unzugänglich.«*

Heraklit,
griechischer Philosoph, 5. Jahrhundert v. Chr.

ZWÖLFTE STATION

# SPITZENLEISTUNG

## *Lernen lernen*

# *Geistige Muster*

*Klopfen Sie mit dem Daumen*
*rhythmisch gegen die Fingerspitzen Ihrer linken Hand.*

*Klopfen Sie einmal gegen Ihren Zeigefinger,*
*zweimal gegen den Mittelfinger,*
*einmal gegen den Ringfinger,*
*zweimal gegen den kleinen Finger.*

*Wiederholen Sie diese Übung nun in umgekehrter Reihenfolge,*
*also einmal gegen den Ringfinger,*
*zweimal gegen den Mittelfinger,*
*einmal gegen den Zeigefinger,*
*zweimal gegen den Mittelfinger*
*und so weiter,*
*immer vor und zurück.*

*Wiederholen Sie dieses Klopfmuster mehrere Male hintereinander,*
*bis Sie es wirklich beherrschen.*

*Probieren Sie nun mit Ihrer rechten Hand*
*ein anderes Muster aus:*
*Klopfen Sie einmal gegen Ihren Zeigefinger,*
*zweimal gegen den Mittelfinger,*
*dreimal gegen den Ringfinger,*
*zweimal gegen den kleinen Finger,*
*einmal gegen den Ringfinger,*
*zweimal gegen den Mittelfinger*
*und so weiter.*

*Klopfen Sie dann beide Muster gleichzeitig.*

*Achten Sie darauf, wie es sich anfühlt,*
*diese Klopfmuster einzuüben.*

# *Finden Sie den richtigen Dreh*

*»Ich höre, ich vergesse.*
*Ich sehe, ich erinnere mich.*
*Ich tue, ich verstehe.«*

CHINESISCHES SPRICHWORT

Wie würden Sie sich das Schwimmen beibringen? Als allererstes müssen Sie sich ja wohl ins Wasser begeben. Sie können hineinspringen oder auch langsam hineinwaten. Im letzteren Fall prüfen Sie erst mit der großen Zehe, wie kalt es ist, dann gehen Sie bis zu den Knöcheln, dann bis zu den Knien, den Hüften, dem Bauch, den Schultern und dem Hals und schließlich bis zum Kinn hinein.

Nun sind Sie im Wasser, was jetzt? Sie versuchen zu schwimmen. Aber wie? Ihnen fehlt ein Ansatzpunkt, eine Technik. Sie könnten jemanden beobachten, der bereits schwimmen kann, und dann versuchen, seine Bewegungen nachzuahmen. Sie könnten sich auch ins Wasser stürzen und mit Händen und Füßen paddeln. Sie werden bald herausbekommen, daß Sie, um vorwärtszukommen, mit den Beinen stoßartige Bewegungen machen müssen. Da Sie zwangsläufig merken, wann Sie besser *nicht* atmen sollten, werden Sie auch erkennen, wann Sie atmen müssen. Sie kommen vorwärts, indem Sie das Wasser um sich herum beiseite und nach hinten drücken. Und früher oder später werden Sie *den Dreh heraus haben:* Ihre Arme bewegen sich im Takt mit Ihren Beinen. Sie atmen im richtigen Rhythmus. Sie gleiten mit einer einzigen weichen Bewegung durch das Wasser. Sie können schwimmen.

Um besser und schneller zu schwimmen, trainieren Sie. Sie sehen guten Schwimmern zu und beobachten deren Bewegungen. Sie bitten sie um Tips und Ratschläge. Anschließend versuchen Sie, sich nach diesen Hinweisen zu richten; Sie experimentieren, probieren neue Bewegungen aus und trainieren weiter. Mit Geduld, Ausdauer und Übung werden Sie schließlich zu einem guten Schwimmer bzw. einer guten Schwimmerin.

Gleichgültig, was wir zu lernen versuchen — sei es ein Soufflé zu kochen, eine Polka zu tanzen, einen Vortrag zu halten, Saxophon zu spielen, einen Roman zu schreiben oder zu schwimmen — im wesentlichen bleibt unsere Methode stets dieselbe: herumprobieren.

Was ist Ihnen aufgefallen, als Sie die obige Übung ausführten? Empfanden Sie sie zunächst als schwer und dann als zunehmend leichter? Haben Sie gemerkt, ab welchem Augenblick Sie den Dreh heraushatten? Hatten Sie den Eindruck, daß Ihre Gefühle — möglicherweise Frustration oder Langeweile — den Lernprozeß behinderten? Haben Sie *sich selbst als lernend* erfahren?

Das Lernen ist ein Vorgang des Entwickelns neuer Gewohnheiten. Jedesmal wenn wir uns eine neue Idee oder Fähigkeit aneignen, erzeugen wir ein Beziehungsmuster zwischen einzelnen Gruppen von Nervenzellen. Als Sie die Fingerspitzenübung erlernten, haben Sie eine komplexe neuronale Schaltung hergestellt.

Beim Lernen programmieren wir buchstäblich unser Gehirn. Komplexe Fähigkeiten, wie beispielsweise Singen, Schreiben oder Tanzen, setzen sich aus mehreren aufeinander aufbauenden Schichten von Gewohnheiten zusammen. Um das Klavierspielen zu erlernen, müssen Sie sich zunächst an die richtige Handhaltung gewöhnen sowie daran, wie Sie die Tasten anschlagen, die Tonleiter und schließlich zusammenhängende Stücke spielen können. Sobald Sie die rein technische Ebene beherrschen, können Sie Ihre Aufmerksamkeit der nächsthöheren zuwenden. Der Klaviervirtuose beherrscht die Spieltechnik so perfekt, daß er sich vollkommen auf den gefühlsmäßigen Ausdruck des jeweiligen Stückes konzentrieren kann.

*»Wer nicht mehr strebt,*
*wer nicht mehr lernt,*
*der lasse sich begraben.«*

E. V. FEUCHTERSLEBEN,
Philosoph, Essayist und Lyriker, 19. Jahrhundert

# *Bedürfnisse schaffen*

**Frage:** Was motiviert Sie zum Lernen?

- ❑ Neugier
- ❑ Der Wunsch, etwas zu leisten
- ❑ Angst vor dem Versagen
- ❑ Geld
- ❑ Unzufriedenheit
- ❑ Spaß an der Sache
- ❑ Lernen um des Lernens willen

Ob es uns nun paßt oder nicht: Fast alle unsere Handlungen sind Reaktionen auf bestimmte Anreize. Unsere Verhaltensweisen basieren weitgehend zum einen auf dem Wunsch nach Belohnung und zum anderen auf dem Wunsch, nicht bestraft zu werden. Diese beiden Motive durchziehen sowohl unser äußeres Leben — beispielsweise arbeiten wir, um nicht gefeuert zu werden — als auch unser Innenleben: Wir haben Angst davor, allein zu bleiben; wir wollen schnell erwachsen werden und Karriere machen.

Wenn wir einen Grund haben, eine bestimmte Sache zu lernen, dann werden wir auch wesentlich größere Fortschritte darin erzielen. Indem wir uns selbst in eine Situation bringen, in der wir lernen *müssen,* können wir uns auch viel besser zum Lernen anhalten. Melden Sie sich also beispielsweise für einen bestimmten Kursus an, bei dem Sie auch Tests schreiben und eine Abschlußprüfung ablegen müssen. Sie könnten aber auch an der Volkshochschule einen Vortrag über Ihre letzte Urlaubsreise oder ein anderes Thema halten, von dem Sie etwas verstehen. Oder kaufen Sie sich ein Buch und fassen Sie den festen Entschluß, es auch zu lesen. Notwendigkeit ist die Mutter des Lernens.

Mein Freund John versuchte mit allen möglichen Mitteln erfolglos, das Rauchen aufzugeben. Schließlich übergab er seinem Anwalt mehrere versiegelte Briefe, in denen alles wirklich Negative aufgelistet war, das er jemals in seinem Leben getan hatte. Er gab dem Anwalt den Auftrag, diese Briefe seinen engsten Freunden und Mitarbeitern zu schicken, falls er sich bis zu einem bestimmten Datum das Rauchen nicht abgewöhnt hätte. Die Angst davor, daß seine schmutzige Wäsche in der Öffentlichkeit gewaschen werden könnte, bewirkte schließlich, daß John zum Nichtraucher wurde.

**TIP:** Bringen Sie sich selbst in eine Situation, in der Sie gezwungen sind, etwas zu leisten.

# *Geistige Bereitschaft*

*»Wer lernt, indem er selbst etwas herausfindet,*
*ist demjenigen, der von anderen lernt,*
*siebenfach überlegen.«*

ARTHUR GUITERMAN, Dichter

Was machen Kinder, wenn sie mit Bauklötzen spielen? Sie legen kleine Klötzchen auf größere und größere auf kleine. Sie ordnen sie auch nach Farbe, Größe und Form. In einem spielerischen Prozeß lernen sie also, welche Bauklötze zusammenpassen, und verbessern so ihre diesbezüglichen Fähigkeiten.

Ein Grund, warum Kinder neue Informationen so schnell und gut aufnehmen, ist in der Tatsache zu suchen, daß sie noch keinerlei vorgefaßte Meinungen über die Art und Weise entwickelt haben, wie sie lernen sollen. Sie sind sich auch noch nicht dessen bewußt, daß sich im Leben der meisten Menschen Spiel und Arbeit in der Regel gegenseitig ausschließen. Das Spiel ist jedoch ein wichtiger Teil der Lernerfahrung. Wenn uns das Lernen Freude bereitet, fällt es uns auch wesentlich leichter. Wir sind dann eher bereit, eine Sache auszuprobieren und zu sehen, was passiert. Freude motiviert außerordentlich, sie wirkt ansteckend und mitreißend. Sie bewirkt, daß wir produktiver werden und uns wesentlich erfüllter fühlen.

Wir lernen in der Regel dann, wenn wir in der Stimmung dazu sind. Um uns die Sache zu erleichtern, sollten wir unseren Geist ein wenig vorbereiten. Wecken Sie Ihren Appetit aufs Lernen. Konzentrieren Sie sich auf die interessanten Aspekte der jeweiligen Sache. Denken Sie sich Fragen aus, die Ihre Vorstellungskraft aktivieren. Wenn Sie die folgenden Tips beherzigen, wird Ihr Geist vielleicht mehr Bereitschaft zum Lernen zeigen.

- Wenn Sie sich einen bestimmten Gegenstand aus einem Buch aneignen müssen, dann nehmen Sie sich einige Minuten Zeit, um Ihre Denkmuskeln darauf vorzubereiten und Ihre Geistessäfte in Fluß zu bringen. Schreiben Sie so schnell wie möglich auf einem Blatt Papier alles auf, was Sie bereits über das Thema wissen. Wenden Sie dabei die in Station 5 beschriebene Clustertechnik an. Auf diese Weise wird Ihnen auffallen, was Sie darüber noch nicht wissen oder was Sie alles bereits vergessen haben; diese Wissenslücken können Sie dann mit Hilfe Ihres Buches gezielt schließen. Nehmen Sie sich für diese Übung zwei Minuten Zeit.

- Wenn Sie mit einem Lehrbuch arbeiten, dann stecken Sie sich bestimmte Lernziele. Verschaffen Sie sich einen Überblick über das Gesamtpensum, das heißt, die Anzahl der Lektionen oder Seiten, und entscheiden Sie dann, wieviel davon Sie an einem Tag durchgehen wollen. Konzentrieren Sie sich bei der Arbeit selbst auf das Wesentliche und versuchen Sie, sich dabei nicht zu verzetteln. Sind Sie mit dem Tagespensum fertig, gehen Sie das Gelernte noch einmal durch. Lassen Sie Ihre Arbeitszeit zu einem vollständigen Aktionszyklus werden.

- Finden Sie heraus, was Sie über ein bestimmtes Thema *nicht* wissen. Visualisieren Sie zu diesem Zweck den fraglichen Gegenstand in allen Details und stellen Sie sich dazu gezielte Fragen. Nehmen wir beispielsweise an, Sie müßten sich darüber informieren, wie unser Verdauungsapparat funktioniert. Nun können Sie visualisieren, wie ein Stück Brot im Mund zerkaut wird, dann die Speiseröhre hinunterrutscht und was damit im Magen und im Darm geschieht. Fragen Sie sich dabei, welche verschiedenen Substanzen wohl die Zersetzung des Brotstückchens bewirken. Fragen Sie sich, wie lange dieser Prozeß dauert. Fragen Sie sich, auf welche Weise die Nährstoffe des Brotes in das Blut gelangen. Stellen Sie sich den gesamten Vorgang so vor, als ob Sie wirklich dabei zuschauen könnten.

- Oftmals dient uns das Lernen nur dazu, unsere vorgefaßten Meinungen zu bestätigen und zu untermauern. Wir suchen in der Regel nach Material, das unseren eigenen Standpunkt festigt. Unsere Kenntnisse der jeweiligen Sache wären allerdings wesentlich fundierter und stichhaltiger, wenn wir auch die anderen Standpunkte einer gründlichen Prüfung unterzögen und sie uns gegebenenfalls zu eigen machten. Man sollte so lernen, wie man mikroskopiert: Man sieht ein Bild und analysiert es. Beides soll letztlich nicht dazu dienen, jemand anders zu überzeugen, sondern selbst die Wahrheit herauszufinden.

- Verwirrt oder verunsichert Sie ein bestimmtes Thema, mit dem Sie sich befassen müssen, dann versuchen Sie, sich zunächst einige ›Inselchen‹ zu schaffen. Gehen Sie zu dem letzten Punkt zurück, den Sie völlig verstanden haben, und bemühen Sie sich, von dort aus herauszufinden, was genau Sie verunsichert hat. Arbeiten Sie sich langsam vor, indem Sie einen Punkt nach dem anderen abklären. Überspringen Sie nichts, was Sie nicht verstanden haben.

- Seien Sie ständig bereit zu lernen. Sie wissen nie, wann Ihnen das Universum eine Lektion erteilen möchte.

*»Man kann schon beim bloßen Zugucken*
*eine Menge lernen.«*

Yogi Berra, Baseballspieler und Manager

# *Geistige Blocks*

**Übung:** Was hält Sie vom Lernen ab?

- ❑ Faulheit
- ❑ Geldmangel
- ❑ Angst
- ❑ Gewohnheit
- ❑ Ziellosigkeit
- ❑ Allwissenheit

Eine ganze Reihe geistiger Blocks halten uns davon ab, Neues zu lernen und geistige Fortschritte zu erzielen. Die Faulheit ist eines der größten Hindernisse, die sich dem Wunsch nach mehr Wissen in den Weg stellen können. Die meisten von uns verbringen einen Großteil ihrer Zeit passiv und untätig. Sobald wir uns an diese Faulheit gewöhnt haben, wird uns auch die kleinste geistige Anstrengung zuviel und wir treten, bildlich gesprochen, auf der Stelle.

Neuer Lernstoff konfrontiert uns mit unbekannten, ungewohnten Dingen. Und hier steht schon der nächste Block im Weg: die Angst. Viele unserer Ängste basieren nicht auf tatsächlichen, sondern auf eingebildeten Wahrnehmungen. Viele Menschen haben beispielsweise Angst davor, vor anderen Leuten als dumm zu erscheinen. Deshalb gehen sie diesbezüglich nie ein Risiko ein. Andere wiederum haben Angst zu versagen und streben deshalb nie nach etwas Neuem. Schließlich fürchten sich viele von uns auch vor jeglicher Veränderung, weil sie sich so an ihren alltäglichen Trott gewöhnt haben. Alle diese Ängste bewirken, daß wir vorsichtig werden und uns vor den imaginären Gefahren abkapseln.

Steht die Furcht zwischen uns und etwas, das wir lernen wollen, dann führt kein Weg daran vorbei: Wir müssen mitten hindurch. Mit dem Lernen nimmt unsere Angst ab und das Selbstvertrauen zu. Sobald wir uns bewußtmachen, welche Hürde wir gerade genommen haben, und erkennen, daß wir tatsächlich dazu fähig waren, werden wir uns wieder sicher fühlen.

Bei allem, was wir anfangen, besteht die Möglichkeit, daß es schiefgeht. Überall gibt es Faktoren, die außerhalb unserer Kontrolle liegen; und da keiner von uns vollkommen ist, besteht auch immer die Möglichkeit, daß wir einen Fehler machen. In unserer leistungsorientierten Gesellschaft wird ein solcher Fehler jedoch oft mit Versagen gleichgesetzt. Diese Angst wird also zu einem weiteren Block.

Fehler geben uns die Gelegenheit zu lernen. Irrtümer sind äußerst wesentlich für den Lernprozeß. Sie sagen uns, wann es Zeit ist, sich mit den jeweiligen Fragen eingehender zu beschäftigen und gegebenfalls einen anderen Zugang zu ihnen zu suchen. Wenn Sie sich also dabei ertappen, daß Sie einen Fehler gemacht haben, so sehen Sie darin lediglich eine weitere Stufe auf dem Weg vom Nichtwissen zum Wissen. Sie können keine Fortschritte machen, wenn Sie nicht auch Fehler begehen. Ein solcher Fehler könnte auch zum auslösenden Faktor dafür werden, daß Sie eine Änderung, die Sie aus Mangel an Motivation lange Zeit hinausgeschoben hatten, nun endlich doch durchführen.

Wenn Sie aber einmal einen wirklich großen Fehler gemacht haben, dann denken Sie an Walt Disneys Worte: »Auch wenn Sie es zum gegenwärtigen Zeitpunkt vielleicht nicht erkennen, könnte ein solcher Schlag ins Gesicht gerade das sein, was Sie im Augenblick brauchten.«

Der englische Philosoph George Moore (1873 bis 1958) sagte einmal, um in der Mathematik Fortschritte zu machen, müsse man sich vor allem mit denjenigen Aufgaben beschäftigen, die man *nicht* lösen könne. Was für einen Sinn hat es auch, sich mit den Fragen auseinanderzusetzen, die man längst beantwortet hat! Halten Sie sich an Ihre Fehler, und benutzen Sie sie als Stufen zum Erfolg.

Ein anderer geistiger Block ist die Überzeugung, daß wir bereits alles Wissenswerte wissen. Wir haben unsere bestimmten Vorstellungen, Glaubenssätze und Ansichten, an denen wir bewußt oder unbewußt festhalten wollen. Wir weichen keinen Schritt von unserer Position ab und verteidigen sie mit aller Energie. Mit dieser Einstellung können wir keinerlei wirklichen geistigen Fortschritt erzielen.

Lernen ist untrennbar mit Wandlung — der Standpunkte, der Auffassung, der Einstellung oder der Methode — verbunden. Wir müssen bereit sein, unsere Position gegebenenfalls immer wieder neu zu definieren. Wenn wir davon überzeugt sind, daß wir uns nie irren, sind wir auch nicht willens, andere Standpunkte in Betracht zu ziehen. Wenn wir davon ausgehen, daß wir über eine bestimmte Sache bereits alles wissen, blockieren wir uns den Weg zu weiterem Fortschritt. Sobald wir denken, wir wüßten bereits alles Wesentliche, beenden wir den Lernprozeß.

**TIP:** Nehmen Sie Ihre geistigen Blocks zum Ansporn, Fortschritte zu machen.

# *Geistige Fitneß*

## ❑ Fragen zum Aufwärmen:

- Wie haben Sie Auto fahren gelernt?
- Wie haben Sie schreiben gelernt?
- Wie haben Sie radfahren gelernt?
- Wie haben Sie gelernt, bewußter zu sein?
- Wie haben Sie gelernt, die Ansichten anderer Menschen mit in Ihre Überlegungen einzubeziehen?
- Wie haben Sie gelernt, sich zu entspannen?
- Wie haben Sie gelernt, dann ärgerlich zu sein, wenn es angebracht war?
- Wie haben Sie gelernt, neugierig zu sein?

## ❑ Der expandierende Geist:

Die folgenden Fragen sind eine gute Methode, den Geist in Bewegung zu setzen:

- Warum ist der Himmel blau?
- Warum bilden sich Schaumkronen auf Wellen, und warum sind sie weiß?
- Warum erzeugt Kreide zuweilen ein durch Mark und Bein gehendes Quietschen, wenn man damit auf einer Tafel schreibt?
- Warum kann ein Frisbee fliegen? Muß es sich drehen, um fliegen zu können?
- Warum schwimmen viele Fische in Schwärmen und bestimmte Vögel in V-Formation?
- Warum sieht der Mond am Horizont größer aus als weiter oben am Himmel?
- Wie funktionieren Mikrowellenherde?
- Warum blinken Sterne?

## ❑ Der neugierige Geist:

Es ist genauso wichtig, die richtigen Fragen stellen zu können, wie über sie nachzudenken und sie zu beantworten. Denken Sie sich zu jedem der folgenden Begriffe drei Fragen aus:

- Astronomie
- Physiologie
- Wirtschaft
- Politik
- Biologie
- Psychologie
- Chemie
- Weltfrieden
- Religion
- Leben

❑ **Zum Meister werden:**

Fragen Sie sich in jeder für Sie neuartigen Situation, wie an dieser Stelle ein Meister seines Faches vorgehen würde. Wenn Sie also einen tropfenden Wasserhahn reparieren müssen, dann fragen Sie sich: »Wie würde der Klempner die Sache anpacken?« Müssen Sie ein Referat schreiben, so überlegen Sie sich, wie wohl Ihr Lehrer oder Professor dabei verfahren würde.

❑ **Nachdenken:**

Das Geheimnis des Lebens ist nicht ein Rätsel, das wir lösen können, sondern eine zu erfahrende Wirklichkeit. Um den Geheimnissen des Lebens auf die Spur zu kommen, sollten wir unsere Fähigkeit nachzudenken trainieren. Wählen Sie eine Frage oder einen Gedanken aus, und stellen Sie sich vor, daß Sie ihn auf Ihre Stirn kleben. Wo immer Sie nun hinschauen, wird dieser Gedanke vor Ihnen stehen. Entscheiden Sie selbst, wie lange Sie ihn in dieser Position belassen wollen.

❑ **Kreise ziehen:**

Nehmen Sie einen Stift und einige Blatt Papier zur Hand. Versuchen Sie nun ohne Hilfsmittel, einen vollkommenen Kreis zu zeichnen. Achten Sie darauf, wie Sie vorgehen, um dieses Ziel zu erreichen. Versuchen Sie gegebenfalls, den Stift anders als gewohnt zu halten. Variieren Sie auch die Geschwindigkeit und die Richtung der Strichführung. Verändern Sie die Lage des Papiers. Fahren Sie mit der Übung so lange fort, bis Sie den Dreh raushaben.

❑ **Was können Sie aus der folgenden Geschichte lernen?**

Ein Student besuchte einmal einen Zenmeister und befragte ihn nach dem Zen. Wie es der Brauch fordert, servierte ihm der Meister Tee. Er goß die Tasse voll und goß dann immer weiter. Der Student sah erstaunt zu, wie die Tasse überfloß, und sagte schließlich: »Die Tasse ist voll. Es paßt nichts mehr hinein.« Der Meister hielt in seiner Beschäftigung inne, sah den Studenten an, lächelte und sagte: »Wie diese Tasse bist auch du voller eigener Ideen, Meinungen und Ansichten. Wie kann ich dich etwas lehren, bevor du deine Tasse geleert hast?«

❑ **Lebendiges Lernen:**

- Welche fünf Dinge, die Sie in Ihrem bisherigen Leben gelernt haben, möchten Sie gern Ihren Enkeln weitervermitteln?
- Schreiben Sie fünf Fragen auf, die Ihrer Meinung nach jeder beantworten können müßte, der sich für weise hält.

# *Übung in Unwissenheit*

*Sehen Sie sich im Zimmer um, in dem Sie sich gerade aufhalten,*
*und lassen Sie Ihre Aufmerksamkeit*
*von einem Gegenstand zum anderen wandern.*

*Wenn Ihre Augen dann an einer bestimmten*
*Sache hängenbleiben,*
*fragen Sie sich:*
*»Was ist das?«*

*Geben Sie sich darauf die Antwort:*
*»Ich weiß nicht.«*

*Wenn Ihre Blicke*
*also beispielsweise*
*auf dem Lichtschalter ruhen,*
*dann fragen Sie sich:*
*»Was ist das?«*

*Anstatt aber nun zu sagen:*
*»Das ist ein Lichtschalter«,*
*sagen Sie:*
*»Ich weiß nicht.«*

*Betrachten Sie nun erneut den Lichtschalter — oder was immer sonst*
*Ihre Aufmerksamkeit erregt hat — und wiederholen Sie die Frage.*

*Diese gewollte Unwissenheit ist zugleich auch Offenheit.*
*Sie befähigt uns dazu, hinter die Etiketten*
*zu schauen, die unsere Wahrnehmungen in bestimmte Kategorien*
*einordnen und dadurch beschränken.*

*Sie sehen und erkennen das, was Sie bislang nicht wußten.*
*Ihre Wahrnehmungen werden frischer.*

# *Sehen und lernen*

*Entpannen Sie sich einige Minuten lang,
lockern Sie Geist und Körper
und sammeln Sie Ihre Aufmerksamkeit.*

*Visualisieren Sie eine große, weiße Kerze
mit einer leuchtenden, ruhig brennenden Flamme,
die sich etwa einen Meter von Ihnen
entfernt befindet.*

*Stellen Sie sich vor, daß die Flamme
ein lebendiges und denkendes Wesen ist.*

*Stellen Sie sich vor, daß sie
ein Bewußtsein
oder etwas wie ›Wissendheit‹ besitzt.*

*Während Sie die Flamme betrachten,
stellen Sie sich vor, daß ihr Licht
durch Sie hindurchscheint,
Sie beruhigt,
tröstet
und sich Ihrer ganzen Person
liebevoll bewußt ist.*

*Stellen Sie sich vor,
daß dieses Bewußtsein alles weiß,
was man überhaupt nur wissen kann.*

*Wie würden Sie sich
in der Gegenwart eines solchen allmächtigen
Lichtes fühlen?*

# *Geistige Proteine und Kohlehydrate*

*»Wenn der Geist kein Korn sät, pflanzt er Disteln.«*

George Herbert, englischer Dichter, 17. Jahrhundert

Ebenso wie unser Körper zum Funktionieren Nahrung benötigt, braucht unser Geist Wahrnehmungen, Eindrücke, Gefühle, Gedanken und Ideen, um leistungsfähig zu bleiben. Tagtäglich werden wir Tausenden von Reizen unterworfen. Fernseher, Radio, Zeitungen, Bücher, Kassetten oder Platten, Kino, Theater, Annoncen, Unterhaltungen, Briefe und vieles andere mehr bombardieren unsere Sinne mit neuen Informationen und wirken sich entsprechend auf unseren Geist aus.

Das Leben gleicht einem kostspieligen Restaurant, in dem die Kellner ständig neue wundervolle exotische Speisen an den Tisch bringen. Stellen Sie sich vor, was Ihnen entgehen würde, wenn Sie immer nur dasselbe essen wollten, anstatt auch neue Gerichte zu probieren.

Eine ausgewogene Mentaldiät sollte sich aus den notwendigen Grundsubstanzen zusammensetzen. Jeder Geist braucht Proteine, also Aufbaunahrung, sowie energiespendende aber nährstoffarme Kohlehydrate. Mentales Fett dient als ›Brennstoff‹ sowie als Schutz und Isolation für den inneren Geist.

Ebenso wie unsere körperliche ist auch unsere geistige Ernährung oft sehr unausgewogen. Ißt Ihr Geist zuviel Fertiggerichte? Kaut er gerne Kaugummi? Schwelgen Sie so sehr im geistigen Fett, daß Sie das Gefühl haben, schwerfällig und langsam zu werden? Ist Ihr Geist imstande, alle Kalorien, die Sie ihm zuführen, zu verbrennen?

Ermutigen Sie Ihren Geist dazu, möglichst viele verschiedene Gerichte zu probieren. Spucken Sie nicht alles wieder aus, was für Sie ungewohnt ist — genießen Sie vielmehr den neuen und exotischen Geschmack der jeweiligen Speise.

**TIP:** Halten Sie eine ausgewogene geistige Diät ein.

# *Die Reise*

*»Verglichen mit dem, was wir sein sollten,*
*sind wir nur halb wach.*
*Wir benutzen nur einen geringen Teil*
*unserer physischen und geistigen Ressourcen.*
*Der Mensch besitzt die unterschiedlichsten Fähigkeiten,*
*bedient sich ihrer aber in der Regel nicht.«*

WILLIAM JAMES, amerikanischer Philosoph

Lernen ist wie reisen. Man unternimmt den Versuch, von einem Ort zu einem anderen zu gelangen, vom Nichtwissen zum Wissen, von der Unfähigkeit zum Können. Landkarten, Reiseberichte und Photos vermitteln uns einen Eindruck von unserem angestrebten Ziel. Auf der Reise selbst erkennen wir, daß einige unserer Karten hoffnungslos ungenau, manche dagegen bemerkenswert wirklichkeitsgetreu sind.

Je länger wir unterwegs sind, desto besser können wir uns orientieren. Wir wissen eher, ob wir den richtigen oder den falschen Weg eingeschlagen haben. Wir finden Abkürzungen und lernen, gefährliche Straßenabschnitte zu umgehen. Mit der Zeit können wir auch schlechte Landkarten korrigieren. Wir lernen neue Sprachen und haben keine Schwierigkeiten mehr mit einer fremden Währung. Wir wissen, wie wir notfalls schnell an einen bestimmten Ort gelangen, und wir kennen die malerischen, verträumten Sträßchen, die wir dann wählen können, wenn wir keine Eile haben.

Man lernt nie aus. Je mehr wir sehen, fühlen und berühren, desto mehr wird uns bewußt, was wir alles noch erfahren können. Wie ungeheuer groß die Welt ist, erkennen wir erst, wenn wir reisen. Je mehr wir wissen, desto mehr erkennen wir, was wir alles nicht wissen. Oder, anders ausgedrückt: Wenige wissen, wieviel man wissen muß, um zu wissen, wie wenig man weiß.

In dieser Erkenntnis liegt eine eigene Faszination. Das Wissen nämlich, daß wir niemals auslernen können, inspiriert unsere Sinne und schärft unseren Geist. Mit frischer Energie setzen wir die Erforschung der endlosen Landschaft des Wissens fort.

**TIP:** Der Weg ist das Ziel.

# *Tips für Ihre Lerntechnik*

Sobald wir unseren Platz im Leben gefunden haben, neigen wir in zunehmendem Maße dazu, uns in jeder Hinsicht darin häuslich einzurichten. Gut daran ist die Tatsache, daß wir Gewohnheiten entwickeln, die uns unsere früheren Schwierigkeiten und Probleme vergessen machen. Schlecht daran ist jedoch, daß wir uns durch bestimmte Denkmuster, eingefahrene Gefühle und Handlungen selbst daran hindern, etwas Neues zu lernen.

**Tip eins:**
Wir lernen, wenn wir lernen wollen. Bringen Sie sich selbst in eine Situation, in der Sie etwas leisten müssen. Erklären Sie jemandem etwas. Engagieren oder verpflichten Sie sich in einer bestimmten Sache. Unternehmen Sie irgend etwas, das Sie dazu zwingt zu lernen.

**Tip zwei:**
Wir lernen auch, wenn wir Spaß daran haben. Suchen Sie bei dem, was Sie lernen müssen oder wollen, nach den aufregenden und interessanten Aspekten. Spielen Sie herum. Experimentieren Sie.

**Tip drei:**
Ermutigen Sie sich dazu, sich anzupassen und gegebenenfalls umzustellen. Wenn Sie mit einer ungewohnten Situation konfrontiert werden, seien Sie flexibel. Halten Sie Ihren Geist dazu an, offen und lernbereit zu sein.

**Tip vier:**
Obwohl es sicherlich mehrere Etappen im Lernprozeß gibt, vergessen Sie nie, daß man nie auslernen kann. Die Belohnung des Lernens ist die Fähigkeit, mehr zu lernen. Das Ziel ist der Weg, und der Weg ist das Ziel.

*»Ich versuche, mich so weit nur irgend möglich*
*nützlich zu machen,*
*und mehr als das kann, wie ich glaube,*
*kein mit Bewußtsein begabtes Wesen*
*jemals zu tun hoffen.«*

Computer Hal 9000,
im Film *»2001: Odyssee im Weltraum«*

# Halten Sie sich fit!

## *Entwickeln Sie einen Übungsplan*

# *Schätzen Sie den Grad Ihrer geistigen Fitneß ein*

**Wie würden Sie Ihre geistige Stärke einschätzen?**

- ☐ 1 Wie lautete noch mal die Frage?
- ☐ 2 Meine Aufmerksamkeitsspanne ist kürzer als ein Radio-Werbespot.
- ☐ 3 Wenn ich muß, kann ich mich konzentrieren.
- ☐ 4 Ich schaffe fünfzig geistige Klimmzüge pro Minute.
- ☐ 5 Stellen Sie mich in eine Reihe mit NEWTON, LEONARDO und EINSTEIN.

**Wie würden Sie Ihre geistige Flexibilität einschätzen?**

- ☐ 1 Dinge sind entweder schwarz oder weiß.
- ☐ 2 Manchmal können Dinge auch grau sein.
- ☐ 3 Ich kann oft eine Sache von verschiedenen Seiten betrachten.
- ☐ 4 Meine Vorstellungskraft ist recht geschmeidig.
- ☐ 5 Ich bin ein wahrer geistiger Schlangenmensch.

**Wie würden Sie Ihre geistige Ausdauer einschätzen?**

- ☐ 1 Ist nicht endlich Schluß mit dieser Fragerei?
- ☐ 2 Ich kann mich solange konzentrieren, bis mir etwas Besseres über den Weg läuft.
- ☐ 3 Wenn ich muß, kann ich mich in die Riemen legen und bis zum Schluß durchhalten.
- ☐ 4 Mein Spitzname ist ›der Durchhalter‹.
- ☐ 5 Ich nehme regelmäßig an geistigen Marathons teil und komme dabei nicht mal außer Atem.

**Wie würden Sie Ihre geistige Koordination einschätzen?**

- ☐ 1 Denke ich manchmal klar nicht wirklich, manchmal, kapiert?
- ☐ 2 Unter Druck stolpere ich über meine Gedanken.
- ☐ 3 Gewöhnlich überdenke ich die Dinge gründlich.
- ☐ 4 Mein Denken ist wie wunderschöne Musik.
- ☐ 5 Ich gewinne eine Goldmedaille nach der anderen bei der Mental-Olympiade.

# *Entwickeln Sie eine Übungsroutine*

*»Ganz im Hintergrund unseres Bewußtseins*
*wissen wir, was wir tun sollten;*
*doch irgendwie schaffen wir es nicht,*
*die Sache in Angriff zu nehmen.*
*In jedem Augenblick erwarten wir, daß der Bann bricht,*
*doch Pulsschlag um Pulsschlag hält er weiter an,*
*und wir lassen uns mit ihm treiben.«*

WILLIAM JAMES
amerikanischer Philosoph, 19. Jahrhundert

Es ist eine seltsame Sache mit all dem, wovon wir wissen, daß es gut für uns ist. Auch wenn wir eigentlich wirklich etwas für unseren Körper oder Geist tun wollen — und obwohl uns völlig bewußt ist, daß wir uns *nach* dem Training besser fühlen, bringen wir doch nur selten die Tatkraft dazu auf. Entweder fehlt uns angeblich die Zeit, oder wir sind nicht in Stimmung, oder wir vergessen es schlicht und einfach.

Keine Fähigkeit fällt uns einfach in den Schoß: Wir müssen sie uns vielmehr durch beharrliches Üben aneignen. Um dafür die Zeit zu finden, müssen wir Prioritäten setzen. Wenn eine Sache wirklich wichtig ist, dann haben wir auch die Zeit, uns damit zu befassen, indem wir eben weniger Wichtiges hintanstellen. Eine Viertelstunde Mentaltraining pro Tag ist doch wirklich keine große Investition, wenn man bedenkt, wie viele Dividenden sie uns einbringt. Fünfzehn Minuten sind nicht einmal zwei Prozent eines Sechzehnstundentages.

Zudem können Sie geistige Übungen an jedem Ort und zu jeder Tageszeit durchführen: an der Bus- oder Straßenbahnhaltestelle, im Wartezimmer des Zahnarztes, beim Schlangestehen an der Kasse des Supermarktes, auf dem Weg zur Arbeit usw. Wenn Sie die Gewohnheit entwickeln, Ihre Zeit sinnvoll auszunutzen und zweckgerichtet zu denken — also sämtliche Möglichkeiten einer Entscheidung gründlich in Erwägung zu ziehen, sich auf etwas zu konzentrieren oder sich einfach zu entspannen — dann wird Ihr Geist bald immer lockerer werden.

Führen Sie einmal das Experiment durch, zwei Wochen lang täglich fünfzehn Minuten für das Training Ihres Geistes freizuhalten. Es spielt dabei, wie gesagt, keine Rolle, ob Sie den Morgen, Mittag oder Abend für diese Übung wählen. Sie könnten beispielsweise auf eine bestimmte Fernsehsendung verzichten und Ihre geistigen Muskeln beanspruchen. Wichtig ist lediglich, daß Sie die betreffende Zeitspanne frei von Ablenkungen halten. Diese Viertelstunde sollte vollkommen und ausschließlich der Erfüllung Ihres Wunsches vorbehalten bleiben, Ihren Geist in Hochform zu bringen.

Die Tabellen auf den folgenden Seiten werden Sie bei Ihren Bemühungen unterstützen. Werten Sie nach zwei Wochen die Resultate aus, indem Sie die folgenden Fragen beantworten: Haben die Übungen die von mir angestrebten Wirkungen gezeitigt? Kann ich meine Aufmerksamkeit jetzt besser sammeln? Kann ich mich leichter konzentrieren? Sind meine geistigen Bilder deutlicher und dauerhafter geworden? Nehme ich mehr Notiz von meiner Umwelt? Sind meine Wahrnehmungen lebhafter geworden?

Wenn Sie alle diese Fragen mit »ja« beantworten können, dann herzlichen Glückwunsch! In diesem Fall haben sich die Übungen tatsächlich bereits ausgezahlt. Können Sie jedoch keinen Unterschied zu früher feststellen — oder fühlen Sie sich sogar schlechter als vorher —, dann sind Sie in den vergangenen zwei Wochen wohl nicht ganz bei der Sache gewesen.

Tragen Sie in die leeren Zeilen auf den Seiten 237 und 238 Ihre jeweiligen Fortschritte im täglichen Mentaltraining ein. Schreiben Sie auf, welche Übungen Sie wie lange durchgeführt haben. Fügen Sie auch alle Gedanken, Einsichten und Probleme hinzu, die Ihnen möglicherweise zu Bewußtsein gekommen sind.

Behalten Sie in Erinnerung, daß jedes Training mit Lockerungsübungen beginnen sollte. Entspannen und beruhigen Sie also zunächst Ihre Atmung und sammeln Sie Ihre Aufmerksamkeit. Arbeiten Sie sich vom Einfachen zum Schwierigeren vor. Erscheint Ihnen eine Übung zu schwer, dann gehen Sie zu etwas anderem über und kommen bei nächster Gelegenheit darauf zurück. Je geübter Sie werden, desto abwechslungsreicher sollten Sie Ihr Trainingsprogramm gestalten. Erfinden Sie eigene Übungen und nutzen Sie die früheren Aufgaben als Sprungbrett für eine größere und belebendere geistige Aktivität.

Und vergessen Sie nicht: Das eigentliche Ziel des geistigen Trainings ist die Erforschung des eigenen Geistes — nehmen Sie sich also Zeit zum Denken. Gestatten Sie sich keine Schlampereien — dringen Sie bis zu den Wurzeln Ihres Denkens vor. Durchforsten Sie Ihren Geist bis in die letzten Winkel, in denen der Staub des eingefahrenen Alltagsdenkens liegt.

# *Erste Woche*

| | | |
|---|---|---|
| ❑ | **Erster Tag:** | Die große Rundreise<br>Die Zwei-Minuten-Übung |
| ❑ | **Zweiter Tag:** | Die große Rundreise<br>Die Zwei-Minuten-Übung |
| ❑ | **Dritter Tag:** | Die große Rundreise<br>Die Zwei-Minuten-Übung |
| ❑ | **Vierter Tag:** | Der magische massierende Finger<br>Variationen zur Zwei-Minuten-Übung |
| ❑ | **Fünfter Tag:** | Der magische massierende Finger<br>Zahlenübungen |
| ❑ | **Sechster Tag:** | Der magische massierende Finger<br>Zahlenübungen |
| ❑ | **Siebter Tag:** | Aufmerksamkeitserreger<br>Versübungen |

# *Zweite Woche*

| | | |
|---|---|---|
| ❑ | **Erster Tag:** | Aufmerksamkeitserreger<br>Buchstabenübungen |
| ❑ | **Zweiter Tag:** | Geistige Manipulation<br>Buchstabenübungen |
| ❑ | **Dritter Tag:** | Geistige Manipulation<br>Buchstabenübungen |
| ❑ | **Vierter Tag:** | Vorstellungsübungen<br>Wortübungen |
| ❑ | **Fünfter Tag:** | Vorstellungsübungen<br>Übungen mit einem Gedicht |
| ❑ | **Sechster Tag:** | Vorstellungsübungen<br>Zahlenübungen |
| ❑ | **Siebter Tag:** | Die große Rundreise<br>Die Zwei-Minuten-Übung |

Datum: ______________________________

Ziel: ______________________________

❑ **Erster Tag:** ______________________________

______________________________

______________________________

❑ **Zweiter Tag:** ______________________________

______________________________

______________________________

❑ **Dritter Tag:** ______________________________

______________________________

______________________________

❑ **Vierter Tag:** ______________________________

______________________________

______________________________

❑ **Fünfter Tag:** ______________________________

______________________________

______________________________

❑ **Sechster Tag:** ______________________________

______________________________

______________________________

❑ **Siebter Tag:** ______________________________

______________________________

______________________________

Datum: ______________________________

Ziel: ______________________________

- [ ] **Erster Tag:** ______________________________

______________________________

______________________________

- [ ] **Zweiter Tag:** ______________________________

______________________________

______________________________

- [ ] **Dritter Tag:** ______________________________

______________________________

______________________________

- [ ] **Vierter Tag:** ______________________________

______________________________

______________________________

- [ ] **Fünfter Tag:** ______________________________

______________________________

______________________________

- [ ] **Sechster Tag:** ______________________________

______________________________

______________________________

- [ ] **Siebter Tag:** ______________________________

______________________________

______________________________

# *Wie sieht Ihr weiterer Weg aus?*

*»Nehmen Sie jede Handlung,*
*jede Kunst, jede Lehre, jede Fähigkeit*
*und treiben Sie sie bis an die Grenze des Möglichen.*
*Treiben Sie sie weiter, als sie jemals getrieben wurde,*
*treiben Sie sie bis an die Grenze aller Grenzen —*
*dann stoßen Sie in das Reich der Magie vor.«*

TOM ROBBINS, Schriftsteller

Der menschliche Geist (das englische Wort *mind* sagt mehr über die geistig-seelische Einheit aus) ist etwas sehr Bemerkenswertes. Wir können ihn nicht berühren. Wir können ihn nicht riechen. Wir können ihn nicht hören. Und wir können auch nicht darauf zeigen. Dennoch ist er immer bei uns. Er erschafft unsere Welt und gestaltet unser Leben. Wir können ihn nicht einmal genau definieren und schon gar nicht vollständig erklären. Ist er Teil unserer Persönlichkeit? Teil unseres Körpers? Summe unserer Gehirnfunktionen, Denkvorgänge, Emotionen? Ist er abhängig von hormonellen Einflüssen? Ist er unser Bewußtsein und unser Unterbewußtsein zugleich? Analytischer Verstand, Gedächtnisdrill und Traumerleben in einem?

Einen leistungsfähigen Geist zu haben bedeutet nicht unbedingt, imstande zu sein, binnen einer Stunde die Differentialrechnung zu lernen oder von nun an nie mehr schlechte Laune zu haben. Es bedeutet auch nicht, daß wir künftig immer die bestmöglichen Entscheidungen treffen oder auf jede Frage stets die richtige Antwort finden werden.

Einen leistungsfähigen Geist zu haben bedeutet vielmehr, daß wir imstande sind, in genau die Richtung zu denken, in die wir denken wollen. Es ist die Fähigkeit, zu entscheiden, in welche Richtung unsere Gedanken gehen sollen.

Wohin können Sie durch das geistige Training gelangen? Diese Frage können nur Sie selbst beantworten. Vielleicht möchten Sie die Welt des logischen Denkens eingehender erforschen. Möglicherweise wollen Sie aber auch die bunte Welt Ihrer schöpferischen Vorstellungskraft durchwandern. Oder haben es Ihnen die Worte oder die Zahlen angetan? Vielleicht möchten Sie aber auch das Reich der Möglichkeit oder das der praktischen Betätigung näher untersuchen.

Letztendlich werden Sie jedoch erkennen, daß zwischen der abstrakten geistigen Übung und dem alltäglichen Denken kein allzugroßer Unterschied besteht. Ihr Geist wird immer auf die Herausforderungen reagieren, die Sie sich selbst stellen. Solange Sie beobachten und handeln, werden Sie ständig Neues hinzulernen. Aktives Denken wird Ihren Geist fit halten.

# *Tips für Ihre geistigen Fitneßübungen*

Geistige Gymnastik regt unsere Verstandestätigkeit an, massiert unsere inneren Muskeln und hebt allgemein unsere Laune. Lassen Sie Ihre geistigen Muskeln in der Turnhalle des Lebens das tun, wofür sie bestimmt sind: sich bewegen.

**Tip eins:**
Übernehmen Sie die Verantwortung für Ihre geistige Kondition. Denn schließlich — wenn Sie sich nicht Ihres Gehirns annehmen, wer sollte es dann tun?

**Tip zwei:**
Ermutigen Sie Ihren Geist dazu, aktiv zu denken, anstatt lediglich Gedanken zu haben. Entscheiden Sie, worüber Sie nachdenken wollen, und denken Sie dann auch wirklich darüber nach.

**Tip drei:**
Trainieren Sie Ihr Denkvermögen regelmäßig. Je mehr Sie trainieren, desto leichter fallen Ihnen die Übungen. Je leichter Ihnen die Übungen fallen, desto mehr Spaß haben Sie daran. Je mehr Spaß Sie daran haben, desto mehr trainieren Sie Ihren Geist. Und je mehr Sie Ihren Geist trainieren, desto leistungsfähiger wird er. Denken Sie nicht nur darüber nach. Handeln Sie.

*»Es genügt nicht, einen scharfen Verstand zu haben,
die Hauptsache ist, ihn richtig zu gebrauchen.«*

René Descartes,
französischer Philosoph und Mathematiker, 17. Jahrhundert

# Zurück zu »Bodos mentalem Fitnesscenter«

# *Toms Rückkehr*

Nachdem Tom sechs Wochen lang regelmäßig geistig trainiert hatte, stattete er Bodo einen weiteren Besuch ab. Bodo musterte ihn und meinte: »Sie sehen wesentlich besser aus. Offensichtlich haben Sie an manchen Stellen etwas geistigen Speck verloren und dafür an den richtigen Stellen etwas zugelegt. Wie fühlen Sie sich?«

»Ganz ausgezeichnet«, antwortete Tom. »Meine Aufmerksamkeit ist klarer. Meine Gedanken sind schärfer, und mein Geist ist leistungsfähiger. Ich fühle mich großartig.«

»Das ist ja hervorragend! Was kann ich denn dann noch für Sie tun?«

»Nun, ich möchte die Gewohnheit geistigen Trainierens wirklich gerne beibehalten. Ich weiß aber, wie einfach es ist, wieder in den alten Trott zu verfallen und alles, was gut für mich ist, aufzugeben. Im Augenblick macht mir das Training Spaß, aber über kurz oder lang verliere ich vielleicht doch das Interesse daran und verfalle wieder in meine alten geistigen Gewohnheiten. Gibt es kein Mittel, das mir dabei helfen könnte, auf Dauer motiviert zu bleiben?«

Bodo ging zu einem Spind an der hinteren Wand seines Büros und holte ein großes schwarzes Heft heraus. Er drückte es Tom in die Hand und sagte: »Das schenke ich Ihnen. Ich habe es bis jetzt für Sie aufbewahrt. Sie behalten die Gewohnheit des Mentaltrainings am besten und mühelosesten bei, wenn Sie sich eine Tätigkeit aussuchen, die Sie täglich wahrnehmen können und die Sie dazu anhält, sich mit Ihrem Geist zu beschäftigen. Mit am besten wäre etwa, ein Tagebuch zu führen.«

Tom fragte: »Was soll ich denn da hineinschreiben?«

»Sie können dieses Heft auf zweierlei Art und Weise benutzen. Zum einen können Sie damit die Übungen nachvollziehen, die Sie im geistigen Fitneßcenter durchführen. Sie können auflisten, welche Denkübungen, Wort- und Zahlenaufgaben, Visualisationen und Meditationen Sie bewältigt haben. Dieses Buch wird Sie daran erinnern, Ihre geistigen Muskeln zu beanspruchen. Mit der Zeit finden Sie dadurch auch heraus, welche Übungen für Sie am besten sind.

Zum anderen können Sie das Buch auch zu einer Technik verwenden, die ich *Freistilschreiben* nenne. Jeden Abend schreiben Sie einige Minuten lang alles auf, worüber Sie nachdenken möchten. Sie können also zum Beispiel beschreiben, wie Ihr Tag war. Sie können eine Einsicht, die Sie hatten, wiedergeben. Sie können aber auch eine Abhandlung über Ihre langfristigen Ziele verfassen.

Sie können diese Minuten auch dazu verwenden, sich über einige anstehende Entscheidungen klarzuwerden oder über andere wichtige Probleme nachzudenken. Sie können aber auch einfach ein wenig herumspielen und Männchen malen.

Das *Freistilschreiben* gibt Ihnen die Gelegenheit, Ihr Bewußtsein entscheiden zu lassen, worüber es nachdenken möchte. Wenn Sie erst einmal einige Wochen lang regelmäßig auf diese Weise Tagebuch geführt haben, wird Ihnen diese Übung zu einer lieben Gewohnheit geworden sein. Sie werden also ganz aus eigenem Antrieb schreiben wollen und Ihrer natürlichen Intelligenz so die Gelegenheit bieten, sich auszudrücken. Das Tagebuch ist ein Symbol für die Zeit, die Sie mit geistigen Übungen verbringen.

Wenn Sie sich dann einmal geistig steif, gedanklich träge oder zerebral schwach fühlen, schlagen Sie Ihr Buch auf und beginnen Sie zu lesen. Sobald Sie dort auf gute und kluge Gedanken stoßen, werden Sie sich besser fühlen.

Mit Hilfe des geistigen Trainings können wir die Fähigkeiten, die wir benötigen, um unser Leben mit Erfolg zu meistern, erheblich besser ausbilden. Die Übungen katapultieren uns wie ein Sprungbrett in bessere Situationen hinein. Doch kann geistiges Training auch reiner Selbstzweck sein — es kann zu einer Kunstform werden, einem Wunder an Schönheit. Wenn Sie in diese Richtung denken, dann wird das Denken zu einer ästhetischen Tätigkeit.«

Tom lächelte und bedankte sich bei Bodo für das Tagebuch. Als er die Treppe hinabstieg, fühlte er sich durch diese neue Aussicht außerordentlich angeregt. Er warf einen Blick auf die leeren Seiten und fragte sich, welche Einsichten und Gedanken er ihnen wohl anvertrauen würde. Tom erkannte, daß ihm dieses Heft die Möglichkeit geben würde, sein Denken klar zu halten. Es war ein einfaches Mittel — aber die besten Dinge im Leben sind schließlich einfach.

Ihm wurde klar, daß er in jede von ihm gewünschte Richtung denken konnte. Diese Erkenntnis vermittelte ihm ein intensives Gefühl von Freiheit, als ob sich in seinem Geist ein Fenster aufgetan hätte. Er fühlte, daß er dabei war, sich von den alten Gewohnheiten zu befreien, die seine geistige Beweglichkeit so lange gehemmt hatten.

Auf der Straße angelangt, hatte Tom mit einemmal das Gefühl, als ob die ganze Welt ein großes geistiges Fitneßcenter sei. Als er die Gesichter der Leute und die Risse im Beton betrachtete, als er den Geräuschen lauschte und darüber nachdachte, welche Richtung er nun einschlagen sollte, erkannte Tom, daß es unzählige Dinge gibt, über die man nachdenken und sich freuen kann.

Im Weitergehen blickte Tom hoffnungsfroh in die Zukunft und dachte bei sich, daß er gerade mit dem besten Training überhaupt begonnen hatte.

# Anhang: Lösungen

## Konditionstraining

**Zahlenzauber** (Seite 63)

Sie können alle Zahlen von eins bis neun folgendermaßen unterbringen:

123 — 45 — 67 + 89 = 100

**Umgekehrter Zahlenzauber** (Seite 63)

So können Sie die Zahlen von neun bis eins anordnen, damit sie hundert ergeben:

98 — 76 + 54 + 3 + 21 = 100

**Dubletten** (Seite 67 ff.)

*Mit 3 Gliedern:*

PORT, Wort, Wert, weit, WEIN
GNU, Gau, Gas, Aas, AAL
RAST, Last, Laut, Laus, HAUS
WÜHL, Wahl, Mahl, Maul, MAUS
BAUER, Mauer, mager, Magen, WAGEN
JAHR, wahr, Wahl, kahl, KÜHL
LAUT, Maut, Maus, Haus, HALS
RUND, Bund, Band, Tand, TANZ
LAMM, Damm, Dame, Same, SAMT

*Mit 4 Gliedern:*

VOR, Tor, tot, Tat, Tau, BAU
GEIER, Leier, Leder, Luder, Puder, PUDEL
KARTE, Kante, Kanne, Wanne, Wonne, SONNE
BLAU, flau, Frau, grau, Gran, GRÜN
WALD, Wall, Hall, hell, heil, BEIL
REIS, Reim, Heim, Helm, Held, FELD
KUCHEN, kochen, lochen, locken, lacken, BACKEN

*Mit 5 Gliedern:*

BORD, Mord, Mond, Mund, Hund, Hand, WAND
RAHM, lahm, Lehm, Leim, Reim, rein, WEIN
FILZ, Falz, Fall, faul, Maul, Maus, LAUS
KEULE, Beule, Beute, Leute, Laute, Laube, TAUBE
MAUS, Maul, faul, Fall, Ball, bald, WALD
MEISE, leise, Leine, Lehne, Lehre, Leere, BEERE
RÜBE, Rabe, Rahe, Rahm, zahm, Zahn, ZAHL
HELD, Hold, Sold, Sole, Mole, Mode, MÜDE

*Mit 6 Gliedern:*

FINGER, Ringer, ringen, singen, sengen, senden, senken, DENKEN
HERZ, Nerz, Netz, nett, Nest, Rest, Rost, ROSE
SEGEL, Segen, Regen, Rogen, Bogen, Boden, Soden, SÜDEN
MAST, Hast, Hase, Habe, Wabe, Ware, warm, DARM
SEIL, Beil, Bein, Wein, wenn, wann, Wahn, BAHN
DUFT, Luft, Lift, List, Last, Rast, Rost, ROSE
PELZ, Pilz, Filz, Falz, Fall, Fell, Feld, GELD

*Mit 7 Gliedern:*

GANS, ganz, Tanz, Tand, Wand, Waid, Maid, Mais, MARS
WELT, Wert, Wart, Ware, Wabe, Rabe, Rahe, Rahm, RAUM
ROLLER, Koller, Keller, Keiler, Heiler, heiter, Reiter, reiten, REIFEN

*Mit 8 Gliedern:*

SAND, Band, Bann, Bahn, Hahn, Harn, Horn, Born, Borg, BURG
MAIS, Maid, Mahd, Mahl, kahl, Kahn, Hahn, Harn, Horn, KORN

**Wörter bilden** (Seite 68):

GEIST: Ei, Eis, es, seit, sie, Sieg, Steg, Steig, Teig.

GEHIRN: Ei, ein, er, Ern, Gen, Ger, gern, Gier, hier, Hirn, in, nie, Re, Reh, rein, Ren, Rige, Ring.

AUSDAUER: Aas, Ader, As, Aue, aus, daraus, das, Dauer, der, du, Dur, er, es, Rad, Re, Sau, sauer, Sud, Sure.

TRAINING: an, Art, gar, Garn, Gran, Grat, in, innig, Rain, Rang, Rat, Ring, Tag, Tang, Tann, Tran.

AUFMERKSAMKEIT: Aas, Amme, Amt, Arm, As, Ast, auf, aus, Ei, Eimer, er, es, fast, Faust, Fee, feist, fies, Furt, immer, Kamm, Karst, kaum, Keim, Keramik, Kram, Kreis, Mai, Mais, Mark, Marke, Mast, Mauer, Maus, Maut, Meer, Meise, Meister, Meute, mit, Mus, Mut, Rast, Raum, Reim, Reise, Rest, Reuse, Rum, Rute, Saat, Saft, Same, Samt, Sau, sauer, Saum, See, Seim, seit, sie, Summe, Tau, Taufe, Tee, Teer, Tier, Traum, Turm.

KONZENTRATION: Akt, Aktion, an, Art, atzen, ein, er, Ion, Kanne, Karte, Katze, Kino, Kitz, kontra, Korn, Kot, kotzen, Kran, Kranz, nett, Netz, nie, None, Nonne, Norne, Not, Note, Ornat, Ranzen, Ranzion, Rat, Rate, raten, Ration, Ratte, Re, Ren, Rinne, Ritze, rot, Rotte, Rotz, Takt, Tanne, Tante, Tanz, tanzen, Tat, Tatze, Tier, Ton, Tonne, Tor, Torte, Tran, Zar, zart, Zier, Zinne, Zone, Zoo, Zorn, Zote.

**Erweiterte Anagramme** (Seite 69):

| | | |
|---|---|---|
| ODE, Mode, Modem | EBEN, Leben, bellen | LEU, Ulme, Lumme |
| TURM, Traum, Trauma | REBE, Leber, Rebell | ROT, Tort, Trott |
| NIE, nein, innen | LIST, Liste, Leiste | ADEL, Laden, landen |
| ELAN, Nagel, Galgen | NAHE, Sahne, hassen | RASEN, rasten, starten |
| ZUG, Zeug, Zeuge | GEL, Egel, Gelee | EIS, seit, Sitte |

**Alphabet-Verschiebung** (Seite 69):

BUNT = HATZ (6 Buchstaben nach vorn)
JAZZ = DUTT (6 Buchstaben zurück)
LOCH = RUIN (6 Buchstaben nach vorn)
HUT = BON (6 Buchstaben zurück)
SINN = KAFF (8 Buchstaben zurück)
TAG = AHN (7 Buchstaben nach vorn)
DANN = HERR (4 Buchstaben nach vorn)
LATZ = SHAG (7 Buchstaben nach vorn)
BOR = REH (10 Buchstaben nach vorn)
ODE = LAB (3 Buchstaben zurück)
JET = TOD (10 Buchstaben nach vorn)

# *Wörter*

**Gedankenkreis** (Seite 104)

Es gibt wenigstens fünfundzwanzig Wörter:

As, das, Dasein, Ei, ein, Engel, Ente, er, Ertrag, ertragen, Gel, Geld, Gen, in, Rage, ragen, Rasen, Re, Ren, Rente, sein, Tee, Teer, Trage, tragen.

# *Probleme lösen*

**Zoo in Kirchheimbolanden** (Seite 117)

Wenn Säugetiere + Vögel = 30, dann Säugetiere = 30 — Vögel. Ersetzt man in der Gleichung: 4 x Säugetiere + 2 x Vögel = 100 die Säugetiere durch 30 — Vögel, dann erhält man: 4 x (30 — Vögel) + 2 x Vögel = 100. Deshalb ist 120 — 4 x Vögel + 2 x Vögel = 100. 120 — 2 x Vögel = 100. 20 = 2 x Vögel. Also gibt es im Zoo von Kirchheimbolanden zehn Vögel und zwanzig Säugetiere.

**Drei Missionare und drei Kannibalen** (Seite 117)

Zuerst überqueren ein Missionar und ein Kannibale den Fluß. Der Missionar fährt wieder zurück.

Zwei Kannibalen überqueren den Fluß. Ein Kannibale kehrt wieder zurück.

Zwei Missionare überqueren den Fluß. Ein Missionar und ein Kannibale kehren zurück.

Zwei Missionare überqueren den Fluß. Ein Kannibale kehrt zurück.

Zwei Kannibalen überqueren den Fluß. Ein Kannibale kehrt zurück.

Die letzten zwei Kannibalen überqueren den Fluß.

**Wortadditionen** (Seite 118)

| | | | | | | | | | |
|---|---|---|---|---|---|---|---|---|---|
| ZWEI | + | ZWEI | = | VIER | BLAU | + | ROT | = | LILA |
| 3102 | + | 3102 | = | 6204 | 8953 | + | 742 | = | 9695 |
| ROSS | + | ESEL | = | MULI | VIER | + | EINS | = | ACHT |
| 4122 | + | 5258 | = | 9380 | 2148 | + | 4159 | = | 6307 |

ABCDE x 4 = EDCBA
21978 x 4 = 87912

**Drei Freunde würfeln** (Seite 118)

Arbeiten Sie rückwärts, um dieses Problem zu lösen. Beginnen Sie mit dem Geld, das die Spieler nach ihrem dritten Spiel besitzen. Halbieren Sie dann bei zwei Spielern den Geldbetrag, und verdoppeln Sie ihn beim dritten. Nun wissen Sie, wieviel Geld jeder Spieler nach dem zweiten Spiel besaß. Verfahren Sie noch zweimal in derselben Weise.

| | *1. Spieler* | *2. Spieler* | *3. Spieler* |
|---|---|---|---|
| 3.Spiel | 36,— DM | 36,— DM | 36,— DM |
| 2.Spiel | 18,— DM | 18,— DM | 72,— DM |
| 1.Spiel | 9,— DM | 63,— DM | 36,— DM |
| Start | 58,50 DM | 31,50 DM | 18,— DM |

**Ohrringe** (Seite 118)

Im Dorf gibt es insgesamt 500 Ohrringe.

**Hinz und Kunz** (Seite 118)

Das Verhältnis ist ausgewogen. Nehmen wir an, ein Teelöffel enthält zehn Prozent der Gesamtmenge Flüssigkeit in einer Tasse. Ein Teelöffel von Hinzens Kaffee-Milch-Gemisch würde demnach neunzig Prozent Kaffee und zehn Prozent Milch enthalten. Das bedeutet, daß $^9/_{10}$ Teelöffel Kaffee in die Milch gerührt werden. Da aber der Löffel $^1/_{10}$ Teelöffel Milch enthält, bleiben die restlichen $^9/_{10}$ Teelöffel Milch im Kaffee. Jede Tasse enthält also $^9/_{10}$ Teelöffel der jeweils anderen Flüssigkeit.

**Künstler** (Seite 120)

Stellen Sie die Statuen so auf:

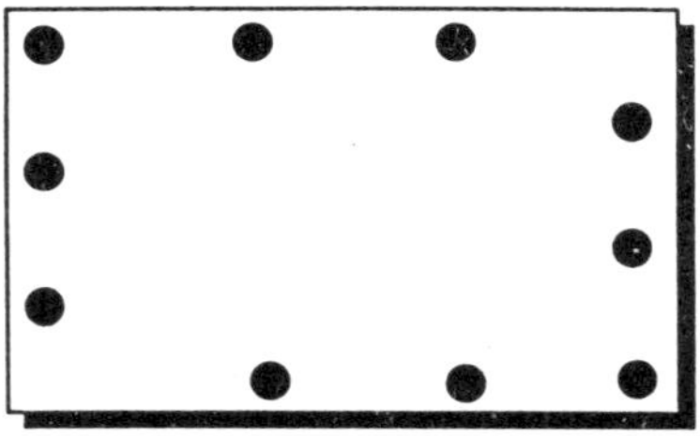

**Eine einzige Linie** (Seite 120)

So müssen Sie es machen:

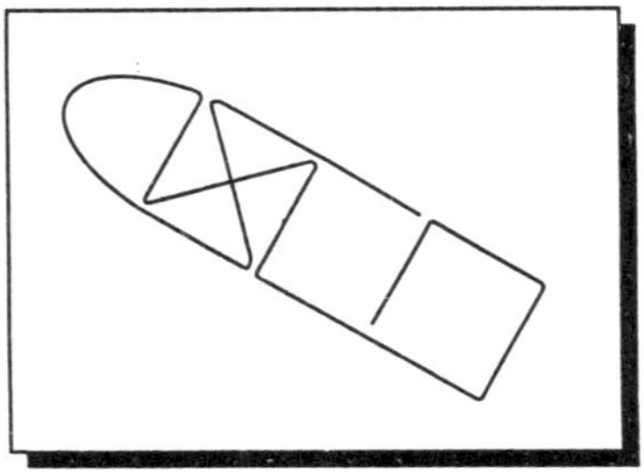

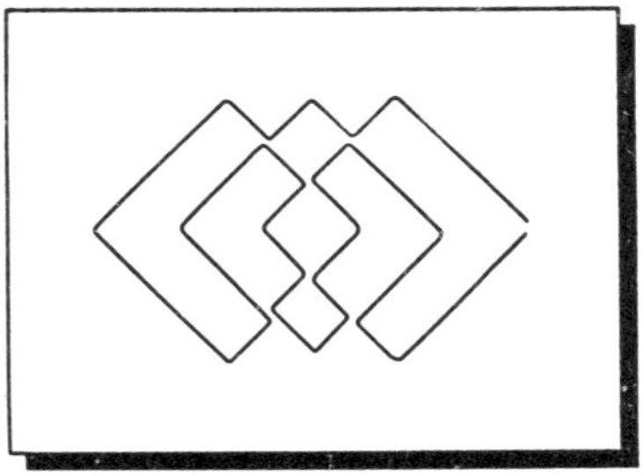

**Magisches Sechseck** (Seite 120)

Falten Sie zunächst das Papier zweimal auf der Hälfte, also vertikal und horizontal, um die Linien AB und CD zu bilden. Anschließend falten Sie von A nach O und von B nach O, um GE und FH zu erhalten. Falten Sie nun AJ so, daß J auf der Linie GE bei dem Punkt G zu liegen kommt. Verfahren Sie ebenso mit den drei anderen Ecken, um die Punkte E, F und H zu bekommen.

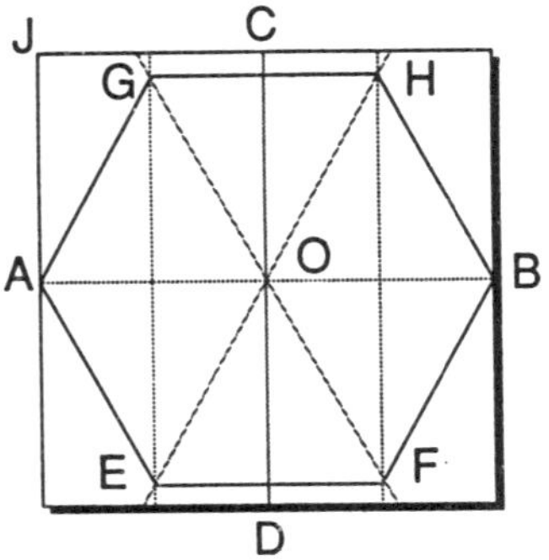


**Fünfeck** (S. 121)

Im Fünfeck gibt es fünfunddreißig Dreiecke. Um die richtige Antwort zu finden, können Sie sie entweder zählen, oder aber das Problem systematisch angehen. Numerieren Sie zuerst die durch die Linien gebildeten einfachen geometrischen Figuren innerhalb des großen Fünfecks (zehn Dreiecke und ein Fünfeck in der Mitte) von links nach rechts und von oben nach unten. Da die Figur symmetrisch ist, können Sie sich nun einen beliebigen Eckpunkt aussuchen und die Anzahl der Dreiecke zählen, die zu diesem Eckpunkt in Beziehung stehen — das heißt, die ihn entweder berühren oder ihm exakt gegenüberliegen. Für die obere Ecke gibt es sieben Dreiecke, die zu keinem anderen Eckpunkt in der genannten Beziehung stehen, nämlich: (1,2), (2), (1,2,3), (1,2,4,5,9), (2,5,8,9,11), (4,5,6) und (11). Dasselbe gilt für jede der vier anderen Ecken — es gibt also 5 mal 7 Dreiecke = 35 Dreiecke.

**Sieben Männer und zwei Buben** (Seite 121)

Auch zur Lösung dieses Rätsels können Sie ein Muster erstellen. Zuerst fahren zwei Buben über den Fluß. Ein Bub kehrt zurück. Ein Mann fährt hinüber. Der zweite Bub kehrt zurück und nimmt den anderen Bub mit ans andere Ufer. Um einen Mann über den Fluß zu bringen, sind also vier Fahrten nötig. Da es sieben Männer sind, muß das Boot achtundzwanzig Mal über den Fluß fahren und ein letztes Mal, um die beiden Buben hinüber zu bringen.

**Mäuselabyrinth** (Seite 122)

Es gibt insgesamt fünfunddreißig mögliche Wege. Das Problem läßt sich durch die Erkenntnis lösen, daß die Anzahl der möglichen Wege zu einem beliebigen Quadrat X der Summe der Wege zu den unmittelbar nach X führenden Quadraten entspricht.

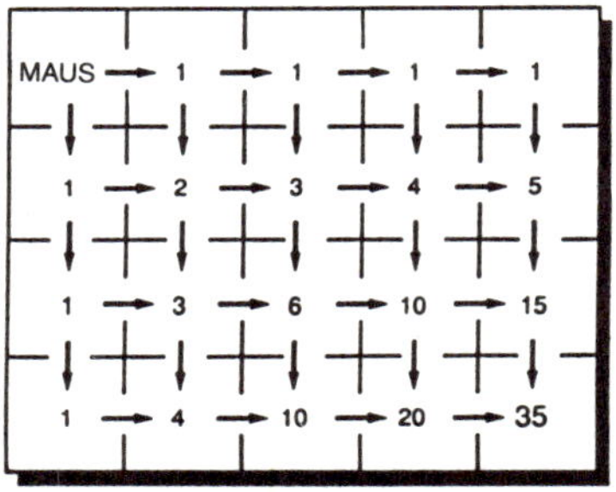


**Kreisaddition** (Seite 122)

Dies ist nur eine von vielen Möglichkeiten, die Zahlen anzuordnen.

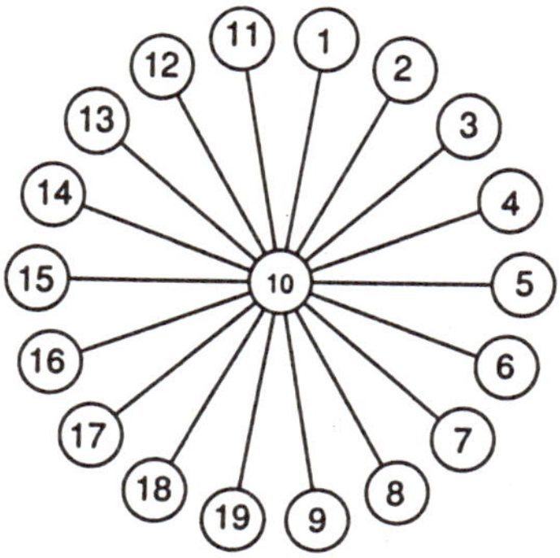

**RADAR** (Seite 122)

Jedes Wort muß mit dem Buchstaben R beginnen. Für jedes vorhandene R gibt es zwanzig Möglichkeiten, das Wort RADAR zu lesen. Da es in der Abbildung vier Rs gibt, erhalten wir insgesamt achtzig verschiedene Möglichkeiten.

**Keksdosen** (Seite 124)

Nehmen Sie ein Plätzchen aus der ›Butterplätzchen-und-Vanillekipferln‹-Dose. Da die Dosen ja alle falsch etikettiert wurden, bekommen Sie entweder ein Butterplätzchen oder ein Vanillekipferl. Sie beschriften die Dose entsprechend. Hatten Sie ein Butterplätzchen erwischt, so muß die Dose mit der Aufschrift ›Vanillekipferln‹ die gemischten Plätzchen enthalten, da *alle* Etikette falsch waren. Die dritte Dose, die ursprünglich mit der Aufschrift ›Butterplätzchen‹ versehen war, enthält dann zwangsläufig die Vanillekipferln.

**Kettenglieder** (Seite 124)

Wenn Sie die vier Glieder einer Kette öffnen und mit diesen die restlichen vier Ketten miteinander verbinden lassen, brauchen Sie nur (4 x 5) + (4 x 7) = 48 Pfennige zu bezahlen.

**Stromausfall** (Seite 124)

Es genügt völlig, wenn Sie drei Socken aus der Schublade holen, um ein Paar gleicher Farbe zu erhalten.

**Silber** (Seite 124)

Der Hausbesitzer teilt den Silberbarren mit drei Schnitten in vier Teile, die jeweils 3 cm, 6 cm, 12 cm und 24 cm lang sind. Am ersten Abend gibt er dem Handwerker das kürzeste Stück. Am zweiten Tag verlangt er es zurück und gibt ihm das 6 cm lange Stück. Am dritten Tag gibt der Besitzer dem Arbeiter das 3 cm lange Silberstück. Am vierten Tag verlangt er beide zurück und gibt ihm das 12 cm lange Stück und so weiter.

**Die Münzen des Onkels** (Seite 124)

Sie legen als ersten Schritt jeweils acht Münzen in jede Waagschale. So finden Sie heraus, bei welcher Achtergruppe sich die Goldmünze befindet — entweder ist eine der gewogenen schwerer, oder es muß die nicht gewogene sein. Von diesen acht Münzen wiegen Sie als zweiten Schritt sechs. Sie legen also je drei Münzen in die Waagschalen. Sind die Schalen gleich schwer, befindet sich die Goldmünze bei den restlichen beiden Münzen, und Sie wiegen sie als dritten Schritt. Ist eine der Waagschalen schwerer als die andere, so ist die Goldmünze bei diesen drei Münzen. In diesem Fall wiegen Sie jetzt zwei von ihnen. Entweder eine von diesen ist die gesuchte, dann ist die eine Waagschale schwerer als die andere; oder aber die dritte, nicht gewogene, ist die Goldmünze.

**Straßengabelung** (Seite 124)

Es gibt zwei Möglichkeiten. Erstens können Sie einen der beiden Männer fragen: »Wenn ich Sie fragen würde, ob dies«, dabei deuten Sie in eine der beiden Richtungen, »der richtige Weg nach Kleinwinternheim ist, würden Sie dann mit Ja antworten?« Wenn der Gefragte der Lügner ist, dann würde er zwar — wenn der Weg tatsächlich der richtige wäre — mit Nein antworten, doch würde er die Frage nach dieser Antwort auch falsch beantworten, also ja sagen. Da er eine (falsche) Aussage über seine hypothetische (falsche) Auskunft macht, sagt er die Wahrheit. Nach dieser ersten Methode erhalten Sie also in jedem Fall eine wahre Antwort.

Zweitens könnten Sie einen der beiden Männer fragen: »Was würde dieser Mann«, dabei zeigen Sie auf den anderen, »sagen, welcher von diesen beiden Wegen nach Kleinwinternheim führt?« Der Aufrichtige würde wahrheitsgemäß die Lüge des anderen referieren. Der Lügner dagegen würde in bezug auf die wahre Aussage des Aufrichtigen lügen. In jedem Fall würde man Ihnen also den falschen Weg zeigen.

**Sechs Streichhölzer** (Seite 127)

Die Lösung ist, ein Tetraeder zu konstruieren.

**Vier Streichhölzer** (Seite 127)

Ziehen Sie das unterste Hölzchen so weit nach unten, daß ein kleines Quadrat in der Mitte des Streichholzkreuzes entsteht.

**Seidenstricke** (Seite 127)

Der Dieb bindet zunächst die beiden unteren Enden der Stricke zusammen. Dann klettert er an einem Strick hinauf und schneidet den anderen etwa 50 Zentimeter unterhalb der Zimmerdecke ab. Dieses Ende verknotet er nun zu einer Schlinge und hangelt sich hinüber. Dann schneidet er den anderen Strick ab, hält ihn aber fest und zieht ihn durch die Schlinge, in die er geklettert ist. Nun läßt er sich an beiden Enden des durch die Schlinge gezogenen Strickes so weit hinunter, daß er gefahrlos abspringen kann, und zieht dabei den losen Strick mit.

**Christas Taxi** (Seite 128)

Wenn der Taxifahrer wirklich taub gewesen wäre, wie hätte er dann hören können, wohin Christa gefahren werden wollte? Wie hätte er außerdem merken können, daß sie sich überhaupt mit ihm unterhielt?

**Böser Geldverleiher** (Seite 128)

Die Frau faßt schnell in den Beutel, holt eine der beiden Pralinen heraus und läßt sie so schnell in ihrem Mund verschwinden, daß man die Farbe nicht erkennen kann. Auf den Protest des Geldverleihers hin holt sie dann auch die andere Praline aus dem Beutel. Da diese schwarz ist, muß die andere, wie sie dem bösen Mann erklärt, ja weiß gewesen sein. Sie ist frei.

**Bullauge** (Seite 128)

Das Wasser steigt nie bis zum Bullauge, da sich das Schiff ja mit dem Wasser hebt.

**Tunnel** (Seite 128)

Die Züge fahren zwar am selben Nachmittag, doch zu verschiedenen Zeiten durch den Tunnel.

**Radbelastung** (Seite 128)

Das Reserverad.

**Bakterien** (Seite 129)

Da sich die Bakterien jede Stunde verdoppeln, muß der Behälter eine Stunde vor Mitternacht halb voll und zwei Stunden vor Mitternacht viertelvoll gewesen sein, also um zehn Uhr abends.

**Plötzlicher Tod** (Seite 129)

Die Frau lag in einer eisernen Lunge. Als der Mann auf den Fahrstuhlknopf drückte, geschah überhaupt nichts. Er wußte mithin, daß im ganzen Haus der Strom ausgefallen war und deshalb seine Frau gestorben sein mußte.

**Albatros** (Seite 129)

Der Seemann ist blind. Er erlitt einstmals Schiffbruch und mußte sich mit seinen Kameraden von Albatrosfleisch ernähren — wenigstens hatten dies seine Kameraden behauptet. Als er nun den ersten Bissen Albatros im Restaurant aß, merkte er, daß das Fleisch ganz anders schmeckte und daß man ihn damals also belogen hatte. Daraus schloß er, daß es sich bei dem angeblichen Albatros um das Fleisch toter Kameraden gehandelt haben mußte.

**Mord** (Seite 129)

Die Frau ist ein siamesischer Zwilling.

**Seltsames Verhalten** (Seite 129)

Die Frau hatte Schluckauf.

**Geldrätsel** (Seite 129)

Nehmen Sie einen Fünfmarkschein, rollen Sie ihn zusammen und stecken Sie ihn durch das Loch. Es wurde ja nicht ausdrücklich gesagt, daß es ein Fünfmarkstück sein muß.

**Einfach erstaunlich** (Seite 141)

Hier ist des Rätsels Lösung:

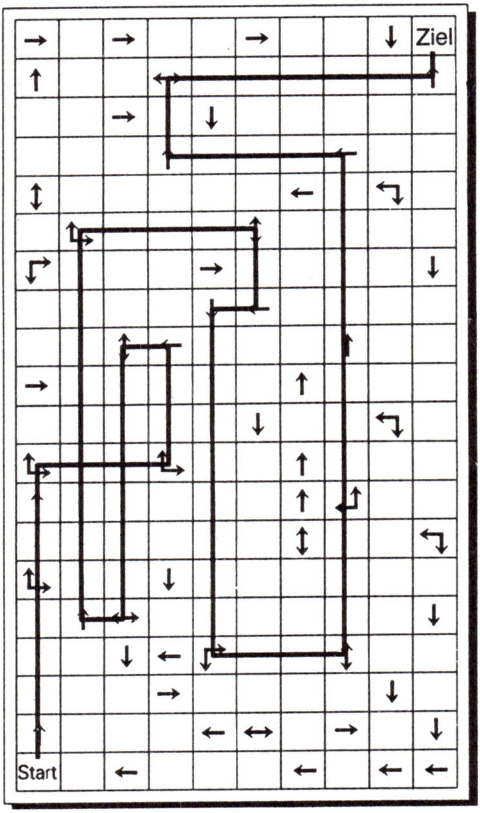


**Zahlenmuster** (Seite 174)

Der nächste Buchstabe in der Folge A E F H I K L M ... ist N. Die Reihe enthält alle Buchstaben mit ausschließlich geraden Strichen.

— Die nächste Zahlen-Buchstaben-Kombination der Reihe J30 J31 A31 S30 O31 N30 lautet D31. Die Buchstaben stehen für die Monate des Jahres und die Zahlen für die Anzahl der Tage des jeweiligen Monats.
— Die nächste Zahl der Reihe 98 34 14 10 lautet 2. Die Reihe wird fortgesetzt, indem man die Quersumme der jeweils letzten Zahl mit 2 multipliziert.
— Die nächste Zahl der Reihe 3 1 4 1 5 9 2 6 5 3 ist 5. Diese Folge sind die ersten Ziffern der Zahl Pi.
— Der nächste Buchstabe der Reihe Q W E R T ist Z. Dies ist die Buchstabenfolge auf der Schreibmaschinentastatur.

**Moni und Toni** (Seite 175)

Heini, Moni und Toni, Loni, Erni, Vroni.

**Thomas, Michael und Harald** (Seite 175)

Thomas ist der älteste, Michael der zweitälteste und Harald der jüngste der drei. Dieses Problem läßt sich leicht lösen, wenn Sie es mathematisch angehen. Thomas ist doppelt so alt wie Michael, also T > M. Aus der Aussage »wenn Harald so alt ist wie Thomas jetzt«, können wir ebenfalls entnehmen T > H. Also ist Thomas der Älteste. Wenn Harald so alt ist wie Thomas jetzt, wird Thomas doppelt so alt wie Michael sein. Diese Aussage können wir wiedergeben als »wenn T = H, dann T = 2 M«.

**Mental-Olympiade** (Seite 175)

Da jeder seine Hand erhoben hat, weiß Harald, daß es nur zwei Möglichkeiten gibt: Entweder zwei oder drei von ihnen tragen einen roten Hut. Wenn jeder einen weißen Hut sehen würde, dann wüßte auch jeder, daß der eigene Hut rot sein muß. Da dies aber niemand getan hat, weiß Harald, daß niemand einen weißen Hut gesehen hat. Also trägt jeder, also auch er selber, einen roten Hut.

**Huhn** (Seite 175)

Die Antwort lautet: ein Huhn. Wenn anderthalb Hühner anderthalb Eier in anderthalb Tagen legen können, dann kann ein Huhn ein Ei in anderthalb Tagen legen. Ein Huhn, das anderthalbmal besser legt, kann also anderthalb Eier in anderthalb Tagen legen oder ein Ei am Tag. In zehneinhalb Tagen (anderthalb Wochen) kann dieses Huhn zehneinhalb Eier legen.